한 독립운동가의 귀환 일기

백농일지

김태근

경기도 용인에서 출생하였으며 중앙대학교 사학과를 졸업하고,
단국대학교 대학원에서 박사과정을 마쳤다.
용인 지역에서 중고등학교 역사 교사를 역임하였으며,
현재는 용인문화원의 용인학연구소장으로 있으며 용인의 역사문화와 독립운동사 연구에 관심을 갖고 있다.
주요 논문으로는 「여준의 민족운동 연구」, 「한말 용인의 신교육 및 국채보상운동 연구」, 「근대 향교의 변천과 교육 양상 연구」 등이 있으며,
저서(공저)로는 『발로 찾아가는 용인의 독립운동』, 『용인시사』, 『흥사단 100년사』, 『용인향교지』, 『양지향교지』, 『한국독립운동과 용인』 등이 있다.

한 독립운동가의 귀환 일기 **백농일지**

2020년 11월 25일 초판 인쇄
2020년 11월 30일 초판 발행

지은이 _ 이영선
정 리 _ 김태근
엮은곳 _ 용인독립운동기념사업회
펴낸곳_ 노스보스

값 20,000원

ISBN 978-89-7092-765-7 03810

• 잘못 만들어진 책은 구입하신 서점에서 교환해 드립니다.

Global Inspiration 세계 속의 경기도 경기문화재단

• 이 인쇄물은 경기도, 경기문화재단의 문예진흥지원금을 보조 받아 발간되었습니다.

한 독립운동가의
귀환 일기

백농일지

이영선 기록
김태근 정리·해제

nosvos

백농 이영선

백농일지(원본)

백농일지(정리본)

장남 결혼식

해방 직전 가족 모습

해방 후 이영선, 자부, 손녀, 이규동

회갑연 후 가족 친지

회갑연 후 이영선 부부

獨立公債를販賣中

종로서에검거된리영선등은
사실심문을마치고검사국에

〈동아일보〉 1921년 8월 30일

公債證券의眞僞를

몰나셔견본으로한장식두고
그진위를알녀고힛다고진술

〈매일신보〉 1922년 3월 1일

신문에 보도된 이영선의 독립운동

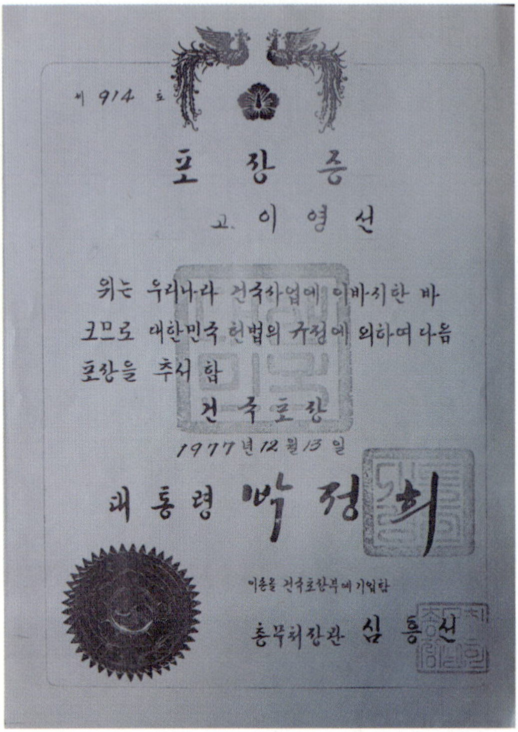
제 914 호

포 장 증

고. 이 영 선

위는 우리나라 건국사업에 이바지한 바 크므로 대한민국 헌법의 규정에 의하여 다음 포장을 추서 함

건국포장

1977년 12월 13일

대통령 박 정 희

이훈을 건국포장부에 기입함

총무처장관 심 흥 선

건국포장증

제 606 호

훈 장 증

고. 이 영 선

위는 우리나라 자주독립과 국가 발전에 이바지한 바 크므로 대한민국헌법의 규정에 의하여 다음 훈장을 추서함

건국훈장 애국장

1990년 12월 26일

대통령 노 태 우

국무총리 강 영 훈

이훈을 건국훈장부에 기입함

총무처장관 이 연 택

건국훈장 애국장

목 차

일러두기

내용 구성

1. 『한 독립운동가의 귀환 일기- 백농일지』는 이영선이 국한문 혼용으로 기록한 『백농일지』 원본의 서술과 표현 방식을 따르며 정리하였다.
2. 『백농일지』 원본 중에서 당시 사회상이나 저자인 이영선의 의식을 잘 표현할 수 있는 내용을 중심으로 이 책에 실었다. 그러나 이영선의 가정사나 개인적인 사실로 볼 수 있는 내용은 가급적 이 책에서 배제하였다.
3. 해제문에서는 이영선의 성장과 독립운동은 『백농일지』의 약력과 본문 가운데 해방 전 행적에 대한 기술을 참고하여 정리하였다. 해방 후 행적은 『백농일지』 내용을 근거로 기술하였다.

표기 방법

1. 한글 전용 원칙으로 하되 내용의 이해를 돕기 위해 필요한 경우 한자나 원어 표기를 병기했다.
2. 『백농일지』의 원문을 살려 표기하면서 한글맞춤법 통일안을 준용하였으며, 고유명사는 붙여 쓰는 것을 원칙으로 했다.
3. 사건의 주체 및 장소 등은 당시 명칭을 사용하는 것을 원칙으로 하되, 지명은 1945년 해방 전 지명이 표기된 경우에는 현재 지명을 병기하거나 각주를 달았다.
4. 외래어나 해외 지명은 원어 발음대로 표기하되 우리말식 발음으로 굳어진 경우는 예외로 했다.

1장 해제문

1. 이영선의 귀환 전 독립운동

이영선은 1888년 3월 9일(음력) 현 용인시 기흥구 영덕동 덕골에서 부친 이익원(李翼元)과 모친 수원 출신 형씨(邢氏) 사이에서 태어났다. 그의 집안은 빈궁한 농가였기 때문에 입신양명을 위한 공부를 시킬 형편이 못되었다. 그래도 이영선은 어릴 때부터 학문에 뜻을 두고 농한기의 틈을 타서 주변에 물어보며 간단한 문자를 배우긴 했지만 공부에 전념하고 싶은 꿈은 버릴 수 없었다.

이영선은 문자 정도 습득하는 수준을 넘어 좀 더 전문적인 공부를 하고 싶었다. 장차 인류 사회의 발전을 위한 사업을 펼치려면 지식을 갖추어야 된다는 생각으로 더욱 공부의 필요성을 느낀 것이다.

15세가 되었을 때 이영선은 집을 떠나 안성 고모댁으로 가서 한문 공부를 시작하였다. 그러나 1년 만에 고모댁을 떠나 그 길로 명성이 높았던 유학자 맹보순(孟輔淳, 1862~1933, 호 東田)의 문하로 들어가 용인 명륜학교에서 본격적인 공부를 시작하였다.

용인 명륜학교와 수원의 명륜학교를 다닐 때는 대한제국이 일본과 을사늑약과 정미 7조약을 맺어 국권이 마치 풍전등화와 같은 위기를 맞이하고 있었다. 이때 명륜학교 교사인 맹보순은 국가적 위기에는 목숨을 바쳐서 나라를 구하여 노예적 삶을 사는 것을 막아야 한다며 와신상담(臥薪嘗膽)과 오월동주(吳越同舟)의 고사를 들어 학생들에게 애국심을 고취시키고 있었다. 이영선은 스승의 가르침에 따라 있는 몸과 마음을 바쳐 국권을 회복하는 데 역할을 다하겠다는 결심을 하였다.

20살이 되었을 때 일본의 침략 야욕이 노골화되어 한국에서는 더 이상 민족적인 교육을 하기 어려워졌다. 이때 이영선은 스승 맹보순으로부터 만주 시찰을 지시받고 고국을 떠났다. 7개월 동안 만주 일대를 돌아보고 천신만고 끝에 의주로 와서 맹보순에게 상황을 보고하였다.

맹보순은 바로 서세충, 나홍석 등과 함께 이영선의 안내를 받으며 만주로 건너가 여러 곳을 돌아보다가, 나라가 위급해져서 오래 머무를 수 없다며 귀국하였다. 국내로 돌아온 맹보순은 생질인 김학조(金學祖, 1875~1956, 호 誠齋)를 설득하여 당시 천여 석을 추수하는 토지를 급히 처분하여 만주 안동으로 가서 성신태 상점을 열었으며, 환인현 파저강가 자피거우에는 지점인 성신복 상점을 열었다.

당시 남만주에서 활동하던 독립운동 세력들은 안동을 국내와 중국을 잇는 연락 거점으로 활용하고 있었다. 그러면서 인력 이동, 자금 전달, 통신 연락이 편리한 상점과 여관을 개설하는 것이 일반적이었다. 성신태에는 충북 청원 출신으로 계몽운동을 펼쳤던 신백우와 경기도 고양 출신의 서세충 등 여러 독립 운동가들도 합세했다.

성신태에서 이영선은 지점인 성신복 상점을 운영하며 활동하였다. 이와 함께 의병 출신인 이진룡과 조맹선이 주도하고 김학소가 고문으로 참여하여 조직한 독립군 부대에서 보부상으로 활동하며 압록강 일대에서 지방 정찰과 연락을 맡았다.

성신태는 당시 유하현 합니하의 신흥무관학교와 연락을 취하며 자금을 제공하였다. 1913년 맹보순은 일제 경찰이 이회영·이동녕·이시영·장유순·김형선 등을 체포하거나 암살하기 위해 형사대를 만주로 파견한다며 속히 피신하라는 비밀 연락을 신흥무관학교에 보낸 일도 있었다.

성신태는 여러 노력에도 불구하고 1910년대 중반 이후 점차 쇠퇴하기 시작했다. 계속된 독립운동 자금 지원으로 재정 상황이 어려워졌으며, 일본이 남만주 일대에서 세력을 강화하기 시작한 것이 원인이었다.

성신태가 쇠퇴해지자 맹보순은 안동을 떠나 만주 동포들의 생계 안정을 위한 활동을 시작했으며 김혁은 귀국하여 대종교 남도 본사에서 활동하였다. 이영선은 만주에 남아서 독립군 활동을 계속하다가 3·1운동 후 신흥무관학교에 들어가 군사 교육을 받았다.

1911년 서간도 합니하에 세워진 신흥학교는 1919년 3·1운동 직후에 수많은 국내 청년들이 망명하여 입교를 요청하였다. 국내에서 밀려오는 독립운동에 뜻을 둔 수많은 청년들을 수용하기 위하여 5월 신흥무관학교로 확대 개편하였다.

이영선은 3월 독립 만세를 부른 후에 군사적 전술 전략을 전문적으로 배우지 않고는 일제와 싸울 수 없다고 생각하였다. 이에 따라 바로 신흥무관학교에 입학하여 이청천과 이범석 등 여러 선생에게 군사학을 전문으로 배웠다.

이영선은 만주 망명 직후 성신태에서 활동하면서 신흥학교 지원 활동을 하면서 어느 정도 연락 관계를 가지고 있었기 때문에 32살이라는 적지 않은 나이에도 불구하고 입교를 할 수 있었다. 특히 이 학교 교성대장인 이청천과는 해방 후에도 사제지간을 넘어 계속 긴밀한 유대를 계속 이어갔던 동지였다.

이영선은 이때부터 신흥무관학교의 재학 경험을 자신의 삶의 중요한 정신적 지주로 삼았다. 6·25전쟁 중에도 농군(農軍)을 양성하여 평상시에는 농사를 짓다가 유사시에는 군인으로 참전하는 신흥무관학교와 같은 병농일치 체제의 농민 조직을 실행해 보려고 노력하였다.

또한 새해 첫날이나 마음을 바로 잡을 일이 있을 때는 대종교 교인으로서 단군에 대한 기도를 올리고, 신흥무관학교 교가를 불렀다. 심지어 친목 차원의 유희 시간에도 노래를 부를 차례가 되면 신흥무관학교 교가를 불렀다. 이처럼 이영선은 신흥무관학교 학생들이 교가를 합창하며 민족의식을 드높이면서 조국 광복을 굳게 다짐한 것처럼, 비록 해방은 되었지만 진정한 자주독립과 통일 그리고 민생의 안정을 바라는 의미에서 교가를 불렀다.

신흥무관학교가

제1절
서북으로 흑룡 태원 남해 영절에
여러 만만 헌원 자손 업어 기르고
동해 슴*중 어린 것을 품에 다품어
젖먹여 준 이 뉘뇨
우리 우리 배달 나라의
우리 우리 조상들이라
그네 가삼* 끓는 피가 우리 핏줄에
좔좔좔 걸치며 돈다.
*슴 : 섬 *가삼 : 가슴

2절
장백산밑 비단같은 만리낙원은
반만년래 피로지킨 옛집이거늘
남의자식 놀이터로 내어맡기고

종설움 받는이 뉘뇨
우리 우리 배달 나라의
우리 우리 자손들이라.
가슴치고 눈물 뿌려 통곡하여라
지옥의 쇳문이 온다

3절
칼춤 추고 말을 달려 몸을 단련코
새론지식 높은 인격 정신을 길러
썩어지는 우리 민족 이끌어 내어
새나라 세울 이 뉘뇨
우리 우리 배달나라의
우리 우리 청년들이라
두팔 들고 고함쳐서 노래하여라.
자유의 깃발이 떳다.

1919년 12월 신흥무관학교를 마친 이영선은 상해로 가서 대한민국 임시정부의 당시 내무총장 이동녕(李東寧)과 재무총장 이시영(李始榮)의 휘하에서 복무하였다. 1920년 3월부터 임시정부의 재무부에 근무하다가 독립공채 모집과 연락 사무를 위해 국내로 잠입하였다.

국내로 온 이영선은 전국의 여러 지방을 오가며 명륜학교 시절 교사였던 어대선과도 연락하며 활동하다가 결국 1921년 6월 29일 일제 경찰에 체포되었다. 악명 높았던 일제 고등계 경찰 미와(三輪)에게 25일간 가혹한 고문 끝에 재판에 넘겨져 4년형을 받고 서대문 감옥에 수감되었다.

당시 서대문 감옥에는 독립운동을 하다 잡힌 정치범이 주로 수용되어 있어서 외국에서 시찰을 오는 일이 많았다. 일제는 정치범이 없다는 것을 표시하기 위하여 독립운동가를 지방 감옥으로 이감시켰다.

이영선도 1923년 12월 28일 함흥으로 이감하는 도중 원산에서 대한독립만세를 부르며 다른 일행들도 만세를 부르게 하였다. 이영선은 만세를 부른 모든 책임을 자신이 지겠다고 하는 바람에 큰 고초를 겪었지만, 다른 사람들은 무사하였다. 이 때문에 평생을 허리의 통증으로 고생을 하였다고 한다.

이영선은 서대문과 함흥 감옥에서 4년이 넘는 옥중 생활을 견디고 1925년 7월 4일에 석방되었지만 고향 집도 들리지 않고 바로 만주로 건너갔다. 만주의 장춘, 하얼빈 등지에서 이규동(李圭東, 1889~1950) 등과 함께 농장 경영 및 교육 활동을 전개하며 이주 동포들의 생계를 지원하는 활동 전개한 것이다. 이때 여준, 홍진 등 만주의 독립운동가들이 동포의 생계 안정을 통해 독립운동 역량을 강화하기 위해 조직한 '생육사'에서도 하얼빈 대표로 활동하였다.

1931년 만주사변을 일으킨 일제는 다음해 만주국이라는 괴뢰정부를 세웠다. 1933년 3월 1일 만주국 건국 1주년 기념식이 열릴 때 이영선은 남자현(南慈賢) 등과 일본 전권대사이며 관동군 사령관인 무토 노부요시를 폭살할 계획을 세웠다. 2월 27일 남자현은 거지로 변장 폭탄을 운반하다 발각되는 바람에 이영선도 일제 경찰에 체포되었다, 하얼빈 남강서(南崗署)에서 가혹한 고문을 받으면서 남자현이 모든 책임을 자신이 지겠다며 단식으로 버텨 이영선과 다른 동지들은 바로 풀려날 수 있었다. 그러나 남자현은 6개월이 넘는 옥중생활로 건강을 해쳐 단식을 한 지 9일 만에 병보석으로 석방되었지만 얼마 못가서 순국하고 말았다.

이영선은 그 후 하얼빈 부근에서 농장을 경영하였고, 여러 소학교와 중학교를 설립 운영하며 동포의 생활 안정을 위해 전력하다가 1945년 8월에 해방을 맞았다. 해방 직후에는 하얼빈의 난민구제위원장과 동광국민학교 교장과 대한민국 임시정부 동북판사처장을 역임하며 대동민주당을 결성하였다.

1946년 2월 이영선은 재만 동포의 무사 귀환과 잔류 동포의 생계 안정을 협의하고 국내 애국 단체와 연락을 취하기 위해 귀국길에 올랐다.

2. 〈백농일지〉와 귀환 후 자주독립과 민생을 위한 역정

〈백농일지〉는 백농 이영선이 해방을 맞아 귀국길에 오른 1946년 2월 15일부터 시작하여 작고하기 직전인 1955년 10월 29일에 끝을 맺는다. 〈백농일지〉는 국내 귀환 후 10년 가까이 병환이나 급한 사정으로 기록할 수 없는 상황이 아니면 거의 매일 같이 67권의 수첩에 일일이 기록하였다.

이영선은 이 일지에 초고로 기록하고 나중에 정서하여 필사본을 만들었다. 이 필사본 〈백농일지〉 1권에서 그는 일기를 20세부터 계속 작성해 왔다고 술회하고 있다. 그러나 이 일기들은 일제 경찰에 2번이나 피검되면서 20여 권을 잃어버렸으며, 해방 전 10년간 일기는 1946년 2월 귀국길에 오르며 하얼빈에 두고 와서 영영 잃어렸다고 하였다. 그러면서 이 일기를 분실한 것이 자신의 생애 중 가장 뼈저리게 섭섭한 일이라고 안타까워했다.

〈백농일지〉는 1권부터 67권까지 기록한 일기 외에 별도로 1950년 3월 용인에서 실시한 계몽 강연 원고를 한 권으로 기록하였고, 또 다른 한 권에는 이영선 자신의 약력을 기록하였다. 또 다른 공책에 대종교 기도문과 애국가, 신흥무관학교 교가와 부국농민단가를 적어놓았으며, 1946년 5월 1일자로 정리된 주소록도 있다.

〈백농일지〉에서 연도 표기는 대부분 단기(檀紀)로 표기하고 있는데, 단지 6·25전쟁 중 북한군 점령 상태에 있을 때는 서기(西紀)로 썼다. 이를 보면 이영선은 이 일기를 통해 자신의 일상을 기록하면서도 형식은 공식 기록을 남긴다는 의도로 일기를 썼던 것이다.

〈백농일지〉는 일기의 매권마다 권호를 붙이고 있는데 단기 4279년인 서기 1946년 2월 15일에 시작하는 일기인 1권부터 단기 4288년 즉 1955년 10월 29일 작고하기 8일 전 마지막 일기가 담긴 67권으로 끝을 맺는다.

이영선은 1951년 3월 부국농민단을 창설하고 새 수첩에 일기를 적기 시작한 제29권부터는 권호에 부국농민단 일지 1호로 부기하였다. 그런데 도중에 기록자의 혼선인지 제42권은 부국농민단 일지 14호였는데 제43권은 부국농민단일지 10호로 표기하였다.

이영선은 병환으로 오래 기록을 못하거나 기재하고 있던 수첩을 잃어버리면 다음 수첩에 그 기간의 일어난 일을 간략하게 정리해 놓고 계속 일기를 작성하였다. 그런데 현재 일기 가운데 제48권이 빠져있는데, 1953년 10월 27일 서울행 열차 상행선 대전 부근에서 부국농민단 서류와 함께 도난당했다고 49권에 적어 놓았다, 〈백농일지〉 매권의 기재 시기는 다음과 같다.

백농일지 권호와 기재 기간

권호	부국농민단 일지	단기(서기)	월 일		비고
			부터	까지	
1		4279년(1946)	2월 15일	5월 11일	
2		4279년(1946)	5월 12일	6월 27일	
3		4279년(1946)	6월 27일	9월 4일	
4		4279년(1946)	9월 4일	11월 30일	
5		4279년(1946)	12월 1일	12월 31일	
		4280년(1947)	1월 1일	1월 21일	
6		4280년(1947)	1월 22일	4월 18일	
7		4280년(1947)	4월 19일	6월 25일	6월 26일 ~ 9월 19일 분실
8		4280년(1947)	9월 20일	10월 17일	
9		4280년(1947)	10월 18일	11월 22일	
10		4280년(1947)	11월 23일	12월 31일	
		4281년(1948)	1월 1일	1월 14일	
11		4281년(1948)	1월 15일	4월 26일	
12		4281년(1948)	4월 27일	7월 4일	
13		4281년(1948)	7월 5일	8월 12일	
14		4281년(1948)	8월 13일	10월 17일	
15		4281년(1948)	10월 17일	12월 31일	
		4282년(1949)	1월 1일	1월 2일	
16		4282년(1949)	1월 3일	4월 5일	
17		4282년(1949)	4월 6일	6월 10일	
18		4282년(1949)	6월 12일	10월 12일	
19		4282년(1949)	10월 13일	12월 19일	
20		4282년(1949)	12월 20일	12월 31일	
		4283년(1950)	1월 1일	2월 22일	
21		4283년(1950)	2월 23일	4월 9일	
22		4283년(1950)	4월 10일	6월 6일	
23		4283년(1950)	6월 7일	7월 2일	
		1950년(4283)	7월 3일	8월 12일	서기(단기) 표기
24		1950년(4283)	8월 13일	9월 30일	
25		4283년(1950)	10월 1일	11월 10일	
26		4283년(1950)	11월 11일	12월 31일	
27		4284년(1951)	1월 1일	2월 23일	2월 23일 ~ 3월 4일 분실
28		4284년(1951)	3월 5일	3월 31일	
29	제1호	4284년(1951)	4월 26일	5월 30일	
30	제2호	4284년(1951)	6월 1일	8월 4일	

권호	부국농민단 일지	단기(서기)	월 일		비고
			부터	까지	
31	제3호	4284년(1951)	8월 5일	9월 3일	
32	제4호	4284년(1951)	9월 3일	11월 12일	
33	제5호	4284년(1951)	11월 13일	12월 21일	
34	제6호	4284년(1951)	12월 22일	12월 31일	
		4285년(1952)	1월 1일	2월 20일	
35	제7호	4285년(1952)	2월 21일	4월 9일	
36	제8호	4285년(1952)	2월 21일	6월 4일	
37	제9호	4285년(1952)	6월 5일	7월 14일	
38	제10호	4285년(1952)	7월 15일	8월 18일	
39	제11호	4285년(1952)	8월 19일	9월 25일	
40	제12호	4285년(1952)	9월 26일	10월 29일	
41	제13호	4285년(1952)	10월 29일	11월 26일	
42	제14호	4285년(1952)	11월 26일	12월 31일	
		4286년(1953)	1월 1일	2월 2일	
43	제10호	4286년(1953)	2월 3일	3월 20일	제10호로 변경
44	제11호	4286년(1953)	3월 21일	5월 1일	
45	제12호	4286년(1953)	5월 2일 ~	6월 11일	
46	제13호	4286년(1953)	6월 12일	7월 3일	
47	제14호	4286년(1953)	7월 3일	8월 12일	
48	제15호	4286년(1953)			48권 분실
49	제16호	4286년(1953)	9월 12일	10월 20일	
50	제17호	4286년(1953)	10월 22일	2월 8일	
51	제18호	4286년(1953)	12월 9일	12월 31일	
		4287년(1954)	1월 1일	1월 4일	
52	제19호	4287년(1954)	1월 9일	2월 15일	
53	제20호	4287년(1954)	2월 15일	3월 28일	
54	제21호	4287년(1954)	3월 29일	5월 13일	
55	제22호	4287년(1954)	5월 13일	6월 8일	
56	제23호	4287년(1954)	6월 9일	7월 6일	
57	제24호	4287년(1954)	7월 7일	9월 6일	
58	제25호	4287년(1954)	9월 6일	10월 11일	
59	제26호	4287년(1954)	10월 23일	12월 4일	
60	제27호	4287년(1954)	12월 5일	12월 31일	
		4288년(1955)	1월 1일	1월 4일	
61	제28호	4288년(1955)	1월 5일	2월 9일	
62	제29호	4288년(1955)	2월 10일	3월 17일	

권호	부국농민단 일지	단기(서기)	월 일		비고
			부터	까지	
63	제30호	4288년(1955)	3월 18일	4월 29일	
64	제31호	4288년(1955)	4월 30일	6월 7일	
65	제32호	4288년(1955)	6월 8일	9월 1일	
66	제33호	4288년(1955)	9월 2일	10월 18일	
67	제34호	4288년(1955)	10월 22일	10월 29일	

〈백농일지〉의 기록은 이영선이 1955년 11월 6일 별세하기 8일 전인 10월 29일 쓰러져 심신을 추수리기 어려워 일기를 도저히 작성할 수 없는 순간까지 적었다. 그래서 마지막 일기는 남은 혼신의 기력을 다해 일기를 적으려고 노력한 흔적이 역력히 나타나 있다.

이 일기의 문체는 이영선이 명륜학교에서 유학자 맹보순에게 전통 학문을 배웠고 만주로 망명하여 해방이 돼서야 귀국하였기 때문에 한문이 많은 국한문 혼용체로 기록하였다. 그런데 1950년 5월 1일 대종교에서 한글 전용 결의를 한 후부터 6·25 전쟁으로 북한 점령 시기까지는 한글 전용으로 기재하였다.

〈백농일기〉를 통해 해방 후 10년간 이영선의 행적과 사상을 엿볼 수 있다. 그는 1946년 2월 23일부터 귀국길에 오르면서 입국하는 이유가 동북에 현재 거주하고 있는 동포와 장래 중국에 입주할 동포의 생활 안정과 교육 발전, 산업 진흥을 위해 떠나는 길이라고 하면서 가족과 동지를 남겨 두고 간다고 하였다. 그는 귀국 목적을 이루면 다시 돌아갈 생각을 하였기 때문에 가족들을 데리고 가면 지장을 받을까 염려하여 부득이 홀로 귀국한 것이다.

귀국한 이영선이 국내에서 자신이 머무를 주택을 마련하는 것보다 먼저 시도한 것은 귀환 동포들의 생계 안정을 위한 사업이었다. 우선 3·1건국동지회와 귀국 전재동포원호회에서 귀환동포의 생활 안정을 위한 지원 활동을 전개했으며 이를 위해 협생산업주식회사를 설립하였다.

그러나 1947년 5월부터 전개된 2차 미소공위 참가 문제로 이영선이 참가하고 있었던 대중당 및 귀환동포협회와 협생산업주식회사 내에 분열이 심각하게 전개되었다. 이때 이영선은 미소공위에는 '신탁통치'를 삭제하기 전에는 불참하겠다는 의사를 밝혔다.

그는 남의 원조와 남의 간섭을 받지 않고 오직 스스로의 힘으로 우리 동포의 정신적 대동단결로서 우리나라를 완전 자주 독립국가로 만들어야 한다고 주장하였다. 그의 생각은 38선을 철퇴하고 남북 통일정부 수립하고 민생 문제 해결로 완전 자주독립국가를 건설하자는 것이었다.

남한과 북한에 각각 독자적 정부가 수립되고 분단이 고착화되어 가고 있을 때 이영선이 남북한 영도자에 내린 평가는 냉정하다. 1948년 11월 1일 일기에서 우익의 영도자 이승만은 무모하고, 좌익의 영도자 김일성은 우둔하다고 하였다. 김일성은 당시로 보면 30년 전인 러시아혁명 시기에나 가능했던 살인과 파괴 방법을 현재에 실행하려 드니 무모하다는 것이다. 이승만은 수십 년 처가살이(미국)하다가 어렵게 사는 본가로 돌아왔는데 잘사는 처가의 말만 듣고 본가가 필요한 방책은 실시하지 않는다는 것이다.

이영선은 1949년부터 화성의 화산릉과 수원 비행장 부지 등지에 귀환 농민을 입주시켜 주축(主畜) 농장 건설을 계획하고 실천에 옮겼다. 그러나 1950년 6·25 전쟁으로 농장 건설사업은 대부분 좌초되고 말았다.

이영선은 귀환 동포 구제 활동을 하면서 농촌 문제에 관심을 가졌는데, 특히 당시 농민에게 큰 고통을 주고 있던 가뭄에 의한 피해를 안타까워 했다. 그는 1950년 3월부터 직접 고향인 용인지역을 다니며 순회 강연을 통해 용인 군민이 단결하여 가뭄 극복을 위해 정부에 구제를 요구하라고 하였으며, 나라를 좀먹고 백성의 피를 빠는 탐관오리, 간상모리, 정치협잡꾼 등을 몰아내자고 하였다. 또 하늘은 스스로 돕는 자를 돕기 때문에 스스로 민생문제를 해결하기 위해서 대동단결을 통해 같이 배우고 일하자고 역설하였다.

6·25 전쟁 중에도 이영선은 과거 신흥무관학교의 훈련 방식처럼 병농일치를 통해 농군을 양성하여 유사시 국군으로 활용하자는 취지로 부국농민단을 창설하였다.

1951년 4월 부국농민단의 실제 농업 경영을 위해 김해 주촌면 양동리에 부지를 마련하여 생산 증산을 위한 주축농업을 실시하였다. 또 당시 매년 농촌에 만성적 고통을 안겨 주는 가뭄 피해에서 벗어나기 위해 수리조합을 결성하여 김해의 양동저수지 축조를 주도하였다.

이때 이영선은 부국농민가를 만들어 기회가 있을 때마다 여러 사람 앞에서 부르고 손녀들에게도 가르쳐 부르게 했다. 이 노래에 모범 농촌 건설로 생산 증산하여 이상촌을 만들고 싶은 그의 심경이 나타나 있다.

부국농민단 농부가

1절

한울님 주신 우리나라 편편옥토(片片沃土)가 이 아닌가.
높은 데 갈면 밭이 되고 낮은 데 갈면 논이 되니
세계에 유명한 농산국이라.

얼널널 상사디요.

2절
고명한 농리(農理)를 연구하여 농구(農具)와 종자를
개량하여 주축농업(主畜農業)에 힘을 쓰면
십 배나 이십 배 얻겠구나.
얼널널 상사디요.

3절
참새가 울 때에 일찍 깨어 농사 기구를
둘러메고 근처 농군 모여들며
저 구름 정자에 농부가로세.
얼널널 상사디요.

4절
새벽 나서 일하다가 초승달 뜨고 돌아와서
목욕한 후 새옷 입고 부모처자 함께 모여
보리밥 파국도 약이로다.
얼널널 상사디요.

5절
앞논에는 벼를 심고 뒷밭에는
스속* 갈아** 흰쌀내서 노유봉양(老幼奉養)
잡곡 거두어 우리 먹세
얼널널 상사디요.

---

* 스속 : '조'의 방언
** 갈아 : 가꿔

6절
동편 언덕에는 뽕을 심고 서쪽 밭에는
목화를 갈아 명주는 짜서 부모 의복
무명내서 우리 입세.
얼널널 상사디요.

7절
적당한데 과수 심고 여기저기 차를 갈아
과실(果實)은 따서 간식하고 엽차(葉茶)는 따서 외국 수출
생산이 많아야 부강하지.
얼널널 상사디요.

8절
남은 토지가 있고 보면 포푸라 낙엽송
많이 심어 4, 5년간 두어두면 매주(每株)에
수원(數圓)은 갈데 없네* 수목이 많아야 비 잘오지.
얼널널 상사디요.

9절
우순풍조(雨順風調) 때를 맞추어 밭곡은 푸릇푸릇
논벼는 술술 보기 좋게 자라나니 재미 재미
이 재미야 천하제일 재미로다.
얼널널 상사디요.

* 갈데없네 : 들어오네(저축되네)

10절
서늘한 바람이 슬슬 불 때 남녀 농군(農軍)
한데 모여 신삼고 꾸리* 걸며 신문잡지나
들어보세 세계 형편을 알아야지.
얼널널 상사디요.

11절
아들딸은 학교에 보내어 신학문 공부를
시켜보세 우리는 무식이 되었지만 자녀는
문명인 되게 함이 부모 책임 아닌가.
얼널널 상사디요.

12절
면마다 촌마다 무기장만 군사훈련을 하였다가
절도나 강도가 들거들낭 일심합력 쳐부수자
환난상구(患難相救)도 해야되지.
얼널널 상사디요.

13절
추수동장(秋收冬藏) 하여 두고 농사여가(農事餘暇) 틈을 타서
도덕(道德) 학문(學文) 힘을 쓰세 간 곳마다 인화하고 산 곳마다
교육하면 우리 세계 자연되지
얼널널 상사디요.

이영선의 국내 활동은 만주 신흥무관학교 출신 인사들의 조직한 신흥학우단에서도 이어졌다. 그는 신흥학우단의 단장으로 취임하

* 꾸리 : 북 안에 넣어 씨실을 공급할 수 있도록 감아둔 실

여 이시영이 설립한 신흥대학이 교사(校舍) 문제로 어려움을 겪고 있을 때 이를 해결하기 위해 분투하였다.

또 6·25 전쟁으로 신흥대학이 부산으로 이동하여 혼란을 틈타 재정 문제로 학교 분쟁이 일어났다. 이때 이영선은 신흥학우단과 함께 설립자가 학교를 되찾을 수 있도록 노력하였지만 이시영이 타계하는 바람에 성공을 거두지는 못하였다.

이영선은 1954년 3월 말 김해의 부국농민단을 양주군 구리면 교문리에 토지를 마련하고 이전하였다. 이곳에서 배나무나 살구나무 과수원을 가꾸며 그의 목표인 생산 증산을 통한 이상적 모범 농촌을 만들기 위해 연로한 몸으로 모든 힘을 쏟았다. 또한 1955년 11월 6일 별세하기 직전까지도 창경원에서 열린 산업박람회의 지도위원으로도 활동하였다.

〈백농일지〉로 본 해방 후 이영선의 삶은 민족의 대동 단결을 통해 통일된 자주독립국가를 완성하고 민생의 안정과 생산 증산을 위한 모범 농촌을 건설하는 것을 목표로 한 것이다.

이영선의 귀환 후 삶은 백농(白農)으로 이상 농촌 건설을 위해 씨앗을 뿌렸다. 그리고 다시 농우(農牛)가 되어 부지런하게 밭을 일구다 그만 결실을 보지 못하고 말았다. 이렇게 이영선이 농촌에 뿌린 씨앗과 소처럼 보여준 근면성은 1970년대 우리나라 농촌 부흥 운동인 새마을운동으로 이어진 것으로 볼 수 있다.

2장 단기 4279년(1946)~4280년(1947)

1. 〈백농일지〉에 대하여[1]

20세 만주로 건너갈 때부터 32세까지 10여 권을 왜경에 피검되어 잃어버렸다.

37세 출옥한 후 46세까지 일기 10여 권은 하얼빈에서 남자현(南慈賢) 여동지와 왜경에게 피검되어 잃어버렸다.

47세 때부터 58세 되는 해 2월 중순까지 일기 10여 권은 해방 후 국내 각 애국 단체와 연락을 취하러 입국하였다가 만주로 다시 돌아가지 못한 관계로 또 다 잃어버렸다.

만주로 건너가서 30여 성상(星霜)에 걸쳐 정신과 물질 양 방면에 이룩해 놓은 것인데, 마음 아프고 뼈저리게 섭섭한 일 중에 일기 30여 권을 분실한 것이 제일 유감으로 생각이 된다.

그러나 부득이 과거는 물심양면으로 깨끗이 청산을 하고 해방 날이 이 우주간(천지간)에서 신생명을 받은 것으로 개인적 신기원을 정하고, 과거는 약력(略歷)만을 쓰고 단기 4279년(1946) 58세 2월 15일 이후를 소상히 쓰기 시작한다.

[1] '<백농일지>에 대하여'는 이영선 자신이 일기 작성의 내력을 기록한 것이다.

2. 李英善(白儂) 略歷[2]

단기 4221년(1888) 3월 9일(음력)에 경기도 용인군 영덕리 덕곡(덕골)[3] 빈궁한 농가에서 출생하니 부친은 이익원(李翼元) 씨요, 모친은 수원 형(邢) 씨[4] 이다.

7세 때부터 학문에 뜻을 두었으나 당시 농가 환경이 허락되지 않아서 수학하지 못하고, 농한기의 틈을 타서 부친과 형수에게 약간 한문을 배웠지만 공부에 전념하지 못함을 한탄하였다

15세에 세상에 남자로 생겨나서 장래 인류사회를 위한 사업을 하자면 무식해서는 안되겠고, 가정에만 있으면 공부를 할 수 없다는 생각이 났다. 그래서 그 해 3월 25일 단연히 집을 떠나 안성 고모 댁에 가서 한문 공부를 하였지만, 그 집 3대 독자인 내종질(內從姪)이 불행하게 되어 부득이 1년 만에 떠나게 되었다.

16세에 당시 경향에서 명망이 높은 맹동전(孟東田)[5] 선생에게 공부를 하게 되었다. 그때 동전 선생은 정부의 허가를 얻어 전국 향교를 사용하여 명륜학교(明倫學校)를 설립하고 시대에 맞는 신학문과 국가에서 필요한 군사학을 실시하였다. 다른 학자들이 사문난적(斯文亂賊)이라고 반대를 하여 학부대신 이도재(李道宰) 때에 재판이 되어 이해 10월부터 17세 때 9월까지 맹선생 대리로 송사를 하여 경기도 관찰사의 판결로 이미 설립한 용인 명륜소학교와 수원 명륜중학교만

---

2 이 약력은 이영선 본인이 작성한 것이다.

3 현 용인시 기흥구 영덕동 덕곡

4 형(邢) 씨는 진주 형씨 단본이다.

5 맹보순은 호가 동전(東田)이며, 조선후기 기호 낙론을 계승한 임헌회의 학문을 이어받은 유학자였다.

을 경영하고 그 외는 중지를 당하였다.[6]

18세에 수원 명륜중학교에 입학하니 선생이 을사 5조약과 정미 7협약[7]에 통탄과 억울함을 설명하시며 국가의 위급을 당하여 국민은 마땅히 목숨을 바쳐서 구국하면 노예를 면하여 자손만대 행복을 받지만, 구차히 살기를 위하여 나라를 구하지 않으면 결국은 자신도 못살며 영원히 자손까지 대대로 노예를 면치 못한다고 하셨다. 또 월왕 구천(越王 句踐)의 와신상담론(臥薪嘗膽論)과 국민이 동주과풍론(同舟過風論)을 지녀서 일반 학생에게 애국열을 고양시키시며, 나도 국민의 한 사람이니 있는 정성과 생명을 바쳐 국권을 회복하리라는 정신이 확고해졌다.

20세 때 왜적의 간섭이 점점 심하여 한국의 정신적 학과를 교수하지 못하게 되어 선생이 국외로 진출할 생각을 두시고 나에게 만주를 시찰하라고 명하였다. 11월 19일 출발로 압록강을 건너 7개월간 만주(滿洲)를 시찰하고 의주 북쪽으로 와서 서면으로 복명하였다.

동전 선생이 서세충(徐世忠)[8] 나홍석(羅弘錫)[9] 양 동지와 함께 나의 안내로 친히 만주 시찰을 하고 국세의 위급(危急)이 한시도 머무르기 어렵다 하시더니, 곧 귀국하고서 선생의 생질 김학조(金學祖) 씨에게

---

6 맹보순 설립한 용인 명륜학교는 1908년 일진회 출신 용인군수 고청룡의 간섭과 단발 강요로 수원으로 옮겼다.(『동전문집』 행장) 수원 명륜학교는 1908년 11월 맹보순이 설립하여 문학 실업 법률 유치 4부로 분설하였다.(『대한매일신보』 1908.11.5. 유림의 큰 개명) 따라서 이영선의 명륜학교 기록은 40년이 지난 기억 속에 혼선이 있을 수도 있다.

7 이영선이 수원 명륜중학교에 입학할 때가 정미7조약이 맺어진 이후라면 1908년 맹보순에 의해 설립된 시기라서 21세가 된다.

8 서세충(徐世忠, 1888~1957) 경기 고양 출신, 호는 춘강(春江)

9 나홍석(羅弘錫, 1888~?) 용인군수를 지낸 나기정의 장남이며, 여류 화가 나혜석의 오빠.

권면하여 당시 천여 석 추수의 토지를 헤아릴 수 없이 처분하여 가지고 연락 기관을 안동현에 성신태(誠信泰) 객잔, 환인현 파저강변 자피거우에 성신복(誠信福) 상점을 설립하고 국내와 만주의 동지의 연락을 취하여 서로 연락과 교통이 편리하게 하였다.

25세(1913)에 나는 의병대장 이석대(李奭大)[10], 독립단장 조맹선(趙孟善)[11] 고문 김학소(金學韶)[12] 3씨의 중심으로 조직된 대한독립단[13]에서 보부상의 행색으로 변장을 하고 압록강 일대를 왕래하면서 지방 정찰과 연락사무를 보았다.

30세(1918)에 십년간 체험한 결과 전술 전략을 전적으로 배우지 않고는 국적 왜놈을 잡지 못하겠다고 생각하였다. 그래서 기미 3월 독립 만세를 부른 후에 신흥학교에 입학하여 이청천[14], 이범석[15] 외 여러 선생에게 군사학을 전문으로 배우다.

30세 상해 임정에 가서 당시 국무총장 이동녕(李東寧)[16], 재무총장 이시영(李始榮)[17] 선생 앞에서 복무하였다.

---

[10] 이진룡(李鎭龍, 1879~1918) 황해도 평산 출신, 일명 석대(錫大)

[11] 조맹선(趙孟善, ?~1922) 호는 원석(圓石), 황해도 평산 출신.

[12] 김학소(金學韶, 1875~1939) 일명 김혁(金爀), 용인 출신, 만주의 신민부 집행위원장 역임.

[13] 대한독립단은 1919년 3·1운동 이후 결성되었으며, 김학소는 대한독립단에 참여하지 않았다. 이진룡·조맹선 등은 1911년 장백현(長白縣) 일대에서 포수단(砲手團)을 만들어 조직을 재정비하고 있었는데, 이영선은 아마도 이를 대한독립단으로 착각한 것이 아닌가 추정된다. 이진룡은 1918년 피체되어 역시 대한독립단에 가담할 수 없었다.

[14] 이청천(李靑天, 1888~1957) 본명 지대형(池大亨), 호 백산(白山), 일본 육사 졸업, 신흥무관학교 교성대장, 한국독립군, 광복군 총사령관.

[15] 이범석(李範奭, 1900~1972) 호 철기(鐵驥), 신흥무관학교, 청산리대첩 참가, 한국광복군 참모장.

[16] 이동녕(李東寧, 1869~1940) 호는 석오(石吾), 상동청년회, 신민회 활동.

[17] 이시영(李始榮, 1869~1953) 호는 성재(省齋), 신흥강습소를 설립, 상해 임시정부의 법무총장 등 역임.

32세에 국채 모집과 연락 사무에 책임을 띠고 입국하여 경향간(京鄕間) 각계각층을 만나 활동하였는데, 그때 일년도 안되서 검거된 인원이 354명이 되었다. 나도 다음 해 6월 29일 종로서 왜놈 경찰 미와(三輪)에게 잡혀서 25일간 갖은 악형을 다 겪고도 죽지 않고 또 살아났는데, 선배 어대선(魚大善)[18] 씨 등 25인은 전부 3년 형을 당하였다.

35세(1923)에는 당시 서대문 감옥에서 정치범만 천여 명이 되는데 서양 사람이 종종 단체로 시찰을 오므로, 왜놈이 정치범이 없다는 것을 표시하기 위하여 각 시골로 이감을 시켰다. 나는 12월 28일에 백 명과 함께 함흥으로 이감을 하게 되어, 외부에 정치범이 많이 있다는 표시를 하기 위하여 대한독립만세를 남대문 역에서 부르기로 약속을 굳게 하였는데 한 사람도 완전히 실행하는 사람이 없었다.

다음으로 원산역에 당도하여 차가 약 1시간이나 정차를 할 새, 내가 기립하여 "우리가 이미 한 약조를 실행 못하고서 고대하는 대한독립을 어떻게 실현하겠는가"라고 설명을 하고 대한 독립만세를 고창하였다. 같이 있던 백 명이 일시에 따라서 만세를 부른 후 나는 호송하는 간수장에게 "이 일에 전 책임이 나에게 있으니 사생간에 나 자신만 달게 받을 테니 99명은 무사하게 해달라."는 요청을 하고 중지하였다. 이 일로 당시 재감하던 동지들은 물론이고 일반 죄수들까지 천여 명이 감격하게 생각하였다. 그 결과 나는 104일에 이르는 감식과 168시간 암실 독방의 형을 받고 나서 병에 걸려 3개월간 고통을 받았고 종신토록 고치지 못할 허리 병이 생겼다.

37세(1925) 7월 4일에 석방되어 재출발로 고향에도 안 들리고 바

---

[18] 어대선(魚大善, 1871~1921) 용인 출신, 호는 시제(時齊), 3·1운동으로 피체.

로 장춘으로 가서 길림 하얼빈 등지에서 이규동(李圭東)[19] 동지 이외 수십 동지와 결탁하여 자작농장을 창설하여 국내에서 이주하는 동포의 생도를 열며 소, 중학교를 건설하여 일반 자녀를 교육하는 데 전력하였다.

40세 때 소위 만주국(滿洲國) 건국일인 3월 1일 기념을 기하여 일본 전권대사 무토를 폭살할 계획을 남자현(南慈賢)[20] 여사와 하다가 발각되어 2월 28일 왜적에게 잡혀 남강서에서 남 여사, 나, 문익빈 3인이 고문을 받는 중 남 씨가 말하시기를 "성공 못하고 3인이 다 형을 받으면 정히 억울하고 무의미하니 고문(顧問)을 하던 이 동지와 협조한 문동지는 나가서 국가와 민족을 위하여 일하라"라고 부탁하고 전 책임을 자기 단독으로 지고 절식하신지 17일 만에 순국하시고 나와 문은 무사히 석방되었다.

그 후 계속하여 납빈선(拉賓線) 일대와 빈북선(濱北線) 일대에서 농장을 경영하며 하얼빈에 금강, 동광소학교와 제3중, 제6중 남여 중학교를 경영하는 데 전력하였다.

57세 때(1945년) 8·15해방이 되었다. 소련군 사령부의 소위 관선위원 임명을 거절하고 대한민회 선출에 의하여 난민구제위원장과 동광국민학교 교장과 대한임시정부 동북판사처장직에서 복무하며 대동민주당을 결성하였다.

---

[19] 이규동(李圭東, 1889~1950) 충남 보령 출신, 신흥학교 계몽대장.

[20] 남자현(南慈賢, 1872~1933) 경북 영양 출신, 만주로 망명, 서로군정서에서 활약하며 여성계몽 활동을 펼침.

3. 檀紀 4279년(1946)

2월 15일

해방 날로부터 시무하던 난민 구제 사무 일체를 한국민회로 이양하다.

2월 16일

하얼빈시 동광국민학교 사무 일체를 학교 후원회와 동광학교 직원에게 이양하다.

2월 17일

한국민회 집행위원회를 개회하다.

민생부 보고 - 해방 후 10월 19일부터 피난민 입국이 13만여 명으로 계속 수송 중

한국민보사 경과보고- '발송 부수 5백여 부'.

총무부 보고 - 1. 문무석, 2. 권헌, 3. 오기설 담임

민회장(民會長) 설명 - 민회 설립과 유래, 정황 보고

문교부의 교육비에 대한 보고

하얼빈 시내 사범학교, 제5중학교, 제3여중학교, 전수학교 등 중등학교를 한국민회에 이양하기로 결정하였다.

2월 21일

장경직, 이영선, 이영춘, 김응록, 문암, 이운석 등 유지와 청년 이

장훈[1], 김철환, 한인택, 김호석, 박광락[2] 외 10여 명이 송강원에 다시 모여 의사 안중근 유적문화사의 범위를 확대하기 위하여 명의를 계림문화사로 변경하였다. 나는 고국 입국 여비로 판사처 경리 신대식 씨에게 전국폐[3] 6천 원을 영수하다.

2월 22일

애린반(愛隣班)을 조직하기 위해 유지 대여섯 명이 금강학교에 모여 오후 1시부터 3시까지 진행 방침을 토의하였다. 나는 입국 후 방문할 각 애국단체와 일가 친척의 주소, 성명을 충남 천안군 성남면 신덕리 심응익 씨[4] 이하 용인군 구성면 보정리 이봉선 이창훈[5] 숙질까지 수십여 명을 적었다.

> ※ 藥方文(十神湯) : 升麻, 葛根, 川芎, 紫蘇(葉), 白芷, 香附子, 麻黃, 陳皮, 赤芍(藥), 甘草 각 3錢 葱根, 生薑 각 1錢. 이 藥은 傷寒, 溫疫, 발진, 페스트, 普通 感冒, 重한 感冒, 病症에 한첩만 복용하고 약간 發汗하면 效果가 있어 특히 기록함.

2월 23일

오전 9시 하얼빈시에서 대련(大連)을 가는 차로 입국에 동행할 장우동 씨와 함께 출발하는데 차참(車站, 버스 정류장)까지 장남 장훈, 처남 조창세와 동지 6, 7명이 와서 전송해 주다. 밤 10시 10분 출발하여 평소보다 복잡한 차 안에서 장춘(長春)을 경유하고 봉천(奉天)을 통과하며 밤을 지새다.

---

1 장자(長子)
2 매제(妹弟)
3 前國幣(옛 만주국 화폐로 보임)
4 자형(姊兄)
5 장질(長姪)

2월 24일

낮 12시 30분에 대련에 도착하여 14시간 만에 차에서 내려 약 1시간 여행객의 검사를 마치고, 마차에 올라 찾아간 중국인 여관마다 한국인과 일본인은 경찰의 지시에 의하여 받지 못한다고 하여 조선인회 특정 여관인 조선여관을 찾아갔다.

마차꾼이 차비 이백 원을 내라고 요구를 하는데, 여관 주인이 오십 원이면 되는데 초행이라고 차비를 무리하게 마구 올려받으려 한다고 하여 마차꾼과 언쟁을 하게 되었다. 그러나 조그만 일로 알지 못하는 사람과 감정살 필요가 없어 요구대로 이백 원을 주고 좋게 말하여 보냈다.

2월 25일

인천행 배는 이미 어제 일찍 떠나서 할 수 없이 안동으로 가는 자동차편을 조선인회에 부탁하였다. 이번 나의 입국은 동북에 현재 거주하고 있는 동포와 장래 중국에 입주할 동포의 생활 안정과 교육 발전, 산업 진흥을 위해 떠나는 길이라 처가와 장자와 친족과 동지가 함께 가고 싶은 마음이 적지 않았다. 그러나 가는 길에 지장받거나 지체될까 염려하여 부득이 다수 동행을 허락하지 않고 다만 장우동만을 동반하여 여정에 올랐다.

자동차가 고장으로 움직이지 못하므로 체류하면서 대련 시가를 돌아보고 오후 5시 조선여관에 돌아와 묵었다.

3월 2일

어제 3월 1일은 우리 대한민족으로서 영원히 기념할 대한독립

3·1기념일이므로 오전 11시부터 대련시 한국민회에서 제27주년 3·1 대한독립기념식을 거행하였다.

3월 5일

승객 인원수가 초과하였고 짐도 많아 합승 자동차 이용을 포기하고 배편으로 가기로 하고 오후에는 인천행 선박을 교섭하다.

※ 폐병(폐결핵)에 單方藥
시루에다가 맨 처음에 푸른 참대를 잘라 쪼개서 한켜 안치고
살찐 황구 고기를 또 한켜 안치고
생강을 저며서 또 한켜 안치고
검은 참깨를 한켜 안치고
대추를 한켜 안치고
꿀을 한켜 안쳐서
이상 6가지를 1차로 안치고 다시 2차례 6가지를 켜켜이 차례로 재어 안쳐서 구육이 다 익으면, 솥 가마에다 물을 부어 질그릇 큰공기를 띄우고 시루를 안쳐 둘레를 볏짚불을 과하지 않게 3일을 때면 6가지 약재가 잘 익어서 연육이 되는 동시에, 솥 안에 큰 공기에는 진한 조청 같은 약이 괴여있다. 그런 후에 이 약을 변치 않게 잘 담아두고 다음 시루 안에 연육으로 혼동된 것은 전부를 솥에 푹 고와서(급히 곱지 말고 마냥 곤다) 조청같이 고와 지거든 보자기로 꼭 짜서 그 약물을 며칠이던지 다 식후에 한 공기씩 먹은 후에 계속하여 솥 안 큰 공기에 받아서 변치 않게 둔 약을 식후에 매번 간장 종지로 두 종지 쯤 마신다. 이렇게 황구 20마리만 해 먹으면 2, 3기가 된 폐병도 완쾌되고 살이 찐다하므로 특히 일지에 써서 둔다.
보재기에 짠 찌꺼기는 아무 사람이나 먹어도 잘 보한다고 한다.

3월 22일

조공제, 남제, 겸제 3남매와 그의 자당 박수경 여사(조용주[6]의 부인)가 한성 조용은(趙鏞殷) 씨를 찾아간다고 대련에 도착하였다.

---

[6] 조소앙의 동생, 조소앙(趙素昻, 1887~1958) 경기 고양 출신, 본명 趙鏞殷, 소앙은 호, 임시정부 외무총장·의정원의장 역임.

※ 單方文

개에게 물린 데(혹은 狂犬에게 물린 데) 斑猫 7개를 머리와 발을 떼어 버리고, 雄黃 1錢, 滑名 2錢, 蜈蚣(지네)은 개 물린 사람에 나이대로(10세면 10개, 30세면 30개) 머리와 발을 떼어 버리고 가루로 만들어 5包 分服으로 溫水에 삼켜서 넘기면 직효이다.

右藥에 麝香 1分을 加하면 더욱 좋다.

무릎 (寒冷) 시린데 單方藥

牛膝 1丸重, 當歸尾 1丸重을 水煎 溫服하면 직효이다.

虛汗나는데 單方藥

黃芪蜜灸黃(누렇게) 1丸5錢 熟地黃 5錢을 水煎 溫服하며 2, 3次면 직효한다.

白髮이 還黑하여 更少年되는 藥方文

赤何首烏 5丸을 竹刀로 去皮酒蒸 7次, 숙지황 2丸 砂仁末 2錢 酒蒸 9次, 菟絲子 1丸 酒蒸 3次 天門冬 1丸 右藥은 마늘, 蔥根, 고추, 猪肉, 鷄肉, 油等, 메밀 飮食 등을 禁하고 藥 한재는 5日 分인데 5, 6개월을 連服하면 백발이 還黑하며 다시 少年이 된다고 한다.

3월 23일

열흘 동안 낮에는 대련시를 관람하고 밤에는 틈틈이 서책을 정독하다. 대련시 발전은 7, 80년 정도 되는데 현재 시 정부를 중심으로, 북은 육지이며 동남서는 바다에 둘러 있다.

인구는 8, 90만 되는데 중국인이 50여만이요 한국인은 2, 3천에 불과하고 일인이 2, 30만이요. 그 외는 소련인과 각국인 이라고 한다. 앞으로는 무역 군사상 시설이 유망하고 농산물 기타 생산지대는 아닌 것으로 보인다.

대련시에서 동반한 사람은 하얼빈에서 온 김홍순, 장우동, 길림에서 온 이학수, 황태연, 최준걸 등 여러 명이다.

3월 27일

오전에 하얼빈, 길림, 장춘 각처에서 모여든 피난민 대표가 모두 함께 대련시 한국민회 위원 김원섭 씨를 방문하고 피난민 전체 입국 방법을 협의하였다. 이제부터 여비가 떨어진 사람은 전부 한국민회 실비식당에서 공급하기로 결정하였다.

3월 29일

오전 6시로부터 민회 내에서 유숙하는 피난민 중 청장년 28명, 조선여관 내에서 유숙하는 피난민 중 백여 명 합계 130여 명이 출동하여 대련 부두에서 굵은 소금을 소련 화륜선에 옮겨 실었다. 나는 김홍순 씨와 같이 한국노동연맹에 가서 위원장 문시현 씨와 민회 사무장 정리경 씨를 찾아 배편 입국을 협의하였다.

4월 1일

피난민 5백 명 중에 극빈자와 노약자 62명을 삼진환으로 입국하도록 결정하다.

4월 10일(음 3월 9일)

오늘은 나의 58회 생일이요, 집을 떠난 지 47일이며 대련 도착은 만 46일째이다. 그동안 만사가 막막한 가운데 귀국 준비에 급급하면서, 대련시에서 지내는 동안 매일 매일 오직 마음이 즐겁고 만족하게 위안을 주는 것은, 중국에서도 중요하고, 동북에서 특별시 자유항인 대련시의 한국민회 3층 꼭대기 국기 게양대에 우리 민족으로서 가장 사랑하고 존경하는 대한 태극기가 걸려 있는 것뿐이다.

이것은 말로는 다 표현을 못하며 금전이나 보통 물질과는 비교할 수 없는 보배이다. 대련 도착 당시에는 흰 눈발이 날리더니, 이

제 대련을 떠날 때는 개나리, 진달래, 벚꽃이 피어 있고 초목 모두 새싹이 움트고 일기도 화창하여 천지간의 만물이 기운을 서로 뽐내고 있다.

이번 귀국길에 3가지 처음 겪는 일이 있으니 북방을 떠돌던 40년 중 대련에 머문 것이 첫째 일이요. 체류 50일에 아무 하는 것 없이 장개석(蔣介石, 中正)저 『中國之命運(중국지명운)』과 손중산(孫中山, 孫文)저 『三民主義(삼민주의)』 전서를 곁에 두고 흥미있게 본 것이 둘째 일이요.

제58회 생일 만찬에 1근 30원어치 좁쌀과 1근 50원어치 돼지고기와 매근 3원어치 시금치로 70세 노인이 친히 죽을 쑤워, 도시락에 가득 담아서 주는 대로 받아놓고 아무 반찬 없이도 땀을 흘리면서 맛있게 먹는 것이 또한 셋째 처음 겪는 일로 기억된다. 이상 세 가지 처음으로 겪는 일이 가정과 나라를 세우려는 남아로서 기념이 될만하여 특히 일기에 써서 둔다.

4월 13일

어제부터 오늘 오전 7시까지 손중산 저 『三民主義』 전서를 모두 읽고 장중정 저 『中國之命運』을 또 보기 시작하고, 모택동(毛澤東) 저 『論新階級(논신계급)』을 번갈아 보기로 하다.

4월 14일

대련 도착 만 50일 만에 오전 9시 일행이 짐을 챙겨 마차에 싣고 노약자는 마차를 타고, 나머진 도보로 혹은 전차로 이동하여 정오에 일행이 부두 해관에 당도하여 검사를 마쳤다. 하오 1시에 승선장에 도착하여 출발을 기다리다가 5시까지 배에 올랐는데 유감스럽게도 최준걸 씨 동생이 병으로 그의 부인과 함께 하선하여 치료한 후 다음 배로 입국하기로 하였다.

그 외 나머지 사람들이 탄 배는 7시에 출발하여 대련의 최고 요새지인 삼산도를 안고 돌아서 큰바다로 진행하였다. 나는 하오 11시부터 배멀미로 고통을 심하게 받았는데 나머지 여러 사람도 고통을 받으며 지냈다. 이틀 후인 16일 오전 9시에 그렇게 바라던 조국 땅인 38선 남쪽 대청도에 도착하여 육지에 내려 휴식하다.

4월 17일

대청도에서 지내면서 귀국 피난민 명부를 작성하였다. 난민 구제선은 전남 제주도에 거주하는 장창선 씨 본인 소유이며, 25마력 중유 발동기로 전 선원이 무보수로 운행하며 난민 77명을 싣고 귀국하였다.

4월 20일

어제 아침 대청도를 출항하여 날씨는 온화하고 파도는 잔잔한데 그립고 바라던 조국 강산의 인천 제물포를 오후 2시에 도착하였다. 상륙 수속을 하기 위해 선장 이하 3인이 수상경찰서와 군정청으로 가서 수속을 마치고 호열자(콜레라) 예방주사를 일동이 다 맞았다. 오후 5시에 인천 부두에 상륙하여 검사를 마치고 6시 반에 조선인민원호회로 들어가 묵었다. 원호회 구호소 책임자는 신무송 씨이다.

4월 21일

오전 8시에 구호소 문앞에 모여 승합자동차를 타고 역전 수용소에 도착하여 검사와 소독을 마치고 11시 경에 화물 화차에 올랐다. 자리를 정하여 중국 청도(青島)로부터 온 피난민 1,465명이 어제 도착하고 오늘 상륙하여 화차에 올라 동행하였다.

귀국 여정을 들으니 작년 8월 20일 상해를 출발하여 지금에야 조국 땅 인천에 상륙하였는데, 중앙군[국부군(國府軍)] 관리 지대를 통과할 때 곤란은 이루 말할 수 없었고, 팔로군(八路軍) 관리지대인 금주(錦洲) 이북은 군인들의 안내를 받으며 조석에 식권 배급으로 굶지는 않고 왔으며, 가져온 의복과 행리로 여비를 충당하고 구사일생으로 거의 빈 몸으로 입국하였다고 한다.

하오 1시에 화차에 실려서 한성으로 향하다. 입국의 감상은 오나 가나 동포의 생활이 빈궁하여 보인다. 시장이나 길에서 짐을 등에 지고 머리에 인 사람은 동포 남녀이고, 수송선이나 기차의 1등석을 타거나 자동차로 통행하며 운반은 외국 사람뿐이다. 우리도 언제쯤 남과 같이 또는 보다 한층 낫게 행복한 생활을 하나 이런 생각이 들었다.

하오 2시 반에 한성역에 도착하고 5시까지 서울 장충단 수용소에 화물 자동차로 도착하여 석반은 누런 콩으로 수수쌀 약간 넣은 토장국밥을 한 사발씩 배급받아 먹고 유숙하다. 다다미 한 장에 6명씩이 앉아서 밤을 보내다.(각처의 수용소를 이 한 곳으로 모으며 설비는 아직 다 갖추지 못한 관계이다.)

4월 22일

오전 6시에 또 콩에 보리쌀 수수쌀 약간 넣은 국밥 한 그릇을 먹고 장사정[7]을 찾아가서 매제와 차남 중훈이와 기타 친척을 반갑게 만났다. 조반 후에 종손인 성구와 동구를 만나고 바로 한미호텔[8]에 가서 오광선[9], 채택룡, 박명진[10], 채택현 등과 조카며느리 안옥승도 반갑게 만났다. 다시 홍진[11] 선생과 황몽호[12] 선생을 만나고 동구 집으로 가서 점심을 하오 3시 반에 먹었다.

4월 23일

차남 중훈의 안내로 대동신문(大東新聞) 사장 이종형[13] 씨와 총무 송의순 씨 외 여러 명을 만나보고, 다시 이종형 씨 안내로 군정청내 김태원 씨외 여러 명을 방문하여 만나보며 주택 문제를 부탁하였다. 또 한미호텔로 와서 정동호, 황운서, 오광선 씨를 만났으며 장사정에 와서 생질 심준선 만나다.

4월 24일

조카인 명훈이와 대동신문사에 가서 이성규, 이광세[14] 외 여러 동지를 만나고 하오 1시에 이종형 씨의 오찬회에서 환영을 받았다.

---

7 현재 종로구 장사동.

8 本町호텔이 해방 후 상호를 변경한 것으로 현 위치는 충무로 2가 65- 4번지 신한은행 건물.

9 오광선(吳光鮮, 1896~1967) 용인 출생, 신흥무관학교 졸업, 신흥무관학교 교관 서로군정서 제1대대 중대장.

10 신흥무관학교 출신.

11 홍진(洪震, 1877~1946) 호는 만호(晩湖)·만오(晩悟), 3·1운동 후 상해 망명, 임시정부 의정원 의장·국무령 역임.

12 황학수(黃學秀, 1879~1953) 호는 몽호(夢乎), 충청북도 제천 출생. 육군무관학교 출신.

13 이종형(李鍾滎, 1895~1954) 언론인, 정치인, 이명 이종형(李鍾馨).

14 이성규(1901~1972), 이광세(1901~1972) 보합단 활동하며 군자금 모금.

오후에는 하얼빈 제5중학교 교사였던 김병화 씨를 방문하다.

4월 25일

재외귀환이재민동맹에 가서 김중화[15] 김영진 양 씨와 김응두[16] 씨를 반갑게 만나다. 도중에 홍경식[17] 씨를 만나고, 명훈 입학 관계 일을 송의순 씨에게 부탁하고 대동신문사에서 민중신문과 가정신문을 창간호로부터 얻어 가지고 오다가 석양에 한성택 씨가 내방하다.

4월 29일

홍재문, 양문한[18] 양군을 찾아본 후 김홍순 씨 등을 찾아서 과거와 현재를 토론하고, 대동민주당의 일과 동북(東北)에 대한 장래 방침을 토의하다.

5월 4일

오전 7시에 장우동 씨가 귀국선 삼진환 일로 찾아와 장 씨와 동행하여 남대문 밖 해사부를 찾아서 장창선 씨와 삼진호를 풀어주도록 교섭하고, 길야정 132번지 주택 한 곳을 시찰하였다. 서울에 온 후 처음 전차를 탔다가 소위 쓰리(소매치기)를 만나서 지갑과 그 안에 들어있던 돈 420원과 서류 전부를 잃어버렸다.

---

[15] 김중화(金中和, 1888~1972) 평남 중화 출생, 이완용, 이용구 등을 암살 모의, 만주로 망명.

[16] 박관해(朴觀海) 김서종과 함께 대종교 선도회 활동.

[17] 홍경식(洪景植, 1889~1961) 충북 진천 출신, 한족회 활동, 서울에 대한통의부 지부를 설치 기도.

[18] 대종교 활동.

이제부터 특별히 힘을 써서 자신에 대한 지(知), 식(食), 의(衣), 주(住), 행(行)의 준비와 가정과 나라를 바로 세우는 데 성의와 능력을 쓰기로 하다.

5월 5일

오늘은 어린이날이라 서울 시내에서 어린이의 기념 행사가 있었다. 오전에는 주택 자리를 시찰하고 오후에는 최명식 임중규 양 씨와 함께 다니며 덕수궁 내 전경을 관람하고 미술관까지 상세히 시찰하다.

신한공사 내 조선혁명당 본부를 찾아가서 김돈, 이동산[19], 권영철 외 제씨를 방문하고 그 자리에서 지금부터 동북(東北)으로부터 오는 피난민구제 방침을 토의하다.

5월 6일

오전에 장우동 씨와 김백주[20] 형이 내방 담화 후 나와 김, 장 양 씨 3인이 함께로 동문내 낙산장에 가서 조성환(曺成煥)[21] 씨를 심방하고 그 자리에서 성동구 하왕십리 김성삼 동지를 만나다.

5월 8일

오전 10시부터 삼일건국동지회가 열려 하오 3시 반에 동지회를 결성하다.

---

19 김돈(1887~?), 이동산 1929년 결성된 조선혁명당 중앙위원.

20 김영숙(金永肅, 1886~1952) 호는 백주(白舟), 충청남도 홍성군 출신. 윤세복의 권유로 대종교에 입교, 독립운동을 전개.

21 조성환(曺成煥, 1875~1948) 호는 청사(晴蓑), 신민회, 대한민국임시정부 군무총장.

5월 9일

하오 1시부터 재외귀환동포 이재민동맹회에서 삼일건국동지 중앙집행위원회를 열고 각 부처 책임자를 선정하였는데 나는 청년부 책임자로 피선되었다.

5월 17일

하오 1시부터 5시 반까지 3·1건국동지회 집행위원회를 이재민동맹 사무실에서 열고 그동안 수정위원으로서 수정 사항을 통과하였는데 3강령은 아래와 같다.

1. 전 민족적으로 3·1혁명정신을 영구히 계승하여 민주주의 국가 수립과 배달민족의 완전 발전에 공헌함.
2. 산업 부흥의 정신으로 생산 기관을 확충하여 국민 생활의 안착을 기함.
3. 우리나라에 고유한 도의 사상을 과학문화에 혼일 조화하여 국민의 계몽운동을 전개함.

5월 20일

오전에는 김승식, 나경식, 윤단애(윤세복)[22] 도형을 심방하고 오후에는 김낙순, 이시영 양 씨를 방문하다.

5월 23일

오전 6시에서 8시까지 마포의 김규식 씨를 방문하여 삼일건국동

[22] 윤세복(尹世復, 1881~1960) 경상남도 밀양 출생, 대종교의 제3대 도사교(都司敎), 교단 호칭은 단애종사(檀崖宗師).

지회 진행과 건국 방략과 중국 동북에 거주하는 우리 동포의 장래 생활에 대하여 의견을 교환하다.

5월 25일

대동민주당과 동북대표부 진행 방침에 토의하기 위하여 하오 6시부터 동 11시까지 국일관에서 간담회를 열고 의견을 교환하는데 참석자는 아래와 같다.

김여백, 김응두, 나경석,[23] 김백주, 김중화, 이영선, 주대근, 김부성, 장우동, 김홍순, 박광수 외 10여명이다.

5월 28일

영덕리[24] 재종제 예선과 함께 부모님과 위의 선조 각위 선산에 성묘하고 외가 형 씨(邢氏)와 옛 친구인 이민성, 이민귀와 부친, 김한국 등 여러 사람을 찾아보다.

5월 30일

김학조 씨 댁과 이희덕 씨를 방문하고 하갈천 부곡 공세리 공립국민학교[25] 후원회에서 축사를 하고 계속하여 약 2시간 우리나라 건설에 정체(正體)를 내세우자는 주제로 강연을 하고 석양에 창훈과 함께 보정리에 돌아오다. 오전에 맹동전 선생 산소에 성묘하여 국가 건립에 혼신을 다 하겠다는 맹서를 굳게 하여 선생님 영혼께 '誓天에 日月이

---

[23] 나경석(羅景錫, 1890~1959) 수원 출신, 화가 나혜석의 오빠.

[24] 용인군 기흥면.

[25] 현 기흥구 공세동의 기흥초등학교.

證明케 하시고 盟地에 人神이 感動케 하소사' 고하였다.

5월 31일

용인 구읍내[26] 민충정공 영환의 산소에 성묘를 하니 감개무량하지만, 그 자제의 묘 아래에 있어 어울리지 않은 모양이다. 한국 사람으로서는 보기에 미안 천만이므로 또 다시 그의 선친 묘 아래로 사회가 나서서 이묘할 생각을 두다.

하마비[27] 어대선 씨 유족을 방문한 후 그 산소에 성묘하고 마곡 윤석구 윤세원 등을 찾아보고, 독정리와 이현에 사는 친척과 지인을 보고 하오 8시경에 보정리에 로 돌아오다.

6월 12일

대동민주당의 그동안 누적된 사무와 삼일건국동지회 사무를 처리하기 위하여 14일까지 건국동지회에 매일 출근하다.

6월 16일

친구 석현이 만주 교하에서 가족을 거느리고 무사히 도착하여 반갑게 만나다. 오후에 동반하여 대종교 총본사에 가서 이극로, 정열모, 안호상, 백남규 등 여러분의 열변으로 하는 강연을 듣다.

6월 19일

오전 10시부터 하오 3시 반까지 이범석 이하 각 지방에서 모인

---

[26] 1911년까지 용인군청이 있었던 현 기흥구 마북동.

[27] 기흥구 언남동 용인향교 앞 마을.

70여 명이 탑골 승방에서 간담회를 마치다. 5시부터 7시까지 삼일 건국동지 중앙위원회를 열고 농민부와 노동부를 특별히 설치하여 사업을 경제 생산 방면에 전력하기로 결정하다.

6월 25일

오전은 대동민주당 간부와 자주당 간부가 연합회의를 하고, 오후에 종로 기독청년회관내에서 만주 전재동포상호회 결성식을 거행하다.

6월 28일

사직동 김중화 씨 댁에서 대동민주당 간부회를 열고 본당과 자주당이 합동 진행하기로 결의하다.

6월 30일

어제 만주 전재동포상호회 집행위원회에서 결정된 임원과 부서는 아래와 같다.

위원장 변성옥[28]
부위원장 김동철, 우덕순
총무부 김재덕 장기준 성태영 김중화 (서무, 경리)
교섭부 이동산 문재린 이영선 이형재(당국과 기타 필요한 기관에 연락할 일)

---

28 변성옥(邊成玉, 1892~1950) 감리교 목사. 1913년 평양의 숭실전문학교를 졸업. 미국의 시카고대학에 유학. 만주 하얼빈교회의 목사로 파견되어 선교 사업. 광복 후에는 월남하여 미군정하에서 민선 입법의원에 선출, 1948년 대한기독교청년회연맹(YMCA) 총무로 활동.

사업부 최명식 이태준 박경서 표학화 (생산 소비, 일반 직업 소개)
후생부 이재붕 이재곤 김병태(주택 구제 등)
조사부 김태덕 이종대 장내원 이재룡(전재민의 실태 정형 조사)

7월 1일

하오 1시에 만주전재동포상호집행회를 하고, 동 2시에서 4시까지 이범석 씨는 강연에서 광복군의 유래와 이청천 장군의 30년 투쟁한 역사를 말하다. 동 4시부터 7시까지는 삼일건국협회 집행위원 정기회를 열고 삼일산업조합 진행 방침을 토의하다.

7월 2일

오후 2시부터 7시 반까지 삼일산업조합 창립총회를 결성하고 고주(股主, 조합원)와 고금(股金, 출자금) 모집과 진행 방법을 토의하다.

7월 3일

오전은 만주 전재동포상호회 일로 군정청과 대한국민대표 민주의원과 비상국민회의 사무국을 교섭하고 하오 2시에서 동 5시 반까지는 대동민주당과 자주당이 합동식을 거행하여 새 명칭을 대중당 이라고 하고 강령과 정책 규칙을 통과하고 새 역원을 선거하고 진행 방침을 결정하고 폐회하다.

7월 5일

오전 9시에서 12시까지는 김재덕, 이종근, 이영선, 이형재 4인이 만주 전재동포상호회를 대표하여 민주의원 위원 김여식 씨와 재외귀환전재동포의 생활 안정책을 토의하다. 오후에는 김영숙, 이영선, 양인이 대중당 대표로 장충단 수용소 전재동포를 위문하다.

7월 9일

변성옥, 이영선, 이동산 3인이 만주 전재동포상호회일로 경성부청 후생부를 교섭하다.

7월 15일

삼일건국협회 대표로 민족통일 총본부 보강회에 출석하여 오후 6시까지 전민족 통일방법을 토의하고 그 후에는 삼일건국협회 집행위원회 정례회를 열고 하오 8시까지 진행 방침과 삼일산업조합에 대하여 의논하다.

7월 20일

김오석장의 제2남 김인기와 조카 종훈이 대중당에 입당하다. 오후에 장남 장훈이와 처남 조창세가 하얼빈에서 출발 35일 만에 고국에 도착하여 그동안 경과의 천신만고는 필설로 다할 수 없다. 이제부터 가난과 국난을 돌파하고 나라와 가정을 바로 세우는 일을 급속히 하기로 결심하다.

7월 24일

조소앙 이하 관민 2백여 명이 경성부청 회의실에 모여 귀국전재동포원호회를 창립하고 전재동포에 대하여 농지, 공장, 주택, 식량, 직업 기타 일반 생활에 대하여 토의 강구하고 오후 5시 반에 폐회하다. 동지 유국현 씨가 시흥군에서 내방하다.

7월 27일

전재민 실업자위원회 결성대회 개회

1. 토의사항
   ㄱ. 취직문제의 건　　ㄴ. 식량문제의 건
   ㄷ. 주택문제의 건　　ㄹ. 재정문제의 건

재민(災民) 노동자 우선으로 구제공사비 5천3백 원. 공사는 하천정리, 사방공사, 토지정리, 일급 백원으로 6천 원까지로 가정.

정오에서 하오 3시까지는 전재민 실업자대회에 참석하고 4시까지는 대중당로 예회에 참석하고 그 후로는 3·1산업조합 이사회에 출석하여 산업조합 진행 방침을 토의하다.

7월 29일~8월 1일

주택 일로 경성부청을 교섭하고 오후에는 병목정[29] 황병국 씨와 장사동 안종원 씨를 만나다. 김태원, 최희송,[30] 이선근[31] 씨를 방문하고 경성부청 주택과와 교섭하다. 욱정,[32] 본정,[33] 광희정 등 각 정회(町會) 사무실을 찾아 교섭하다.

---

[29] 병목정(竝木町)은 현재 서울시 중구 쌍림동(雙林洞).

[30] 최희송(崔熙松, 894~1982) 평안남도 안주 출생, 1946년 군정청 비서관, 경북도지사 역임.

[31] 이선근(李瑄根,1 905~1983] 사학자, 호는 하성(霞城), 경기도 개풍 출신.

[32] 현재 서울시 중구 회현동.

[33] 현재 충무로.

8월 3일

오전에는 윤기섭[34] 씨와 조소앙 씨를 찾아 뵙고 20여년간 격조하여온 회포를 풀며 약 한 시간은 앞으로 사업을 토의하다. 오후 2시에 경성부청 회의실에서 귀국전재동포원호회 중앙위원회를 열고 아래 사항을 토의하다.

1. 중앙위원 증원　2. 중앙집행위원 선거　3. 각부 지도위원 선정
4. 회관 결정의 건　5. 재정에 관한 건　6. 사업에 관한 건

이 사항을 토의하고 정식 회의는 오는 수요일 오후 2시로 결정하다.

8월 10일

장남 장훈이가 가족을 동반하여 개성수용소에 도착하였다는 소식을 듣다. 오후에는 대중당 예회를 개최하고 귀국 전재동포의 경제를 해결하기 위하여 주금(株金) 일억 원의 회사를 설립하기로 결정하다.

8월 15일

어제 미진한 재민(災民) 동맹 회의를 마치고, 삼일건국협회와 대중당이 합하여 8·15기념행사를 성대히 거행하고 오후 3시부터는 대중당 중앙위원회를 개최하다.

8월 18일

오전 9시에 혜화정 74의 3호에 이사(移徙) 입주하고 작년 8·15이후 만 10개월 만에 가족 8명이 함께 한 식탁에 앉아서 지난 고난을

34 윤기섭(尹琦燮, 1881~?) 별명은 중규(仲珪), 신흥무관학교 교감 역임.

이야기하며 저녁밥을 먹기가 처음이다.

과거와 현재를 간담하고 장래를 잘 살아나가며 건국 사업에 진심 전력할 것을 가족 전체와 친척 동지간에 맹서하였다.

8월 21일

대중당에서 협생산업주식회사 창립 총회를 개회하고 총자금 2백만 주 1억만 원으로 결정하다.

8월 26일

수원 정미소 일로 심준선과 같이 김태원, 유한상 양 씨를 군정청으로 가서 만나다. 오후에는 윤기섭 씨를 중심으로 (신흥무관학교)동창 20여 명이 회합하여 완전 자주독립을 위한 의논을 강력하게 하다.

8월 29일

오늘 8월 29일은 37년 전 일본이 한국을 강제로 합방한 날이다. 나라를 생각하면 장탄 통곡할 일이 한두 가지가 아니다. 근 40성상에 완전 자주독립은 아직도 성취 못하고 국토 양단과 민족 분열로 전 민중은 도탄에 빠졌으니 어찌 한탄과 통곡만 하고 있으리오.

제일로 말하면 완전 자주 독립이요. 두 번째로 말하면 완전 문화 발전이다. 있는 힘과 있는 정성과 있는 생명을 모두 바쳐서 완전한 자주 독립을 건설한 연후에 전 민족이 세계 인류와 같이 평등으로 또는 행복스럽게 살 것이다.

8월 30일

오전 9시에 심준선 군과 함께 수원군청에 갔지만 수원(군정) 장관은 출타하여 만나지 못하고 통역관 김진국 씨를 만나 몇 마디 나누다. 재산관리처장 유용손 씨도 만나서 담화한 후 양성관[35] 씨를 방문하고 그간 40여 성상의 경과와 현 시국담과 장래 우리 민족의 진로를 간담하다.

9월 4일

경기도청 농지개량과 이석구를 만나보고 수원 군정장관 면회를 부탁한 후 경기도 후생부 과장 조기행[36] 씨를 방문하고 장래 여러 가지 일을 부탁하다.

협생동지회와 전재민노동자회를 방문한 결과 도본부와 시본부를 설립하는 데 대하여 동의 찬성을 얻다.

9월 5일

오전에는 김영선, 황헌, 이영선이 또 시도본부 조직차로 백수상조회 회의에 참석하고 오후에는 협생산업주식회사 발기인 총회에 참여하다.

9월 6일

오전 10시부터 김영선, 황헌, 김홍순, 조성항, 이영선 5인이 함께

---

35 양성관(梁聖寬, 1867~1947) 수원의 부호.

36 조기행(趙箕行, 1895~ ?) 용인 수여면 출생, 일제 시기 군수, 해방 후 경기도 후생부 과장 역임.

시내 전재민 각 단체를 연락차로 방문하다.

오후 10시경에 기운이 대단히 피로하여 귀가치 못하고 돈의정 성구 집에서 자는데 뜻밖에 밤중에 토사를 만나서 호흡을 잘하지 못하여 사경에 이른 것 같았다. 다음날 7일 오전 2시를 지나 할 수 없이 성구 내외를 불러 앉혀 놓고 아래와 같이 간단한 유언까지 하였다.

1. 대중당에서는 대동단결하여 국가를 위하고 동포를 사랑하여 진심 성의로 진력할 뿐이요. 다른 당에 잘잘못을 원망하거나 비관하지 말 것.
2. 귀환동포협회를 발전시키며 협생산업주식회사를 설립시켜서 삼백만 귀환동포의 생활 안정을 주고 그들로 하여금 건국에 협력케 할 것.
3. 가족과 친척이 화목단결로 생활하여 가며 자녀는 전문대학 이상 정도로 교육시켜서 국가 민족과 세계 인류 생활에 행복되도록 도움을 주게 할 것.

이상과 같이 몇 마디 마치니 종손 내외는 당황히 방에 불을 땠다. 약을 구하여 먹은 다음에도 또 토사하여 오전 6시 경에 병세는 약해졌다.

9월 11일

오전에는 군정청 경기도청 경성부청을 왕래하고, 오후에는 동포협회 도시본부 조직사로 황헌 씨와 함께 시내 남해여관과 숭인정 81번지 귀환동포를 방문하다.

9월 13일

오전에는 만오 선생 홍진 씨 장례식에 참례하고, 오후에 황헌 씨와 함께 하여 청량리 답십리 전재민수용소에 가서 그곳 책임자 황자학 씨와 연락을 취하다.

9월 16일

박성태,[37] 김영숙, 이영선 3인이 귀환동포일로 경상남북도 전라남북도 충청남북도에 출장하기 위하여 여행 증명 수속을 하다.

9월 17일

민족통일총본부 각 정당 및 애국단체 좌담회에 삼일건국협회 대표로 출석하다.

9월 20일

수원 도착하여 심(준선) 군과 함께 군수 이용훈 씨를 방문 귀환동포협회와 협생산업주식회사 취지를 설명한 후, 양규룡[38] 씨를 찾아가서 협생산업 주금 일만주 승락을 받고 오후 경부선을 승차하다.

9월 22일

전주에서 오전에 최규섭 씨가 내방하여 귀환동포협회 진행 방침을 토의하고 숙소는 완산정 413번지 김봉술 씨 댁으로 정하다.

---

37 대한독립선언서 참여.

38 양규룡(梁奎龍) 수원 부호이며 일제시기 수원읍의원 역임

9월 23일

조반 후에 최규섭 씨 안내로 전주부 대정정 1정목 7의 3 전라북도 귀환동포자강회 본부 회장 차외철 씨 이하 간부를 만나서 전북에 거주하는 귀환동포 20만 정황을 듣다. 이후 귀환동포협회와 협생산업주식회사 취지를 설명한 후 바로 협회원과 산업주식회사 주주 모집 방침을 토의하다.

오후에는 전북도 보건후생부 후생과장 임동호 씨를 방문하여 후생리민(厚生利民)의 행정방침을 문의하다. 도지사 정일사 씨는 출장중이라 만나지 못하다. 석반 후에는 주인 김봉술 씨의 안내로 전라도에서 옛부터 전하여 오는 유명한 전주농악대가 야간 악극을 성대히 하는 구경을 밤 10시까지 하다.

9월 24일

전북도청과 귀환동포자강회 본부에 가서 공무를 마친 후 최규섭 씨와 한탁 씨와 3인이 함께 다가산에 올라서 전주부 전경을 구경한 후에 미군 전남·전북·충남 3도(道) 총사령부 본부를 구경하다. 교육기관은 남자중학은 남중, 북중, 사범, 농업, 공업 5교이고. 여자중학은 전주여고, 여자상업학교이며, 국민소학교가 5개소이며, 고아원이 1개소이며, 양로당이 1개소, 천주교당이 1, 야소교당 4, 불교사찰이 20여개 소이다. 금융기관은 식산, 상업, 저축, 상호 각 은행이 있다. 석후에 불법연구회[39]의 여사(女師)인 김영신 여사를 만나서 부인계와 일반 사회 개량에 대하여 약 1시간을 담화하다.

---

[39] 불법연구회(佛法研究會) 현재 원불교. 1948년 1월 변경.

9월 25일

이리 귀환동포구제회와 귀환동포 자강회지부와 한국민주당 익산군 지부를 방문하고, 익산군수 이하 익산의 유지 십여 명을 만나서 귀환동포 장래 생활 방침과 협생산업 진행 방침에 대하여 간담을 하다. 하오 6시경에 익산군 북일면 신룡리 불법연구회 총부에 도착하여 숙박하다. 교감(教監) 이운권[40] 씨와 같이 밤을 지새며 총부 약력을 자세히 듣다.

"31년 전에 박중빈(朴重彬) 종법사 이하 9인의 발기로 불법연구사를 창립하였고, 지금에 이르러 남녀 회원이 이십만에 달하고, 사업은 고아원 유일학림전문학교[41]와 각처 회원 집단촌에 소학교와 일반 성인교육을 하며, 지회로는 서울 영광 부산 외 삼십여 지부이며, 귀환동포 전재민구호사업도 이리에서 전국적으로 모범이 되는 만큼 계속 하고 있다. 산업방면, 과수원, 밭농사, 벼농사, 축산, 기타 사업이다. 신룡리 이만평, 완주 과수원 삼십 정보, 각 지구에 과수원은 균등하게 있으며 동물원도 약간의 시설이 있다."

9월 26일

불법연구회 종법사 송규[42] 씨를 만나서 국내외에 대한 시국담과 정치 경제 문화에 관한 일체 담화를 약 1시간 하고 작년 10월의 송규 씨가 저술한 『建國論(건국론)』을 읽어보았다. 오후에도 석반 때 까지 법사와 같이 건국에 대한 방침을 토의하였다.

40 이운권(李雲捲) 호는 고산(高山), 원불교 종사(宗師).
41 현 원광대학교.
42 송규(宋奎, 1900~1961) 원불교인, 종법사, 호는 정산(鼎山).

9월 29일

상오 6시 반에 출발하여 조치원을 경유하여 9시 반에 천안에 당도하니 경관이 화물자동차를 수색하며 미곡 2말 이상 운반하는 여객을 엄중 취체하여[43] 1시간 반을 경과하였다. 오전 11시에 출발하여 오산을 경유하고 본수원을 경유하여 오후 3시 반에 서울 노량진에 도착하고 나서, 전차로 황금정에 도착하여 동구 집에서 석반을 하고 하오 9시에 혜화정 74의 3호 자택에 도착하다.

9월 30일

오전에는 전북 일대 귀환동포 상황과 일반 민정, 풍속, 기타 경험한 바를 보고하고 오후 삼일건국협회 총무 및 각부장, 차장 연석회에 출석하다.

10월 1일

오전에는 대동신문사와 군정청, 경기도청을 방문하고 오후에는 민족통일본부에서 각 단체 대표회에 나는 삼일건국협회 대표 명의로 출석하다.

10월 2일

정오 12시부터 대중당 임시간부회를 열어 진행 방침을 토의하다. 하오 2시에 귀환동포협회 임시간부회를 열어 금후 진행 방침을 토의하다.

---

[43] 미곡취체법(米穀取締法): 미군정기인 1946년 9월 21일부터 실시한 미곡 반출 단속법.

10월 7일

하오 1시부터 전재동포원호회 중앙본부에서 각 전재동포단체 대표회를 열고 각 단체에 원호회 연락사무소를 설치하기로 결의하다.

10월 10일

전재동포원호회 중앙본부 도, 시본부 직원이 중앙본부 사무실에 회집하여 업무 진행 방침을 토의하고, 오후에는 김동산과 함께 김여백[44] 씨를 찾아 협생산업주식회사 주주 모집에 대하여 상의하다.

10월 11일

군정청 문교부실에서 전재동포원호회 중앙본부 제3회 재정위원회

긴급사업안 결정

재민노숙 4,500명

제1 직장을 주는 일

세탁소 약 10개 소

야업(노점) 약 5개 시장

시탄(장작) 약 20개 장소

기타

자금 일천오백만 원 모금

각 공설장소를 담보로 재정위원이 연대보로 차입하여 연내 상환할 것

각 은행에 융자는 군정청에서 융자 명령이 있어야 된다.

각 위원이 힘닿는 대로 모와 볼 것

44 김여백(金汝伯, 1898~?) 함경북도 경성군 출신, 일제 강점기 관리·단체장.

토막 천여 호를 건축하여 줄 것

생활 방법은 새끼꼬기 기계를 만드는 공장을 설치할 것

유휴 가옥을 이용할 것

자발적으로 재산가가 출자를 바람

열성가 모집위원 5명을 선정, 시내 유수한 자산가를 방문하여 재정을 모집할 것

군정장관의 명령으로 1등 특등 수십 명을 소집할 것

10월 12일

3계(층) 대중당 사무실에서 아래의 인사들이 회담하다.

이동협 금이상점, 김응두 대중, 이도영 동양산업공사, 김중화 귀환동포, 김홍순 협생산업, 마화룡, 정진숙 을유문화사, 노성환 삼륭합자.

미군이 영보그릴 전부를 15일까지 내어놓으라고 하므로 오전에는 주재 각 단체대표가 5계(층)에서 회의를 하고 오후에는 3계(층) 대중당 사무실에서 회합하여 대책을 토의하다.

10월 15일

김홍순 동지와 함께 죽첨정 1정목 1번지[45] 에서 김구[46] 씨를 방문하고 약 1시간 반 동안 광주사건과 동북동포의 제문제를 간담하다.

---

[45] 현재 종로구 평동, 경교장(京橋莊).

[46] 김구(金九, 1876~1949) 호는 백범(白凡), 임시정부 주석, 광복군을 조직.

10월 18일

전주의 도지부 대표로 최규섭 씨가 도착하다. 하오 1시부터 협생산업주식회사 제3회 발기인 임시 총회를 열고 간담회 형식으로 진행 방침을 상의 결정하다. 하오 5시 이후는 전라남도 출장 준비를 하다.

10월 21일

전 부윤 현 도지사 서민호 씨를 만나러 3차 나갔다가 출타하여 그냥 돌아오다. 하오 5시경에 전남 도본부 부위원장 박명규 씨 이하 4, 5명의 임원이 내방하여 위원장 신수용 씨와 지사 서민호 씨 사건을 원만히 타협하기로 협의하다.

10월 22일

오전 9시 전남본부 외무부장 김상욱 씨와 함께 전남도청 지사 서민호 씨를 만나 12시까지 귀한 동포협회에 대하여 상담하다.

전남본부위원장 신수용 씨 자택에서 오반 초대를 받고 선사품으로 토산 일봉과 현금 5백 원을 사양하다 받았다. 여관에 돌아와서 귀경 준비를 하다. 저녁에 전남 영광군 군서면 덕산리 430번지 김성립 씨를 만나 같이 밤을 보내며 농촌 실정과 농민 대중의 생활 상태를 잘 들었다.

10월 24일

오전 9시 기록, 대전 전재동포가 현재 만4천여 명 그 가운데 노숙자가 천3백 명 과동(過冬) 대책은 유곽 또는 여관 각 음식점을 가급적 철폐 이용 방침으로 현 실시중이며, 응급구호는 도, 시에서 105만원을 수합하여 지출하는 중이다. 이상은 대전 역전 이재민구호소 책임자 충청남도 서기 양모 씨에게 청취하다.

대전부내 전재민 6개 수용소에 합계가 900명이다. 귀환동포 5개 단체가 합하여 전재민동맹으로 조직되었고 전 위원장은 안영록 씨이고 현임은 김중봉 씨 부위원장은 이모 씨이다.

10월 25일

경훈 집에서 조반 후 이필훈 씨 형제를 찾아보고 수원군청 재산관리과장 유용손 씨를 만나보고 귀환동포 금후 월동 대책과 정미소일에 상담하다. 오후에는 수원 본정 전재민노동 자조회 수원지회 위원장 김종국 이하 임원을 만나 수원에 거류하는 환재동포 상황을 대강 듣고, 매산정 전재민동맹 위원장 최준식 씨를 심방하였으나 상경 부재로 만나지 못하고 대평정 생질 심준선 집에 도착하다. 대평정(벌말) 농촌 정황을 잘 듣다.

10월 27일

오전 9시 정각에 서울 운동장 도착하여 12시까지 우리나라 최고 경축일인 개천절과 건국기원절 기념식을 성대히 거행하는 데 참례하다. 오후에는 귀환동포협회 총본부에서 경과하다.

10월 29일

(귀환동포)협회 부위원장 김영숙, 김응두 양 씨를 비롯하여 간부가 모여서 협회 진행 방침과 협생산업 주금 모집 방법을 토의하다.

11월 1일

오전 7시부터 주주(협생산업)를 아래와 같이 모집하다.
연백군 은천면 온천 조광오 일천주
서울시 안국정 17의 13 백일현 일천주
서울시 누하정 177 김한욱 일천주
서울시 원남정 25 김태원 일천주
서울시 돈암정 471의 89 이갑성[47] 일천주
오전 12시까지 이상 5인에게 각 일천주씩 5천주 수락을 얻다.

11월 2일

오전 7시부터 12시까지 황금정[48] 3정목 344번지 강제, 일천주

정오 2시에 나경석, 성00, 김영숙, 김중화, 이영선 등의 발기로 전재민 극빈자를 구제하는 단체를 조직하고, 나경석 씨가 우선 5만원을 출자하여 대부하기로 결정하다.

11월 3일

경성부 종로구 송현정 49 조기행 일천주, 발기인도 승락하다.

11월 4일

경성부 종로구 명륜정 1정목 10의 2호 공진항[49] 오천주

---

47 이갑성(李甲成, 1889~1981) 호는 연당(硏堂), 1919년 3·1운동 민족대표 33인의 한 사람.

48 현재 을지로.

49 공진항(孔鎭恒, 1900~1972) 경기도 개성 출생 실업가, 만몽산업주식회사(滿蒙産業株式會社)를 설립하 하얼빈 인근 안가(安家)에 농장 건설.

조소앙 씨는 협생산업회사를 찬성하고, 이승만 씨를 방문하였다가 만나지 못하다.

중구 명치정[50] 2정목 76 김병화 일백주

서대문구 봉래동 57의 3 이명구 오십주

11월 5일

종로구 가회동 1의 57 홍순탁 이십주

을지로 6가 8의 6 이경하 일백주

종로구 소격동 157 최태현 이십주

11월 10일

참봉 필훈 씨와 함께 수원에 도착하다. 문중인 이승구가 오백주를 수락하다. 하오 5시경에 산의실[51] 방죽안 생질 심흥선 집에 도착하다.

11월 11일

오전에는 수원군수 이용훈 씨와 담화하고 오후에는 양규룡 이중환 유용손 외 4, 5명을 방문하여 협생산업주식회사 설립의 취지를 설명하고 금후 찬조 협력을 받기로 하다.

11월 12일

귀환동포협회 수원지부 간부 최준식 씨를 찾아가서 협생산업회

[50] 현재 중구 명동.

[51] 용인군 수지면 이의리, 현재는 수원시 영통구 이의동.

사 주금 모집 방법을 토의한 후 15일 오후 3시 이후 5시 안으로 서울 총본부 사무실에서 만나기로 상약하다.

11월 14일

동지 조기행, 최마리 양 씨를 방문하고 (협생)산업 주주 모집 방법을 토의 결정하다.

11월 16일

사직정 52 김기종 조부가 10주를 승낙하고, 관수정 143 성락천 씨도 10주를 승낙하고 본정 2정목 100 한미호텔 오광선 씨도 일백주를 승락하다.

11월 17일

수송정 숙명여학교 대강당내에서 조빈행[52] 장남 성우군과 이영란양 결혼식에 축하하다.

11월 18일

오전에는 군정청 김한욱 씨와 김태원 씨를 방문하고 오후에는 조기행 씨와 그의 부친 조병렬[53] 씨와 합석하여 협생산업주식회사 진행 방침을 토의하고 석반 후대를 받다.

---

52 조빈행(趙斌行) 용인 출신, 일제시기 도의원 면의원 역임.

53 조병렬(趙炳烈, 1872~?) 용인 수여면 출생, 호 석암, 일제시기 경기도평의회의원, 경학원 강사 역임.

11월 21일

오전에 김응두 씨에게 장훈의 종형제 명의로 상업자금 삼만 원 차입하다. 김여백 씨가 종훈 장훈에게 자유시장내 노점 각 1개소를 승락하다. 조선통신사 김승식을 심방하고 협생산업 진행 방침을 토의하다. 오후에는 김인기[54]가 자동차 불하 승락을 받았다고 알려오다.

11월 22일

오전에는 조기행 동지를 방문한 후 군정청 연락과 김한욱 씨를 심방하고 한성일보사 공진항 이선근 양 씨에게 협생산업 발기인 승낙을, 이선근 씨에게는 일백주 수락을 얻다.

11월 25일

오전에는 김영숙, 이영선, 최마리 3인이 동반하여 주주 모집에 전력하고 오후에는 대중당 대표로 민족통일총본부 애국단체 연합회에 출석하다.

1. 이승만 박사 미국 방문을 전체 결정하다.
1. 전국민 대표 자격으로 이 박사 유엔 총회 출석하기로 결정하다.
1. 전국민대회를 급속히 개최하기로 결정하다.
1. 전형위원 5명을 선정하여 이박사 도미에 후원회 전체 위원을 선정함에 63인으로 결정
1. 재정 문제에 관하여 재정 수합 방법을 그 63인에게 임하기로 결정하다.

---

[54] 김혁의 2남.

11월 27일

오전에는 군정청 여론국 정치교육과 (게일 크릴랜드)박사와 좌우합작에 대하여 진행 방침을 토의하다. 오후에는 산업회사 창립 방침을 토의하다.

11월 28일

충남 대전에 협생산업 창립위원 안영록 씨와 전남 광주 위원 신수용 씨가 서울로 와서 귀환동포협회 일과 산업회사 진행 방침을 토의하다.

12월 1일

박성태, 김영숙, 김중화, 이영선 등이 천사식당에서 대중당, 동포협회, 협생산업 진행 방침을 토의하다.

12월 6일

하오 1시부터 삼일건국협회 사무실에서 43개 애국단체가 합석하여 비법선거위원 대책협의회를 열고 진행 방법을 토의하다.

12월 10일

조소앙 씨에게 협생산업주식회사 발기인 승낙서를 받고, 동대문구 돈암정 469의 17호 서상혁 씨에게 발기인 승낙과 5천주 신청을 받고 오후 삼일산업 조합 이사회에 참석하다.

12월 11일

이시영, 김동순, 홍경식, 서상혁, 조소앙, 공진항, 이선근, 오광선, 김태원, 김한욱, 조기행, 조성환, 김영선, 신익희,[55] 이중환, 김영선

금일은 협생산업 주주 모집에 전력하다.

12월 12일

12시에 종로구 견지동 26번지의 16호에서 박성태, 김영숙, 김한욱, 김중화, 이영선, 김택수, 최마리 7인이 합석하여 '내결정의사(內結定義社)'하고 '외정연의사(外定聯誼社)'하기로 원만히 결정하고 오후에는 대중당 간부회의를 하다.

12월 13일

(협생산업주식회사)발기인 승낙서

전북 22인, 충남 7인, 경남 2인

오후 2시부터 대중당 간부회를 개최하고 진행 방침을 토의하다.

12월 15일

오후 2시부터 귀환동포협회 중앙위원회를 본 사무실에서 진행하다가 동 5시 이후에는 신정[56] 대원장으로 자리를 옮겨 귀환동포협회 협생산업주식회사 진행 방침을 토의 결정하다.

---

[55] 신익희(申翼熙, 1894~1956) 경기 광주 출신, 호는 해공(海公), 임시정부의 내무총장·법무총장 등 역임.

[56] 신정(新町) 현재 서울시 중구 묵정동.

12월 18일

오전에는 군정청을 왕래하고, 오후에는 귀환동포협회 중앙본부 및 협생산업주식회사 창립위원 조직회를 개최하여 위원 15명 상무위원 5명을 선정하고, 전형 3인을 이영선, 박무병, 김달진으로 선거하여 3씨에게 일임하다.

12월 21일

군정청 보건후생부 구호국에 의류 기타 생필품 배급 신청하고 오후에는 동북협회 결성에 참석하다.

군정청 127호 회의실

12월 23일

이영선, 박무병, 김달진 3인의 전형으로 협생산업주식회사 창립위원 25명을 예선하다.

12월 25일, 26일

오전에는 (좌우)합작 관계로 덕수궁 내에서 뻐쉬와 면담하고 오후에는 대중당에서 비법대책위원회와 협생산업주식회사 발기인 총회를 열고 진행 방침을 토의하며 산업회사 창립할 임원을 아래와 같이 선임하다.

이시영, 김구, 조성환 3씨는 고문으로, 조소앙, 신익희, 공진항, 이선근, 한남수, 박성태, 김응두, 김영숙 이상 8씨는 협찬으로, 신숙[57] 씨는 위원장으로, 조병렬 씨는 부위원장으로 김태원, 김한욱, 조기행, 김중화, 임원순, 김승수, 박무병, 이승길, 김홍순 이상 9씨는 창립위원으로 조병현,[58] 김경렬, 김달진, 최마리, 이영선 이상 5씨 상무위원으로 총임원 27명으로 선임되다.

12월 28일

오전에는 윤기섭[59] 선생을 방문하고 쌀 1말과 미역 한입을 송례하고 군정청에 김한욱, 김태원 양 씨를 심방하다. 오후에는 협생산업주식회사 진행에 대하여 토의하다.

12월 30일

오전에는 박성태와 군정청에서 김한욱 씨를 심방하고 '연의사' 진행 방침을 토의하고, 오후에는 김응두 씨와 협생산업 진행 방침을 토의하다.

12월 31일

대중당 간부, 귀환동포협회 간부, 협생산업주식회사 간부 3기관 간부가 회합하여 망년회를 사무실에서 하고 야간에는 김중화, 이영선, 김여백, 김두종 4인이 국일관에서 간담하며 망년회를 하다.

---

57 신숙(申肅, 1885~1967) 경기 가평 출신, 호는 강재(剛齋). 항일무장투쟁 주도 한국독립군 참모장 활동.

58 조병현(曺秉賢, 1889~?) 함경남도 원산 출생, 독립운동가, 일명 상백(相伯).

59 윤기섭(尹琦燮, 1881~?) 독립운동가·정치가·신흥무관학교 학감 역임.

4. 단기 4280년(1947)

1월 4일

김용직 군이 봉천에서 신대식[1] 씨 서신을 가져와서 읽어 보다. 대중당 귀환동포협회 협생산업주식회사 진행 방침에 대하여 협의하다.

1월 5일

정오에 수송동 중앙친목회 내에 '연의사(聯誼社)'를 아래와 같이 결성하다.

- 박성태 63, 12월 11일
- 김영숙 61, 9월 4일
- 김한욱 60, 2월 15일
- 이용[2] 59, 4월 7일
- 김중화 58, 2월 27일
- 이영선 58, 3월 9일
- 김홍순 53, 2월 2일
- 김부성 51, 5월 24일
- 주대근 51, 11월 19일
- 김택수 49, 3월 22일
- 고원성 49, 潤3월 17일
- 신형식 48, 11월 22일
- 이근배 38, 8월 12일
- 김명제
- 최정규

---

1 신대식(辛大植) 신흥무관학교 출신.

2 이용(李鏞, 1888~1954) 본명은 이종승(李鍾乘), 호는 추산(秋山), 함경북도 북청 출신. 아버지는 헤이그 특사였던 이준(李儁). 이동휘(李東輝)와 간도 및 시베리아에서 무장투쟁을 전개.

1월 7일

상오 5시에 신당정에서 출발하여 10시에 수원 도착하여 이필훈 씨를 방문하고 가산[3] 이모님을 방문하고, 심곡서원 김진사 학조 씨를 찾아 뵙다. 하오 5시 보정리[4] 창훈과 봉선의 집에 도착하여 숙박하다.

1월 11일

이필훈 씨 댁에서 조기행 동지를 만나서 조반 후 수원군수와 적산처리과장 유용손을 만나고, 수원상공주식회사 사장 홍수환 씨와 수원직물회사 사장 차재윤 씨를 방문하여 협생산업 발전 방침을 토의하다.

1월 12일

오전 5시에 조기행 동지와 함께 10시에 서울 도착하여 (조)기행 씨 댁에서 조반 한 후 조병렬 씨를 가서 뵙고 오후에는 김백주 형 회갑연에 참례하다.

1월 17일

협생산업 상무회의로 김규식[5] 씨는 고문, 장건상[6] 씨는 협찬으로

---

[3] 현 용인시 수지구 상현동.

[4] 현 용인시 기흥구 보정동.

[5] 김규식(金奎植, 1881~1950) 호는 우사(尤史). 미국에서 유학하고 고국에 돌아와 교육·종교활동 대한민국임시정부 구미위원부위원장을 역임.

[6] 장건상(張建相, 1883~1974) 호는 宵海. 중국에 망명 상해 임시정부 학무부장 등을 역임.

임원순 씨는 상무위원으로 추천하기로 결정하다.

1월 20일

오늘은 趙병현 씨와 동반하여 김규식 씨를 찾아갔다가 만나지 못하고 협생산업주식회사 정관령(定款令)의 제정을 김태원 씨에게 부탁하다.

1월 22일, (음력 丁亥 正月 初 1日)

협생산업주식회사

고문: 이시영, 김구, 조성환, 김규식

협찬: 조소앙, 신익희, 공진항, 이선근, 한남수, 박성태, 김응두, 김영숙, 장건상

창립위원장: 신숙

부위원장: 조병렬

창립위원: 김태원, 김한욱, 조기행, 김경렬, 이영선, 조병현, 김중화, 임원순, 김승수, 박무병, 최마리, 김달진, 이승길, 김홍순, 김택수, 이상 31명

상무위원: 신숙, 조병렬, 김경렬, 이영선, 조병현, 임원순, 최마리, 김택수, 조기행

예회는 수요일 오후 2시, 토요일 오후 2시

금일은 음력으로 해가 바뀌는 날이므로 상오 3시에 기상하여 각사(覺辭) 3번 이상을 묵송하고 〈家訓〉 '5절'[7]과 〈孔子〉 '言忠信節'[8]과

[7] 顔氏家訓 5편은 治家에 관한 내용, 저자 안지추(顔之推, 531~590) 남북조 말기

[8] 言忠信 行篤敬 말이 진실하고 믿음이 있으며, 행실이 돈독하고 공경함이 있어라. 子張問行 子曰 言忠信 行篤敬 雖蠻貊之邦行矣言不忠信 行不篤敬 雖州里行乎哉

〈孟子〉 '老吾老節'[9]과 '人必自侮節'[10]과 스마일스[11] '하늘은 스스로 돕는자를 돕는다', '나의 천하 대사건' 부분을 1차 정성껏 읽고 '천지(天地)' '부모' '선생'께 사업 성공의 원도(願禱)를 하고 금년의 할 사업을 생각한 후 위와 같이 협생산업 창립 부서 임원을 기록하다. 조반 후에는 세배로 외종 강릉 김용하 씨, 한양 조병렬 씨, 김백주, 박관해 형과 윤단애 도형(道兄)을 찾아 뵙고 장사동 매제를 방문한 후 집에 들어오다.

1월 26일

친우 윤돈원을 찾아보고 동행하여 하마비동[12] 어대선 씨 유족을 방문하고 어대선 씨 산소에 성묘를 하다. 이후 아우 봉선과 동행하여 고 민충정공 산소에 성묘하고 하오 5시에 보정리 도착하다.

1월 28일

봉선과 동행하여 신갈리 김학조, 이희덕[13] 양 씨를 찾아뵈고 맹동

- 논어, 위령공 제5장-

9 老吾老, 以及人之老 幼吾幼, 以及人之幼 天下可運於掌 詩云 '刑于寡妻, 至于兄弟, 以御于家邦'言舉斯心加諸彼而已 내 집안의 노인을 노인으로 섬겨서 남의 노인에게까지 미치며, 내 어린아이를 사랑해서 다른 사람의 어린아이에게 미치게 한다면 천하를 손바닥 위에 올려놓고 움직일 수 있다. <시경>에 이르기를 '문왕이 덕을 닦아 아내에게 모범이 되어서 형제에 이르러 집과 나라를 다스린다'고 했으니 이 마음을 들어서 저기에 더할 따름입니다.(孟子 梁惠王 上)

10 人必自侮然後人侮之 사람이 자신을 업신여기게 되면, 그러한 후에는 틀림없이 다른 사람이 그를 업신여긴다. (孟子 離婁 上)

11 Saumel Smiles(1812~1904) 스코틀랜드 버윅셔 출생, 교훈적 작품 〈자조 Self-Help〉(1859)가 유명함.

12 하마비동(下馬碑洞)은 기흥구 언남동 용인향교 부근.

13 이희덕(李喜悳) 맹보순의 사위이며 제자.

전(孟東田) 산소에 성묘하고 김학조 씨 댁에서 오반 후 또 기흥면 농서리(용수골) 고 오석장 장남 김용기 동지 집에서 유숙하다.

1월 29일

조반 후 나, 봉선, 김용기 3인이 동행하여 김학소 씨 산소에 성묘하고 농서리(서그내) 전 용수농계장 오성선[14] 씨를 심방하다. 이후, 나는 수원으로 와서 이영훈, 이필훈 형제와 차재윤, 양성관 양 씨를 심방하고 대평정 생질 심준선 집에 가서 유숙하다. 다음날 홍수환 씨를 심방하여 협생산업 사업을 토의하다.

2월 4일

협생위원장 신숙 씨의 안으로 상무위원중 조병현, 임원순 양 씨로 하여금 (탈퇴 문제로) 김응두 씨에게 교섭하기로 결정하다.

2월 7일

김강, 신숙, 박성태 이하 19인이 국일관 내 김여백 씨 댁에 모여 연의사(聯誼社)를 조직 강화하다.

2월 8일

협생산업 창립 사무실에서 창립위원회를 개최하다.

1. 경과보고

14 오성선(吳性善, 1872~1950) 용인 기흥면 서천리 출신, 용수농계, 용수흥농주식회사 설립.

2. 임원 보선에 서무 및 재무 겸하여 조기행 씨로 선정되고
3. 재정 판출(辦出)
4. 기타 사항으로 진행 방침을 토의하다.

2월 15일

오전에는 조기행 씨에게 전화가설금 이천 원을 영수하여 가지고 광화문과 중앙전화국에 왕래하고, 오후에는 제3통일전선[15] 기성준비회에 참례하다.

2월 19일

윤기섭 선생을 심방하고 김규식 씨에게 협생산업 발기에 승락을 청탁하다.

2월 20일

박성태, 김영숙, 김중화, 이영선 제씨가 합석하여 '연의사' 진행 방침을 토의하다.

2월 21일

오전에는 협생산업 일로 성주식[16] 씨와 장건상 씨를 방문하고 오후에 조병렬 씨 심방하여 진행 방침을 토의하다.

---

[15] 신진당, 청우당, 건민회 등을 중심으로 모스크바3상회의 결정에 의하여 독립을 완수할 수 있다는 것을 전제로 국내 중간 세력을 결집하자는 취지로 구성. 실제로 우익 한민당, 한독당, 좌익 남로당, 사회당은 제외되고 40여 개 정당 단체 대표 초청.

[16] 성주식(成周寔, 1891~1959) 충남 온양 출신, 신흥무관학교 출신, 조선의용대와 임시정부에서 활동.

3월 1일

기미3·1국경기념에 혜화학교 군정청 대중당의 기념식에는 참례를 하고 서울운동장과 남산공원에는 참례를 못하다.

3월 2일

오전에는 대종교 예배당에서 경배를 보고 오후에는 김백주, 김동산과 동반하여 나경석 씨를 심방하다.

3월 3일

경상남도 창원군 가덕도 임야, 통영군 장승포읍 양지암, 통영 장목면 유호리 저도 임야와 경기도 용인군 내사면 남곡리 단파농장[17] 및 임야 건으로 김태원 씨에게 부탁하다.

3월 7일

번대방[18] 대지일로 영등포구청과 동정회(洞町會)를 찾아간 다음, 당산동 중앙동회 윤효원을 찾고 번대방 임춘상 씨를 찾아서 이의용 명의 계동궁 기지[19]를 상세히 시찰하다.

3월 11일

오전에는 군정청 김태원 씨 경기도청 이석구 군을 심방하고 농장

17 단파농장 1923년 5월 3일 일본인 단파직태랑(丹波直太郎)이 용인 내사면에 설립한 농장.

18 번대방(番大方)은 현 대방동.

19 계동궁(桂洞宮)은 흥선대원군의 아버지 남연군의 종가(宗家)이며, 번대방에는 증조부인 연령군의 묘와 신도비가 있었다.

과 산림 일을 의논하다.

3월 19일

오전에는 김태원 씨를 방문하여 금광(金鑛) 일을 부탁하고 이석구 군을 심방하고 용인 내사면의 단파농장과 산림 일을 협의하다. 오후에는 협생산업회사 창립 예회를 개최하고 진행 방침을 토의하다.

3월 24일

오전에 신한공사 경기지사에 가서 김명수 씨의 안내로 지사 차장과 부장을 면회하고 용인 단파농장 일을 문의하다.

3월 26일

조기행 씨를 방문하여 용인군 내사면 남곡리 산1번지 산림 일과 단파농장 일을 상의하다.

3월 27일

용인 신갈리 김학조 씨가 내방하다. 오후에는 신한공사 경기지사를 방문하여 농장 일을 토의하고 김응두 씨를 심방하여 협생산업 일을 상의하다.

3월 28일

오전에는 군정청 농무부 차장 김훈 씨를 찾아가 만나다. 오후에는 경남 마산 대구 부산에 출장했던 조병현 씨가 돌아와 상세한 보고를 듣다.

4월 2일

경북 대구, 경남 마산에서 전상영, 이수명, 김성봉 등 3명이 귀환 동포와 협생 일로 내방하다.

4월 6일

오전에는 대종교 총본사에서 경배를 보고 오후에는 김동산과 동반하여 이성재(省齋, 이시영) 선생을 방문하다.

4월 8일

광산 일로 김태원 씨를 방문하고 오후에는 단파농장과 산림 일로 경기도 농무국 임산과 행정관 유인희 씨를 심방하다.

홍찬섭[20] 동지 내방하여 수십년 만에 만나서 회포를 풀며 과거 현재 장래를 통하여 사업을 토의하다.

4월 9일

홍찬섭 동지와 동행하여 군정청 광무국을 심방하고 오후에는 홍명희[21] 씨와 유석현 씨를 방문하다. 김국제씨와 같이 강빈 씨에게 영보식당에서 후대를 받았다.

---

20 홍찬섭(洪燦燮, 1892~1958) 충남 천안 출신, 양성 3·1운동 주도, 임시정부 선전대 활동 피체.

21 홍명희(洪命熹, 1888~?) 항일기의 소설가·언론인·사회운동가·정치가. 호는 가인(可人)·벽초(碧初). 오산학교·휘문학교 등의 교사, 시대일보 사장, 신간회 부회장. 저서로 장편소설 『임꺽정』이 있다

4월 10일

오전 9시에 조기행 씨 내외와 함께 오후 1시에 개성에 도착하여 부윤 이성득, 신광균, 내무과장 김동헌 씨를 만나서 협생산업 진행 방침을 토의하다. 저녁은 조성호 처남의 후대를 받고 삼원사 김종엽 씨에서 유숙하고 야간에도 협생에 대한 간담을 하다.

4월 11일

상오 9시에 공성학[22] 씨를 만나고 부청에 가서 부윤의 안내로 개성부 각 기관 대표를 초청하여 협생산업 진행 방침을 협의하다. 오후엔 각 유지를 호별로 방문하여 협생산업의 협력을 부탁하다.

4월 13일

상오 7시에 기상하여 조성호의 안내로 포은 정몽주 선생 별세처 선죽교와 비각과 숭양서원[23] 안에 정포은 선생 화상 앞에서 원도사(願禱辭)를 드리다.

"포은 선생님. 포은 선생님. 포은 선생님.
전통적 조국을 위하고 동포를 애호하시는 교훈을 잘 받아서, 이 강산을 완전한 자주독립 강토로 번영하게 할 일이, 민족을 완전한 자유 민족으로 여

[22] 공성학(孔聖學, 1879~1957) 개성 출신 실업가, 개성삼업주식회사를 설립, 공진항은 2자.

[23] 숭양서원(崧陽書院) 1573년(선조 6) 문충당을 창건하고 정몽주·서경덕의 위패를 모셨다. 1575년에 '숭양'이란 사액을 받아 서원으로 승격했다. 1668년(현종 9)에 김상헌을, 1681년(숙종 7)에 김육·조익을, 1784년(정조 8)에 우현보를 추가 배향했다. 1868년(고종 5) 흥선대원군의 서원철폐령 때에도 그대로 남아 있던 47개 서원 가운데 하나였다.

러 억만자손이 자자손손 대대로 번영 행복을 받게 하겠사오니, 저 삼천만 동포에게 다 같이 큰 덕과 큰 지혜와 큰 힘을 주시와 저희 무리로 하여금 사업을 성공하여, 그 결과 우리 삼천만 동포와 그의 자녀 대대로가 행복스럽고 영광스러운 생활을 하게 하여 주시고, 한 걸음 더 나아가서 세계 인류 중 고통을 받는 사람은 구하여 내서 다 같이 행복 영광스럽게 살 사업을 완전히 성공케 하여 주시옵소사. 정성으로 선생님 영혼께 원도하옵니다."

4월 16일

심준선 군과 함께 농장 관계로 신한공사[24] 경성지점을 방문하고 오후에 협생일로 수원 출장 준비를 하다.

4월 17일

오전에는 협생 창립위원장 신숙 씨와 조병렬 씨, 위원 조기행을 방문하고 협생의 진행 방침을 토의하다. 오후에는 수원 출장 준비를 하다.

4월 19일(음력 潤2월 28일)

오전 8시에 심준선과 동행하여 신한공사와 재산관리처를 찾아가고 곡물영단(穀物營團(公社)) 행정처 이명수 씨를 방문하여 협생산업 진

[24] 신한공사(新韓公社) 일본인 소유의 재산은 1945년 9월 25일 제정된 '패전국 소속 재산의 동결 및 이전제한의 건'(법령 제2호)과 1945년 12월 6일 제정된 '조선 내 일본인 재산의 권리귀속에 관한 건'(법령 제33호)에 의해 미군정청 소유로 이전되었다. 미군정은 1945년 11월 12일 일제강점기에 있었던 '동양척식주식회사'의 소유 재산을 인수, 개편하여 '신조선회사'로 개명했다. 이후 동양척식주식회사의 소유 농지와 일본인(회사 및 개인) 소유 농지는 법령 제52호에 의해 설립된 '신한공사'로 그 관할이 옮겨지면서 신한공사에서 이의 보전, 이용 및 회계 등을 담당하게 되었다.

행 방법을 토의하다.

4월 20일

오전 10시에 출발 수원 성내로 가서 차재윤 씨를 심방하고 협생산업 진행 방침을 토의하다. 이각훈을 심방하여 협생산업의 진행 방침과 주택 문제를 의논하고 산의실 심흥선가에서 도착하여 유숙하다.

4월 23일

이청천[25] 장군을 소복여관으로 심방하였다가 출타하여 만나지 못하고 후에는 협생일과 인우회[26] 사무를 보다.

4월 28일

하오 1시부터 입법의원에 가서 방청을 한바 신숙 씨가 제안한 (중국)동북에 조사단 파견은 통과되고 친일분자, 민족반역자, 전범자, 간상배 규정은 논의만 되고 결정짓지 못하다.

4월 29일 음 3월 9일

오늘은 나의 59회째 출생한 날이다. 작년 오늘은 대련시(大連市)에서 3가지 처음 겪는 일로 보냈는데 금년은 서울시에서 가족과 친족 동지 몇 명이 회합하여 보내는데 3대 나라 경사가 있는 것으로 생

[25] 이청천(李青天, 1888~1957) 본명 지대형, 한국독립당 군사위원장, 한국독립군 총사령관, 광복군 총사령부 사령관 등을 역임한 독립운동가, 정치인, 군인.

[26] 인우회(仁友會)는 해방 직후 서울의 용인 출신 인사들의 모임으로 회장은 모현 능원리 출신 정원화.

각되므로 일기에 써두기로 한다.

이승만 박사 외교에 커다란 성과를 거두워 가지고 이청천 장군과 동반 환국하여 전국대회에 보고를 한 것이 한 경사이요.

서윤복 청년이 미국서 운동계의 세계적 첫 기록으로 우승을 하여 세계 만방에 공인을 하게 한 것이 한 경사요.

미소공위가 한국 남북통일정부 수립에 원조하기 위하여 5월 20일에 재개된다 함이 또한 경사이다. 이상 삼사는 내가 입국한 지 1주년에 가장 기쁜 일이다.

4월 30일

하오 2시부터 협생에 예회를 열고 회사 창립 진행 방침을 토의하고 부위원장 1명을 증선하기로 결의된 바 김경린 씨가 피선되다.

5월 1일

메이데이 기념행사를 오전 10시에는 남산공원에서 동 11시 이후에는 서울운동장에서 거행하고, 하오 1시 이후에는 군정청 입법의회 방청을 한 후 동 6시경에 신숙 씨 초대에 참석하다.

5월 2일

조기행 씨 동반하여 관철동 166번지에서 차재윤 씨를 방문하고 협생 진행 방침을 토의하다.

5월 3일

청년조선총동맹[27] 결성에 축사차로 고창익 씨와 동반하여 연무관에 가서 참례하다.

5월 4일

서울시 민중동맹 결성식에 이용우 씨와 동반하여 또 연무관에 가서 참례하다. 오후에는 삼일건국협회 감찰위원회를 청진동 정행준 자택에서 개최하고 장지필, 홍두식, 홍경식, 이영선, 정행준 외 여러명이 합석하여, 삼일건국협회에서 그동안 경과 사업을 검토 처리하자는 결의를 하다.

5월 7일

삼일(건국협회) 감찰위원장 장지필[28] 위원 이영선, 홍두식, 홍경식, 정행준, 회원 신중균, 이은영, 이정하 8인이 이경하 씨 자택에 회합하여 경하 씨 제명당한 일을 조사하고 금후 진행 방침을 토의하다.

5월 8일

오전에는 조병현, 임원순, 최익환, 조병렬 제씨를 심방하여 협생산업 진행 방침을 상의하고, 오후에는 대중당과 귀환동포협회에서 각 대표 자격으로 공련[29]에 출석할 일을 협의하다.

---

27 청년조선총동맹(青年朝鮮總同盟) 1947년에 조직되었던 우익청년운동단체로 대동청년단(大同青年團)과의 통합 문제로 통합 찬성파와 반대파로 분열되었다.

28 일제 강점기 형평운동가?

29 공련(共聯) 미소공위(美蘇共委) 속개에 대한 각 정당단체와 각 사회단체 연합회의.

5월 9일

오전 7시로 10시까지 조기행 씨와 차재윤 씨를 찾아서 협생에 대한 일 의논하고, 하오 3시까지는 공련에 출석 협의하고, 동 5시까지는 김성숙(金成璹)[30] 씨와 동행하여 성균관 내 유도회 총본부 간부를 찾아서 공련에 대하여 협의하다.

5월 10일

오전에는 군정청 내 김태원, 윤기섭, 최동오[31] 3씨를 심방하고 오후에는 협생산업 강화할 방침을 토의하다.

5월 14일

조기행 씨와 동반하여 대동수산공업회사. 건국토목회사 사장 허주 씨를 심방하고 협생산업주식회사 진행 방침을 토의하다.

5월 15일

중앙 및 지방 귀환동포협회와 협생산업 창립위원 대표 연석회의 순서는 아래와 같다.

1. 협회 중앙보고
1. 협생산업 중앙보고
1. 지방보고 경남 전상영, 전북 최규섭, 충북 윤기현, 전남 신수용, 경기 수원 최준식 대리 최윤식, 이상으로 경과보고

---

30 김성숙(金成璹) 일제시기 협동조합 운동, 통일정권촉성회 위원.

31 최동오(崔東旿, 1892~?) 평안북도 의주 출생, 독립운동가, 일명 최학원(崔學源)·지석호(池錫浩), 호는 의산(義山).

1. 협회 임원 개선

5월 17일

경향간 민중 전체가 바라고 기다리던 농사에 긴요한 비가 슬슬 내려 오므로 영덕리에 체류하면서 (마을 사람들과) 그동안 격조하였던 담화도 하며, 정치에 관하여 공출과 배급, 관리와 노농(勞農), 양반과 상인, 부자와 빈민, 좌익과 우익의 해결책을 토의하다. 과거의 친일 친중과 현재 친미 친소 여러 가지로 세간에서 평론이 자자하나, 오직 나는 과거로부터 현재까지 또는 현재로부터 장래까지 진심과 성의로 친선을 원만하게 잘하여야만 잘 살겠다는 것을 역설하다.

오후에는 신갈리 이희덕 씨를 만나고 7시경에 보정리 아우 봉선의 집으로 가다.

5월 21일

수원의 이필훈 씨 댁에서 점심하고 홍수환 씨와 경향신문 수원지국 방문하여 귀환동포일과 협생산업일을 문의한 후 4시 반에 수원역에 도착하다. 차가 연착 관계로 22일 오전 2시에 경성역에 도착하다.

5월 23일

민족통일총본부 내에서 하오 2시부터 반탁독립투쟁 임시대표회를 열고 7시까지 진행 방침을 협의하다.

오전에는 윤기섭 씨를 찾아갔더니 마침 윤 선생의 갑연(甲宴)이 있음으로 예전 만주 신흥학교 동창생 10여 명을 만나서 동창간 간담을 하고 성의 있게 준비한 음식을 잘 먹기도 하였다.

5월 26일

오늘은 아래와 같이 각각의 이유서를 첨부하여 귀환동포협회 총본부에 제안하다.

1. 수원 안룡면 비행장을 교섭하여 귀환동포 중에 근실한 농군으로서 경작지가 없는 농민을 입농케 할 것
2. 조선 정부를 수립할 때는 우리가 주체가 되고 미소공위에서는 좌우협조를 하여 달라고 요구를 할 것.

5월 27일

귀환동포협회 간부위원장 이하 8명이 수원지부에 도착하여 하오 7시부터 8일 오전 1시까지 수원 유지 20인과 합석하여 비행장과 염전에 대하여 간담으로 의견을 교환하다.

5월 28일

수원 최준식 씨와 5명 정도의 유지의 안내로 비행장을 답사하고 농원 수십 명과 간담을 한 후 하오 7시 차로 위원장 이하 이하 6명은 서울로 가고 나와 김경렬[32]은 미진한 일을 보기 위하여 유숙하다.

5월 31일

오전 9시부터 귀환동포협회 간부위원장 이하 5, 6인의 회의로 수

---

[32] 신흥무관학교 출신, 이명은 김무림

원 비행장 농민의 농경지 해결을 적극 진행하기로 결정하다. 오후 2시에 대중당, 귀환동포협회 간부 10수명이 한남수[33] 씨의 초대를 받아서 만찬 대접을 받았다.

6월 2일

오전에는 수원 비행장 일로 군정청 공보부 사무연락국장 김태원 씨를 심방하고, 오후에는 민족통일 총본부내에서 반탁독립투쟁 지도위원회를 열고 미소공위에 대하여 협의하는 데 참석하다.

6월 3일

귀환동포협회 중앙간부 김경린, 김경렬, 이영선, 최준식, 최윤식 등 5명이 수원의 차재윤과 홍수환 씨를 만나러 출발하다.

6월 4일

출장위원 5명과 수원 신문기자단과 홍수환 합하여 10여 명이 오전 5시에 자동차를 타고 용인 추계[34]에 가서 차재윤 씨와 합석하여 비행장에 대한 해결 방안을 토의하고 하오 5시경에 수원으로 귀환하다.

6월 7일

유응진 심준선 명훈과 함께 4명이 수원비행장을 시찰하고 형무

---

[33] 한남수(1882~?) 1919년 4월 23일 한성(서울)에서 선포된 임시정부인 한성 임시정부 준비위원회 위원, 재무부차장으로 선임. 1950년 8월 북한에 납치.

[34] 추계(秋溪) 용인군 내사면 추계리의 송병준 별저로 보이며, 이곳에 해방 직전까지 손자인 송재구가 기거했음.

소 작업장의 농무부 고문 김기수 씨를 방문하여 농장에 대하여 실정을 듣다.

6월 15일

오전에 대종교 총본사에서 경배를 보고 오후에는 (대종교)총본사 직원 및 경의원 직원의 연석회의로 미소공위에 불참하기로 결의하다.

6월 16일

오전에는 김태원 씨를 만나고 오후에는 대중당 중앙위원회를 개최하여 (미소)공위에 참, 불참을 토의한 바, 장기간 갑론을박으로 결정을 짓지 못하다가 가부 결과가 11대 8로 참가키로 결의되었으나 나는 불참을 주장하는 편이다.

6월 19일

오전 10시부터 태고사에서 반탁 각 정당 사회단체로서 공위에 참가하는 단체는 끝까지 정신과 행동을 통일하기로 결의를 아래와 같이 하다.

1. 완전 자주독립을 기할 것.
1. 대한민국 (임시정부) 법통을 지지할 것 등이다.

오후에는 대중당 간부 중에서 (미소)공위에 불참하는 사람들이 회합하여 앞으로 대책을 토의하다.

6월 22일

오전에는 대종교 총본사에서 경배를 보고 오후에는 대중당에서 중앙위원회를 재개하고 공위에 참·불참을 격론하다가 거수로 결정한 결과 14대 12로 참가한다는 편이 많아 대중당은 분열 상태에 처하다.

6월 23일

하오 2시에 '신탁통치'를 삭제하기 전에는 공위에 불참하기로 성명을 내고 대중당에 탈퇴함을 선언한다. (중국) 동북에서 대동민주당원으로서 입당한 사람은 대다수가 탈퇴하다.

※ 단기 4280년 6월 25일부터 9월 15일까지 상세한 일기는 잃어버려 대략 시무한 것은 아래와 같다.[35]

1. 이청천 전국청년지도후원회에 성력껏 시무
1. 귀환동포협력회 총본부에서 시무
1. 전국 민족대표자대회에 계속해서 출석
1. 수원 비행장에 농민 입식하는 데 전력 시무
1. 대종교 총본사에 매 일요일마다 경배 또는 시무
1. 총선거 대책위원 중 일원으로 피선 시무

---

[35] 6월 25일 이후 미소공위 참가 문제로 이영선이 활동하던 대중당 및 귀환동포협회와 협생산업주식회사 내에 분열이 심각하게 전개되었다. 9월 이후 일기(日記)에서 협생산업주식회사 관련 사항이 거의 보이지 않으며 다음 해 12월 30일에 협생산업주금 회수분 5천 원을 영수하여 최마리에게 전달했다는 기록으로 봐서 회사를 해산하고 출자금을 반환한 것으로 추정된다.

1. 7월 25일 이후에는 대한일보사[36]에 매일 근무하였으므로 신문사 일지에서 대강 뽑아서 기재하여 둔다.

9월 20일

오전에는 본사에서 파지(破紙) 조사하기 위해 시무
인쇄소 일로 이선근 씨를 방문
오후에는 진명여학교 내에서 열린 '동우친목회'[37] 결성 준비위원회에 출석하다.
하오 9시에 목포지사장 조규상 씨와 동반하여 목포행 차를 타고 복잡한 중에 밤을 보내며 고장없이 달리다.

9월 22일 월

오전에는 전남지사장 조규상 씨와 기자 여러 명과 합석 간담.

---

[36] 大韓日報는 1946년 3월 21일 창간호를 내고 출발한 여성 전문 일간지였던 「가정신문(家庭新聞)」을 259호로 종간하고, 이종형(李鍾馨)이 「대한일보」로 개제(改題)하여 타블로이드 2면의 국한문 신문으로 1947년 7월 27일 260호를 발간하였다.
인쇄인은 이종형의 부인 이취성(李翠星)이었고 주필 겸 편집국장은 배도남(裵圖南)이었다. 8월 9일부터 제호 글자가 바뀌고 이취성의 이름이 빠지기도 하였으나, 이취성이 마지막 사장을 지냈다.
「대한일보」의 내용은 주로 정치 기사 위주였으며, 자매지였던 「대동신문(大同新聞)」과 같은 극우지로서 국수주의적 색채가 짙었던 신문이었다.
「대한일보」는 반민법이 공포된 바로 다음 날인 1948년 9월 23일, 사장인 이종형 등의 주동으로 '반공구국 총궐기대회 및 정권 이양 축하 국민대회'란 군중집회를 개최하여 반민법을 성토하고, 주동 국회의원들을 공산당의 주구라고 몰아치는가 하면, 사설 기사 등을 통해 공공연히 반민법을 공격하였다. 이후 '국난에 대경종(大警鐘)이라는' 특집을 간행하였다가 공보처에 의해 1948년 12월 2일 651호 발행을 마지막으로 12월 3일 허가 취소되었다.

[37] 국내외 군관학교 출신들이 이청천을 중심으로 규합하여 조성환, 신가균, 김석원(金錫源), 염창섭(廉昌燮) 등의 발기로 결성한 단체.

목포 부윤(府尹) 김정기, 부윤(副尹) 배주대, 경위 이인환, 총무과장 이경제씨와 독촉[38] 전회장 이남규, 현회장 곽재근, 부회장 노기섭 등을 방문하고 오후에는 공설시장에 전남 물산과 국내 국외의 각종 교역하는 물품을 구경하다.

9월 29일~10월 2일

재중국 동북교포 국내파견대표 이규동, 이혜철, 장현근[39] 3씨가 내방.

오전 10시 총선거대책 서울위원회 결성

총선거대책위원회 위원장회의 부의사항(1회~3회)

제1호 보통선거법 실시기일 재촉의 건

제2호 총선거에 임할 민족진영의 주장에 관한 건

제3호 총선거에 임할 민족진영의 태도를 성명할 건

제4호 벌칙 수정에 관한 건

제5호 특별선거구[40]에 관한 건

제6호 반동계열[41]의 동향에 관한 건

제7호 후보 난립 방지 및 행동 통일에 관한 건

제8호 예산안에 관한 건

제9호 조직 및 연락에 관한 건

---

38 대한독립촉성국민회(大韓獨立促成國民會) 1946년 2월 8일 서울 인사동에서 이승만의 독립촉성중앙협의회와 김구의 신탁통치반대국민총동원위원회가 통합하여 발족하였다.

39 장현근(張鉉瑾, 1909~1969) 충청북도 음성 출신. 1931년 상하이로 망명하여 대한민국 임시정부 상해 교민단의 서기, 의경대(義警隊) 간사, 한인청년당 이사 겸 서무부장 등을 역임.

40 월남민 수가 460만 명이라고 주장하며 그들을 대표할 선거구를 남조선 주민의 선거구와 별도로 설치해 달라는 단독 정부 추진 세력의 요구였다.

41 친일파를 지칭하는 것으로 보임.

제10호 선전에 관한 건

10월 4일 토

대한독립촉성국민회전국지부 대표자대회를 오전 9시부터 속개하다. 대한일보 지국 설치 및 대금 영수 관계로 수원, 용인 출장으로 상오 10시 반에 출발하다.

하오 2시에 수원역 도착하여 경향신문 지국을 방문하고 최준식 씨를 만난 후 심준선 집에 도착하여 오산에 사는 유응진 동지를 만나다.

10월 5일 일

10시에 신갈 도착하여 전 면장 김문식 씨 댁과 김진사 학조 씨 댁과 맹동전 선생 손자 원섭 군을 찾아보고 하오 3시 반에 보정리 창훈가에 도착하다.

10월 7일 화

상오 9시에 창훈과 동반하여 민충정공 산소에 성묘한 후, 구성 대한독립촉성국민회지부와 청년회 간부와 구성면 면장을 심방하고, 기흥면 면장과 경찰지서장을 방문하여 대한일보 지국 설치건을 협의하다.

하오 1시에 버스를 타고 용인군 김량에 도착하여 대한일보 지국과 대한독립촉성회와 용인군수를 방문한 후, 하오 3시 반에 점심을 하다. 청소년기로부터 동창이요 동지인 정우용 씨 댁에서 유숙하다.

10월 8일 수

오전 9시에 출발하여 용인독촉 지부장 신창휴, 허식, 이병창 이하 간부를 만나다. 오후에는 신문 대금을 20일 내에 부수에 의해 수납하기로 타협하고 운곡[42] 조병주 동지를 만나 조동지의 안내로 장모 산소에 성묘하고 조병주의 자택에서 유숙하다.

10월 9일 목

오전에는 총선거와 계몽운동과 성인교육에 대하여 담화하고 오후 용인 면장을 자택으로 방문하다. 하오 5시 30분 차로 수원 도착하여 7시에 대평동 심준선 집에 유숙하다.

10월 10일 금

상오 8시에 재산관리과 유용손 씨를 심방 후 '독촉' 간부 홍수환 씨를 방문하고, 오후에는 이필훈 씨를 찾아보고 대한일보 수원지국 설치를 협의한 후 서북청년회와 신생활사를 방문하다.

10월 11일 토

오전에는 서북청년회 이만복 씨와 이병구 군을 심방하여 대한일보 지국 설립건을 협의하다. 하오 2시 이후는 대동청년 수원지단 결성에 참석하여 축의를 표하고 동 7시에 재종질 경훈 집에서 숙박.

---

[42] 용인시 처인구 역북동의 마을.

10월 12일 일

오전 8시 30분 출발 9시30분에 평택 도착하여 이하선 씨와 이일훈 군을 방문한 후 독촉지부장 김준석 씨와 대동신문(大東新聞) 지국장 김영보 씨를 심방하여 대한일보 지국 설치를 부탁하고 하오 1시에 트럭을 타고 서정리로 가다.

2시에 서정리 도착하여 대한일보 지국장 이승삼 씨를 심방하여 신문 대금을 독촉한 후 고 정승묵[43] 씨를 조문하고 하오 5시에 오산 유응진 씨 댁에 도착하다.

10월 15일 수

오전 10시에 한국민족외교후원회[44] 중앙위원회에 사장 대리로 출석하고 오후에는 민족회의실 내 애국단체대표 연합회에 민중당 대표로 강병주[45] 씨와 동반하다.

10월 16일 목

오후엔 동북한교연합회 대표 이규동 씨를 본사 사장이 오찬으로 접대하면서 동북교포의 구제와 건국사업의 방침을 협의하다.

---

43 정승묵(鄭承默, ?~1947) 평택 서정리 거주 의사, '독청' 평택 대표로 상경 중 기차에서 변사.

44 한국민족외교후원회(韓國民族外交後援會)는 1946년 12월 이승만의 미국 방문을 위해 한국대표외교후원회로 조직되었다가 명칭을 변경. 위원장 신익희, 부위원장 이윤영 등이 참여.

45 강병주(姜炳周, 1882~1955) 호 백남(白南), 독립운동가, 한글학자, 강신명 목사 부친, 이종형의 장인.

10월 20일~25일

김제지국 최주일 씨, 고창 이봉춘[46] 씨 신문대금 독촉
대한독립촉성연맹 고창군 촉진대 및 독청대원 만삼천 명
고창의 학교 남중학교 2, 여중학교 1,
면은 14, 면마다 평균 소학교 2, 인구는 15만 명 이상
대한독립촉성 고창 문교부장과 고창군수 허홍석 씨를 방문
장성지국 김병수 씨, 나주 지국 한영희 여사 신문 대금 독촉

10월 26일 일

광주의 민족대표 최종섭 씨와 '독촉' 간부 이종호 씨 등을 방문한 후 대동청년단[47] 전남 결성식에 참석.

10월 27일 월

목포지사에 총무 이하 간부와 담화하며 보증금과 신문 대금 독촉하고, 조선민족청년단[48] 제1, 2구회 결성식에 축사를 하고 대한일보 무안지국을 방문.

---

46 이봉춘(李逢春, 1905~?) 건국촉진대 고창지대장, 대한청년단 고창지단장.

47 대동청년단(大同青年團) 광복군 총사령관을 지낸 지청천(池青天)이 환국한 뒤 청년운동단체들을 통합하여 대동단결을 이룩한다는 명분으로 1947년 9월 결성. 임원은 단장 지청천, 부단장 이성주·오광선, 훈련원장 이선근, 비서장 선우기성, 차장 이중섭(李重燮), 총무부장 윤익헌(尹益憲), 조직부장 채택룡, 경리부장 조영진(趙英珍), 선전부장 김종철(金鍾哲) 등이며 1949년 1월 대한청년단과 통합되어 흡수됨.

48 조선민족청년단(朝鮮民族青年團) 1946년 10월 9일 이범석(李範奭)이 중심이 되어 결성한 청년운동단체. 약칭 '족청(族青)'이며 민족정신의 전통을 계승하여 새나라의 역군으로 청년들을 양성한다는 목적하에 조직. 단장에 이범석, 부단장에 안호상, 전국위원에 김관식·김활란·이철원·현상윤 외 33명, 상무이사에 설인 외 4명, 그리고 이사에는 백낙준·최규동 외 10명. 1949년 1월 15일 대한청년단으로 통합하고 해체.

10월 28일 화

오전에는 목포공설운동장에서 노동자남녀대운동회에 참관하고 오후에는 대동청년단 결성식에 참석.

11월 15일 토 (개천 4404년 음력 10월 3일)

오전 5시부터 동 8시까지 대종교 총본사에서 개천절 천제에 참례하고 9시 이후는 수원, 용인, 충주 출장 준비를 하다.

삼청동 35의 78호 유기수[49] 씨를 심방하였으나 용인에 출장 관계로 만나지 못하고 오후 9시에 수원에 도착.

11월 17일 월

오전에는 이필훈 씨를 심방하고 지국 설립건을 협의하고, 오후에는 국민회와 대동청년단을 심방하고 수원극장에서 국민회 주최로 하는 시국강연회에 신익희 씨 대리로 약 1시간 강연을 함. 하오 7시로 10시까지 대평동 동장 최학배 씨 댁에서 시국 간담을 함.

11월 18일 화

오전에는 수원군 봉담면 면장 최상헌 씨를 심방하여 농장 정세와 시국담화를 하고 오후에는 분천리 나중석,[50] 조규방 양 씨를 심방

49 유기수(柳驥秀, 1902~1986) 용인 출생, 2대 국회의원 역임

50 나중석(羅重錫, 1878~1970) 근대 수원지역의 대표적 유지. 대한제국기 자강운동의 주체로서 기호흥학회와 수원 국채보상운동을 이끌었다. 또한 수원의 대표적 사립학교인 삼일학교를 비롯한 근대적 교육운동을 주도하였다. 해방 후 1946년 3월 토지를 소작인들에게 무상으로 분배하여 분천리 일대 전답 26정보(7만8천 평)를 무상으로 마을의 61호에게 인구 비례로 분배하고, 1만5천여 평은 마을 공동경작지로 제공하였다.

하여 국내 정세와 국제 동향을 담화.

12월 13일 토

오후에 대의원 이동욱 씨 대리로 한국민족대표자대회[51]에 출석함.

12월 14일 일

용인지국장 유기수 씨를 심방하여 대금을 독촉하고, 12시 이후는 대종교 총본사에서 경배를 본 후 도형(道兄)에게 그간 지방 출장 중 견문과 최근 국내 정치 동향과 국제 정세를 구두로 보고하고 석반은 김동순 씨에게 후한 초대를 받음.

12월 26일 금

고창 지국 이봉춘 씨에게 대금을 독촉하고, 오후에는 고창 대한독립촉성회 지부의 주최로 국민회, 각 청년단체, 농민회 3단체 연석회의에 방청으로 출석하여 시국 간담으로 국내외 정세와 우리 장래 할 일을 담화함.

12월 28일~ 30일

김제지국을 방문, 전주부청에 도착하여 부윤, 부부윤, 서무과장과 1시간 반을 담화한 결과, 부윤 말에 동북동포구제책은 남선(南鮮)

[51] 1947년 12월 13일 한국민족대표자대회를 열어 유엔한국위원단의 입국 활동을 지원하기 위해 우익 진영의 민족대표단을 조직.
고문: 이승만, 김구.
의장단: 吳世昌, 李始榮, 명제세, 이윤영, 김성수, 신익희, 배은희.

일대의 신흥 소득자와 일반 부호에게 삼억 원을 목표로 수합하면 일억 원은 가능하고 말함.

전주지사 지사장 정항모 씨에게 본사 사정을 상세히 담화하고 대금을 독촉, 이리에 도착하여 본사로 출장 연기 전보를 발신하고 지국과 독촉국민회와 한국민주당으로 김병기 씨를 찾아 대금을 독촉.

12월 31일 수

단기 4280년을 대한일보 이리 지국장 김병기 씨 자택에서 송별하면서 18세부터 60세가 되도록 완전 자주 독립국가 건설에 종사를 하였으나 과거를 회고하니 아무 성과 없음을 자탄하며 여생을 완전 자주 독립 국가 건설에 바치기로 결심하고 서천맹지문(誓天盟地文)을 작성함.

3장 단기 4281년(1948)~4282년(1949)

1. 단기 4281년(1948)

1월 1일 목

이영선이 대한일보사와 동북동포구제회 사명을 띠고 출장 중 개천 4405년 1월 1일 상오 3시 대한일보사 전라북도 이리지국 김병기 씨 댁에서 60세되는 신년을 맞이하면서 여생을 완전 자주 독립국가 건설에 바치기로 결심하고 경천맹지(誓天盟地)로 단군대성황조(檀君大聖皇祖)께 서고(誓告)를 다음 같이 함이라.

"단기 4281년 1월 1일 상오 3시 이영선은 서고를 단군 대성황조 앞에 하옵니다.

불초손(不肖孫)이 날 씨의 풍우한서(風雨寒暑)와 지역의 원근험악(遠近險惡)을 따지지 않고 청년 때부터 흰머리될 때까지 두루 다닌 것은 일단 정신이 위국애족(爲國愛族)으로 있는 힘, 있는 정성, 있는 생명을 완전 자주 독립국가 건설하는데 바쳐서, 남의 원조와 남의 간섭을 받지 않고 오직 스스로 도움을 받아 우리 동포의 정신적 대동단결로서 우리 문화로 우리 실력으로 우리나라를 우리가 건설하여, 완전 자주 독립국가로 자손만대 억만대로 행복을 누리게 하자고 마음을 굳게 정하여 이 몸이 죽고 죽어 1백번 고쳐 죽어 백골(白骨)이 진토(塵土)되라도 변치 않기로 서천(誓天)하오니 일월(日月)이 증명하고 맹지(盟地)하오니 인신(人神)이 감동케 하소사."[1]

이상을 서고함에 알게 모르게 서러움이 복받쳐서 고하며 울고 울며 고하였다. 이민족 압제의 고통을 당한지 36년 만에 해방은 했다

[1] 이 서천맹지문은 「대한일보」 1948년 1월 8일자에 게재됨.

고 하나 남북 군정(軍政) 3년에 동포의 생활난이 극도로 곤궁에 빠져서 속담에 사흘 굶어 도적질 아니할 사람이 없다고, 동방예의 도덕군자라고 자타가 공인하던 우리 동포가 본질아닌가?

기본 양심을 저버리고 세속으로 변하는 것을 생각하니 눈이 캄캄하고 가슴이 터지도다. 이는 사선(死線)에서 생로(生路)로 방향을 변환하는 것은 오직 못나던 잘나던, 늙었던 젊었던, 남자이던 여자이던, 귀하던 천하던, 부자이던 빈곤하던, 무식이던 유식이던, 우리 동포의 대동단결뿐이다.

김 씨 댁에 단군(檀君) 천진(天眞)을 봉안하였으니 내가 천진앞에서 3일 밤을 잘 보냈으므로 단군 대성황조 앞에 맹서를 하다.

1월 4일 일

오전에는 사장을 심방하고 오후에는 이태원 국민회 주최로 본사 사장이 시국 강연하는데 가서 약 20분간을, 우리 완전 자주 독립, 남의 원조나 간섭을 받지 않고 의뢰도 말고 우리 동포의 대동단결의 총역량으로써 하자는 강연을 하고 회사로 돌아와, 12시까지는 출장 복명서를 작성하다.

1월 6일 화

본사에서 시무 중 용인지국 총무 유갑희와 하얼빈에서 온 우응규 씨가 회사 방문하여 사장을 면회함.

1월 8일 목

오전 8시 반으로부터 사장 이하 총동원으로 엄동 대홍수라고 쓴

특제(特題)로 호외를 교정하여 배달시키고 국민의회와 민족대표단이 역사적으로 합동한 것에 대하여 전원을 초대할 준비를 함. 하오 6시 50분에 유엔위원단이 입성함.

2월 4일 수

오전 10시부터 목포 부윤 김정기 씨의 재판을 방청

목포항에서 설탕 백미의 무역 수입과 충무공 비각 건립과 관련하여 문제가 발생한 것으로 보임.

2월 5일 목

부윤 김정기 씨 재판 증인 문답에 방청을 하고, 오후에는 신병국 김희선 씨와 합석하여 시국 담화를 하며 우리 정부 수립에 대하여 협의하다.

2월 12일 목

오전에는 용인지국장 유기수 씨를 만나 대금을 독촉하고 오후에는 국민회 부회장 명제세[2] 씨와 완전 자주독립 정부 수립에 대하여 협의하다.

2월 16일 월

손재하 씨에게 애국문화협조회[3]원 수속을 받고 대한일보 지국 간

---

[2] 명제세(明濟世, 1885~?) 광복단과 임시정부에 참여했고, 텐진불변단을 조직. 국내에서 민흥회를 조직해 활동하고, 광복 후 건국준비위원회와 대한독립촉성국민회 활동. 초대 심계원장을 역임.

[3] 1948년 2월 15일 발족, 회장은 이시영.

부와 독촉국민회 간부를 작별하고 7시에 청주 도착

오늘은 아내의 회갑이요 겸하여 장남 장훈의 생일이라. 객지에서 지내며 대단히 섭섭한 감 있으며 아내와 가족도 역시 나 이상 섭섭하게 지낼 것이다. 그러나 내가 일편단성(一片丹誠)이 위국애포(爲國愛胞)로 있는 힘, 있는 정성, 있는 목숨을 완전 자주국가 건설에 받쳐서 일을 하는 것이니 완전 독립되는 날이 곳 우리 가족 전체의 생일이요, 우리 동포 3천만이 갱생 또는 영생의 날로 깊이 믿고 매진할 뿐이라.

결혼 후 44년간을 성풍혈우(腥風血雨)의 환난을 같이하며 즉 앞으로도 가정과 국가의 어려움과 기쁜 일에 여생을 끝까지 함께할 결심이다.

2월 18일 수

오전 5시 출발로 9시에 충주 도착하여 대동청년단 부단장 김남수 씨와 국민회 부위원장 음재형 씨를 심방하고 송재회 씨와 이남훈 씨를 방문한 후 유지 10여 명과 간담을 하여 오찬의 접대를 받다. 오후에는 신승철 군과 동행으로 오기택 씨를 심방하여 애국문화협조회원 승낙을 받고 하오 8시에 흥아여관에서 유숙하다.

2월 21일 토

오전에 사장에게 대한일보사 부사장 임명장을 받고 금후 사업 진행 방침을 간부 합석으로 토의하다. 오후에는 김양복 이동구 양 씨가 내사하여 담화한 후 애국문화협조회 취지서를 3매를 받아가다.

2월 23일 월

오전 수원 도착하여 생질 심준선가에서 조반을 하고 지국을 심방하고 유도회(儒道會) 대표 이필훈 씨와 수원군수 민태정 씨를 심방하여 대한일보사업을 소개 선전하고 하오 7시에 지국장 정혜택 씨 댁에서 신문 발전책과 애국문화협조회 사업에 대하여 토의를 하며 숙식하다.

2월 25일 수

목포에 도착하여 무안군 안좌면 기수 최한기 군과 아침부터 약 1시간 농촌 사정과 안좌 행사에 대하여 담화 중 성인 교육으로 문맹퇴치에 가장 효과있는 방법에 대하여 다음과 같이 논의하다.

1. 남녀간 12세 이상 18세까지는 공민학교에 통학을 시키고
2. 18세 이상 30세까지 1반을 편성하고
3. 30세부터 40세까지 1반을 편성하고
4. 40세로부터 50세까지 1반을 편성하여 각 마을에서 교육을 실시하는 바

청년단을 동원하여 주야를 통하여 집집마다 문앞 도로에서 지키고 서서 국문으로 거주 성명을 모르는 사람은 통행을 못하게 하며 음력 정월 3일부터 실행하는데 만 10일 만에 성적이 비상히 양호하다 한다.

2월 29일 일

본사로 전보하려 했으나 고장 관계로 연락을 취하지 못하고 조

규상 댁에서 치료하며 38선을 철퇴하고 남북통일정부 수립을 연구하다.

3월 1일 월

오전 10시로부터 12시까지 목포 중앙국민학교에서 3월 1일 독립운동 기념식을 거행하는데 참례하다. 8·15 후 제1회 3·1기념식은 만주 남쪽이고 한국 서북인 대련(大連)항에서 참례하고, 제2회 기념식은 대한 중앙 서울에서 참례하고, 제3회 기념식은 대한 남단 목포에서 의미심장하게 봉축하여 남북통일 완전 자주 독립국가 건설을 빌다.

3월 3일 수

신용국 씨 댁에서 민간 정세를 청취한 바 아래와 같다.

구례지서 습격에 민간인 8명 사상, 강진지서를 습격하고 경찰 후원회장 가옥 및 정미소를 방화하여 4인이 사상하고, 무안 지도면 지서 습격에 민간 2명 사상하고, 임자면 지서 습격하고, 자은면 지서 습격하고 우편국장이 피살하고, 광주에선 한국민주당 대동청년단 사무실을 습격하고, 영암에서는 한민당 대동청년단 경찰 면직원 연합으로 민간 매호 2명씩 도장을 받아서 남한정부 수립을 원하는 진정서를 유엔에 제출하였는데 전남 대다수가 이와 같다 하며, 강진 영암 나주 광주에서는 산상에 봉화를 올리고 통일정부 수립 만세를 부르고, 대동청년단에서는 야경을 돌며 밤마다 닭고기, 돼지고기, 술을 마구 먹는다고 한다. 목포 양동 이현욱에게 청취하다.

3월 6일 토

조회에 출장 경과를 구두로 보고하고 오전에 김구 주석을 찾아갔으나 병으로 인하여 면회를 못하고 엄항섭[4] 씨와 약 1시간 담화하고 오후에는 이청천 씨를 심방하여 국내외 정세와 시국과 지방 실정을 담화하다. 사장을 자택으로 심방하여 금일 경과를 보고하다.

3월 13일 토

오전 7시로부터 10시까지 서청 경기도 본부(재 인천) 위원장 김의준 씨 내방하여 대한일보사 발전을 협의함. 독립신문사 주병헌 씨가 내방하여 신문 주간(週刊) 발행권을 얻어가라고 부탁함.

3월 20일 토

오전 11시부터 오후 4시10분까지 이시영 씨는 민중당 당수(黨首), 이청천 장군에게는 부당수(副黨首) 승낙을 요청하였더니 두분이 각각 사정에 의하여 허락못하겠다고 답하였다.

3월 23일 화

수원지국 정혜택 씨에게 대금 영수하고 10시 반 차로 12시에 용인 도착하여 허식 씨와 대동청년 부단장 나복용 씨와 정우용 동지를 심방하여 총선거에 대한 협의를 하다. 하오 5시 반 차로 6시 반에 신갈 도착하여 7시 반까지 보정리에 도착하여 밤에 족친간에 선거에 대하여 협의함.

---

4 엄항섭(嚴恒燮, 1898~?) 호는 일파(一波), 임시의정원 의원, 임시정부 선전부장, 재북평화통일촉진협의회 상무위원.

3월 24일 수

오전 8시 출발로 심곡서원에 김진사 학조 씨를 심방하고 수원 유도회장 이필훈 씨와 전 경향신문 지국장 최준식 씨를 심방하여 총선거에 대한 협의를 한 후, 하오 7시 차로 동 8시 반에 평택 도착 유숙하며 이일훈 씨와 총선거에 협의하다.

3월 26일 금

오전에는 이청천을 심방하여 총선거를 협의하고 오후에는 의열지사 안중근 선생 제38주기 추념식 봉행에 참례하다.

3월 30일 화 청

인쇄소 관계로 이청천을 심방하였으나 외출로 인하여 만나지 못하고 신흥대학 관계로 원의상,[5] 김간 양 씨를 방문하다.

3월 31일 수 반음

오전에는 이청천 장군을 심방하고 오후에는 인우회장 정원화[6] 씨에게 애국문화협조회의 승낙을 권고하다.

4월 1일 목

오전에는 사장의 입후보 관계로 이청천 장군과 협의하고, 오후에는 간부회의로 대한일보 진행 방침을 협정하다. 귀환동포 간부 일단이 내사하여 수원비행장 농경지 분쟁 문제에 대하여 협의하다.

---

[5] 원의상(元義常) 신흥무관학교 출신.

[6] 정원화(鄭元和) 용인 모현면 능원리 출신.

4월 3일 토

오전 9시로 부터 하오 10시 30분까지 용인에 입후보 난립 방지와 대한일보 발전과 애국문화협조회원 모집 건에 대하여 인우회장 정원화, 부회장 조기행, 정기섭 등과 협의하다.

4월 4일 일

이관운 씨의 청탁으로 강화에서 총선거에 대하여 강연을 하러 가서 성남국민학교에서 강화국민회 주최로, 총선거 문제를 오봉환 씨가 1시간 하고, 나는 국제정세 국내정세와 총선거에 대하여 약 2시간을 강연하여 일반 청중의 환영을 받다.

4월 10일 토

대한일보 용인지국 설치건과 국회의원 입후보 문제로 용인 도착하여 국민회 간부와 대동청년단 간부를 방문하고 남리 김치옥 씨에서 유숙하면서 입후보 난립 방지에 대하여 주인과 정우용 씨 외 5, 6인의 연석회담으로 협의하다.

4월 11일 일

오전에는 용인에서 이규현, 허식, 오임근(대동단장) 등을 찾아가서 지국 설립과 입후보에 대하여 협의하여 용인의 유지와 인우회 간부가 나에게 입후보 출마를 권고하나 대동청년 용인군 부단장 민경식 군에게 양보하고 불출마하기를 선언하였다.

용인 출마 예상

신현정 중학교장, 홍종욱 면장, 신창휴 국민회장, 유기수 회사원,

허식 청년단장, 유기설 상업가.

4월 17일 토

금일 음3월 9일 즉 나의 60회 생일이라 하여 가족 및 친척 합 50여 명이 회집하여 조반을 하며, 국내외 정세를 담화하며 총선거에 대하여 토의하고, 오후에는 이규동, 이혜철, 한경순 씨를 방문하다.

4월 19일~5월 8일

4월 19일 대한일보 발전과 총선거에 협조하기 위하여 이영선 황의 명 최창규 3인이 목포 방면에 출장하기로 결정하다.

4월 20일 오전 4시반 출발로 최창규, 김안수, 나 3인이 동반하여 하오 10시 반에 목포 정영소[7] 씨 댁에 도착하여 동 12시까지 정 씨와 입후보에 대한 담화를 하다.

4월 23일 하오 7시부터 10시 50분까지 목포 산정국민학교내에서 정영소 씨 정견 발표와 최창규 씨, 나, 김응두 씨 3인이 강연하다.

5월 3일 오전에는 정영소 군과 7, 8인이 합동하여 호별 방문을 하고 오후는 목포상업중학교 대강당에서 정영소 군의 정견 발표에서 최창규 군은 '독립군을 보내자', 나는 '독립정신'으로 연제를 내걸고 하오 6시까지 열성으로 강연을 하다.

5월 5일 오전에는 무안군수 황문연 씨 이하 목포부내 유지 7명을 심방하고 오후에는 목포 대반동 공생원에서 7시에서 9시 반까지 이영선 정영소 최창규 3인이 정견 발표 대강연을 하다.

---

[7] 정영소(鄭榮昭) 일제 강점기 목포 간척사업가 정병조의 아들

5월 8일 오전에는 강연 준비를 하고 오후에는 목포극장과 만복동 대광장에서 나는 '운권청천(雲捲靑天)'으로, 정영소 씨는 정견 발표, 최창규 동지는 독립군을 보내자'로 강연을 하다.

5월 10일 월

오전 11시 반에 서울 도착하여 급히 투표차로 동대문갑구에 도착한 즉 이승만 박사가 당선되어 투표하지 않기로 결정하였다.

5월 11일 화

오전 7시 15분 출발 로 8시 반에 본사 도착하여 각구(各區) 당선된 입후보자 발표를 봄에 제1차 개표가 아래와 같다.

서울 중구 윤치영, 종로 갑구 이윤영, 종로 을구 장면, 동대문 갑구 이승만, 동대문 을구 이영준, 성동구 이청천, 서대문구 김도연, 마포구 김상돈, 용산구 김동원, 영등포구 윤재욱

오후에는 김응두, 정원화, 조병렬 3씨를 방문하고 대한일보사 경영책을 협의하다.

5월 27일 목

어제는 이청천 장군과 조병렬 씨를 심방하여 대한일보 경영에 협력을 청탁하다.

오전에는 사장과 남석심 씨와 대한일보 경영책을 협의하고 오후에는 이완규 씨와 배도남과 대한일보 경영 및 신흥대학 설립책을 협의하다.

5월 29일 토

오전부터 정부 제1회의실에서 재만동포 구제금 조성위원회를 개최하고 진행 방침을 결의하는 데 출석 협력하다.

6월 1일 화

어제부터 대한일보를 발행 계속하기로 착수하다.[8] 어제 밤 9시에 신문 발간이 완료되어 금일 조보(朝報)부터 경향에 발송한 부수가 3,800이다.

6월 15일 화

오전에는 국민회 총무 이관운 씨 청탁으로 대청 부회장 이성주, 오광선, 채택룡 3씨를 심방하고 오후에는 반공단 주최로 국민 총궐기 대강연을 하는 데 사회를 맡아서 하다.

6월 19일 토

어제는 대동청년단 총본부 부단장 이성주, 경기도단부 부단장 오명환, 후원회 총본부 이완규 3씨를 심방하여 대한일보 발전책을 협의하다.

금일은 대동청년단 총본부 단장 이청천, 대동청년단 후원회 총본부 부회장 이완규 양 씨가 공동으로 각도 군 도단장과 후원회장에게 대한일보 신문 보급한다는 공문 초안을 작성하다.

---

8 대한일보는 가정신문을 발행하던 것은 1947년 7월 27일부터 제호를 개명하여 1948년 5월 4일 까지 발행하고 휴간(선거로 재정 부족, 이종형 사장 낙선)하였다가 1948년 6월 1일부로 정상 발행.

6월 22일~23일

조회 후 하오 2시까지 정원화, 김경열, 이완규 3씨를 심방하여 대한일보 발전책을 협의하고 오후에는 본사에서 시무하다.

대청 후원회 총무 이규남 씨와 조병렬 씨를 심방하고 대한일보 발전책과 대동청년단 강화책을 협의하다.

6월 25일 금

오전 5시에 출발하려 했으나 차가 출발하였으므로 연기하고 조기행, 정원화, 김기철[9] 이완규 제씨를 심방하여 대한일보 지국 설치 건을 협의하고, 하오 5시25분에서 7시에 수원 대평동 생질 심준선가 도착하여 유숙하다.

6월 26일 토

수원지국장 정혜택 씨가 출장을 하여 만나지 못하고 대동청년단 선전과장 겸 동아일보 지국장 김현모 씨와 경기 유도회장 이필훈 씨를 심방하여 대한일보 발전책을 협의하다. 하오 4시10분 화물차로 신갈지국에 도착하여 지국장 한상진 씨가 출장 관계로 만나지 못하고, 김문식 씨를 심방하여 시국 담화를 1시간 한 후 하오 8시경에 구성면 창훈 집에 도착하다.

---

[9] 김기철(金基喆, 1917~1986) 서울 출생. 상해임시정부에서 활동하고 1945년 대한민국임시정부 비상국민회의 대의원직을 맡았다. 1948년 총선에 대동청년단 소속으로 출마하여 제헌의원이 되었다.

6월 30일 수

오전에 충주 대동청년부단장 김남수, 조광오, 충주 한독당 당수 오기택 3씨를 심방하고 대한일보 설립 건으로 협의하고, 오후에는 조광오 씨와 동반하여 한국독립당 충주군 당부 간부를 심방하여 시국 담화를 하다.

7월 5일 월

오전 10시부터 과도정부 수사국에서 5, 6명이 출동 내사하여 신정부에 물망이 되는 인사의 데모(가상) 조각 원고와 1면에서 5면까지 신문과 이취성[10], 강석모, 이영선 3인이 수사국까지 불리어 가서 조사를 받고 하오 8시에 돌아오다.

7월11일 일

오전에는 대종교 총본사에서 박남파[11]를 초대에 참석하고, 오후에는 김동산과 동행으로 이관일[12]을 심방하다.

7월 15일 수

대청후원회 부회장 이완규 씨를 심방하여 경향 대청단원에게 대한일보 후원을 청탁하고, 하오 7시경에 최창규 동지가 내방하여 산업에 농장 목장 임업 경영을 협의하다.

---

10 이취성(李翠星)은 대한일보 사장 이종형의 부인. 당시에는 신문 발행인.

11 박찬익(朴贊翊, 1884~1949) 호는 南坡. 1918년 12월 조소앙·김좌진 등의 39인 명의로 대한독립선언서를 발표. 상해 임시정부 외무차장대리로 대중 외교에 전담. 1945년 임시정부 주화대표단 단장.

12 이규동(李圭東, 1889~1950)의 이명으로 貫一, 寬一.

7월 17일 토

대한민국 헌법 공포에 참례함.

7월 19일 월

오전에는 인우회장 정원화 씨를 심방하여 대한일보 발전책을 협의하고, 오후에는 이청천 장군을 심방하여 대한 정부 조직에 대하여 약 1시간 담화하다.

7월 20일 화

오전 11시 대한민국 초대 대통령에 이승만 박사 당선함. 금일 국회 33차 본회의에서 투표결과 180표로 되고 부통령은 오후 2시 이시영 선생이 133표로 당선되다.

7월 27일 화

한치진[13] 씨 저작한 『민주주의 원론(民主主義 原論)』 2권를 열성으로 종일 보다. 금일은 대한일보 세상에 난 지 만 1주년 기념일이다. 과거와 현재와 장래를 통하여 삼락이서(三樂二誓)가 있다.

과거를 회고컨대 '仰不愧於天, 俯不怍於人'[14]토록 충성스럽게 근무하였음이 일락이요. 현재로 우리나라 국호 대한으로 정하여 정부가 수립되어 조국 재건의 서광이 일락이오. 대한일보 사원 일동이 동심 전력으로 시무하여 앞으로 대발전성을 띠고 있는 것이 일

13 한치진(韓稚振, 1901~?) 일제강점기 『신심리학개론』, 『사회학개론』, 『최신철학개론』 등을 저술한 철학자, 사회학자.

14 孟子 盡心篇 君子三樂 구절 '仰不愧於天, 俯不怍於人(앙불괴어천이면 부불작어인)' 고개를 들어 하늘에 부끄러움이 없고, 고개를 숙여 사람들에게 거리낌이 없다.

락이다.

대한의 공생주의를 실천하여 세계의 모범국가가 되도록 노력하기를 맹서함. 대한일보 기사를 명확히 하며 언론을 공평 신중히 하며 전인류 생활에 유익한 사업을 하여서 신문으로서 국내 국외 전세계 모범 신문이 되도록 노력하기를 맹서함.

8월 3일 화

오전에는 임영신 여사가 미국에서 귀국 환영이 있고 오후에는 각원(閣員) 일부 피선 발표가 있다.

8월 15일 일

금일은 해방 기념일이요 겸하여 우리 대한정부 수립 축하일이므로 오전 10시부터 12시까지 충주 교현국민학교 대광장에서 축하식에 참례하고 지국에 대금을 청구 독촉.

8월 21일

오전에는 이청천 의원을 심방하고 하오 3시로 7시까지 수도그릴가서 재감(在監) 애국동지석방원호회 좌담회에 참석하고, 동 8시에서 9시 반까지 조소앙을 심방하여 담화함

8월 24일

부산역 수하물계 가서 신문을 조사[15]

[15] 부산지사에서 신문 발송 수량을 확인할 것을 요구하여 조사.

과거 부산 지사장 송경영[16] 씨를 심방하여 대금을 독촉하고 대한일보 발전책을 협의한 후 단군전 봉건회 간부와 대동청년단 도단 간부를 심방하여 대한일보 지사 후원을 청탁함.

9월 12일 일

하얼빈에서 온 전 고려청년단[17] 간부로 현 부산 대청 간부인 이운형 동지를 만나고, 오후에 경남지사 부사장 김영진 자택에서 지사 운영 강화 방침에 대하여 간부 간담회를 하다.

9월 14일 화

대구지국에서 신문 보증금으로 영수하고 12열차로 신탄역까지 도착하여 선행한 부산에서 출발한 해방차가 목포 출발 해방차와 추돌되어 부강과 내판 사이에서 사고로 인명의 사상이 발생하여 뒤에 가던 이차까지 운행 불능으로 차내에서 밤을 보내다.

(급행권까지 매수하였으나 12열차가 대구에 선착하였으므로 돌연 이 생각에 선도한 완행차를 타겠다고 승차하여 무사한 것은 마음으로부터 한배검님과 부모 조상의 영혼이 도우심을 감사히 여기며 일반 승객들도 이 말을 듣고 그렇게 여기니 이는 진실로 단군 한배님이 나로 하여금 대한 남북통일의 완전 독립으로 민생 문제 해결의 일을 더하게 하심을 확실히 깨달았다.)

9월 18일

오전에는 수원경찰서 이해진, 윤태현 양 씨를 심방하여 대한일

---

[16] 송경영(宋敬永) 부산에서 건국대학 설립.

[17] 1945년 조직된 우익청년단체.

보 지국 설립 건을 협의하고, 오후에는 이필훈, 양규봉 이만복 3씨와 경훈군을 심방하여 공생주의[18]를 선전하고, 화물자동차로 7시에 서울로 가서 회사에 들어가 또 경상남북도 출장 준비를 하다.

9월 25일 토

기사에 반공구국총궐기 국민대회를 좋지 않게 비평한 일을 질문하기 위하여 이관운 씨와 동반하여 동아일보 사장과 편집국장을 찾았고, 오후에는 윤재욱 의원이 국회에서 제안한 사실[19]에 담화차로 대동청년단 본부에 가서 이청천 장군을 심방하다.

9월 28일 화

금일은 대한여자국민당[20] 전국대표대회에 나가서 민중당을 대표하여 축사를 함.

10월 2일

오전 3시로부터 하오 3시까지 양곡 문제에 대하여 국회의원 제위에게 고함이라는 제목으로 원고를 써서 사장에게 전하고, 5시 차로 7시에 수원 도착하여 매산역에서 한국반공단장 강연방송을 청취하고 9시에 본수원 역전 경훈 집에서 숙박함.

---

18 공생주의(共生主義)는 이종형이 1947년 9월 9일부터 12월 7일까지 대한일보에 55회 연재한 것을 같은 제목으로 책을 발간함.

19 친일파 처벌을 위한 반민족행위처벌법(反民族行爲處罰法).

20 대한여자국민당(大韓女子國民黨) 1945년에 임영신, 이은혜(李恩惠) 등이 창립한 우리나라 최초의 여성 정당.

10월 4일

오전 3시 기상으로 5시 반까지 민생 문제를 연구하고 8시까지 수원경찰서장을 자택으로 심방하여 대한일보 수원지국설립과 양곡 문제에 대하여 협의하다. 8시 30분발 화물차로 신갈 도착하여 기흥면장과 파출소장 전 지국장을 심방하여 대한일보 지국 설립과 양곡 매입법에 대하여 의논하고, 오후에는 구성면 보정리에 도착하여 민생 문제 해결 방법을 토의하다.

10월 5일 화

오전 3시에서 8시까지 "대한민국의 민생 문제 해결은 민중 자신이다"라는 기사 원고를 쓰고, 심영섭 씨와 용인 수지면 면장을 심방하여 민정 사정과 양곡 문제에 대하여 담화하다. 오후에는 산의실 생질 심응선 집에 도착하여 숙박함. 공출에 대하여는 도시 농촌을 막론하고 일률적으로 절대 반대하더라.

10월 8일 금

조회 후에 반공단 감찰위원회에 지도위원 자격으로 방청함. 하오 4시로 5시까지 조성환 씨 사회장을 각 애국단체가 연합하는 데 참석하다.

10월 9일 토

금일은 한글 502년 기념날이므로 정부 이하 각 관공서와 일반 학교 사회단체에서 공휴를 함

사장 자택에서 반공단 중앙위원회에 방청으로 참석하고 오후에

는 참석하고, 오후에는 이종형 씨가 동대문 갑에서 국회의원 입후보[21]에 대하여 협의함.

10월 13일 수

오전에는 동대문갑구 욱구 동부 20구로 24구까지 선거 유권자 가택 방문에 이상원 김종완 양 씨를 정하고 욱구 서부 25구로 27구까지는 윤봉실, 이달영, 안용범 3씨를 정하다.

재정 관계로 12시 20분에 이관운 씨와 함께하여 수원 출장을 함. 하오 3시까지 수원경찰서 도착하여 이해진 씨와 5시 반까지 협의하고 고려여관에서 숙박하며 야간에는 윤태현 씨와 방침을 의논하다.

10월 14일 목

오전에는 차재윤 씨와 농업 증산, 조림, 수산, 목축 등 사업으로 민생 해결을 협의하고, 오후에는 양규봉, 홍사훈 제씨를 심방하여 이종형 씨 선거 원조를 언급하다.

10월 17일 일

오전에는 대종교 총본사에서 경배를 보고 오후 조소앙, 임원순, 조병현 제씨를 선거에 응원을 부탁하다.

---

21 동대문갑 지역구는 5.10선거에서 이승만이 당선되었다가 대통령 취임으로 10월 30일 보궐선거 실시.

10월 20일 수

오전10시부터 하오 3시까지는 욱구 동부 1통장 이복남, 2통장 심영택, 3통장 이동섭, 4통장 박래수, 5통장 김대윤, 7통장 형인식, 8통장 송재경, 9통장 신두현, 10통장 이수면, 11통장 유관식 제씨를 심방하여 선거에 협력을 청탁하고, 4시 반에서 7시까지는 돈암국민학교에서 동대문갑구에 입후보한 홍성하, 한장렬 ,장운송, 노상기, 강태연, 김형동, 이종형, 이명호, 황한성 제씨의 종합 정견 발표를 청취하다.

10월 25일 월

오전 10시에서 하오 4시 반까지는 욱구 동부에서 선거에 대하여 시무하고 그 후에는 이청천 씨 댁을 심방하여 이종형 씨에게 응원을 부탁하다.

10월 26일 화

인우회장 정원화 씨를 심방하여 선거 응원을 부탁하고 하오 3시까지 유권자 제씨가 방문을 하고, 6시 반까지는 출마한 이종형 씨와 동반하여 욱구 동부와 서부의 통반장을 심방하다.

10월 30일 토

(동대문갑 선거)결과 1. 홍성하 2. 이종형

오전 5시 기상으로 하오 7시까지 선거에 시무한 결과를 이상과 같이 욱구 동, 서구의 보고를 받으므로 이종형 씨에 대한 동대문 갑구에 선거사는 일단락을 고하다.

선거하는 도중에서 돌연히 국군 반란 여수 순천 대사건에 국족(國族) 혈족 상잔으로 인명 살상이며 방화 파괴 등을 걱정하고 염려하여, 이것을 방지할 생각으로 전 정신을 거기에 집중하고 도로 위의 어떤 것도 아무것도 염두에 두지 못하고 오다가, 파출소 전 천변 10여 척되는 지점에서 실족하여 낙상을 당하다. 정신을 차리지 못하여 헤매던 차에 청년 김광현 군 외 3, 4명의 구호로 업혀 동소문 병원에서 응급 치료를 받고 또 이들 청년 4인의 간호로 자동차로 집에 돌아와 요통으로 가족 전체의 구호를 받으며 잠을 이루지 못하고 밤을 새우다.

11월 1일 음(개천 4405년)

오전 3시에서 7시까지 이번에 회생치 못할까 염려하여 생각한 바는 단군성조의 뜻을 받아 대종교인과 대한 민중이 할 일을 세상에 전한다.

단군 한배 말씀

개천 4405년 기념일을 맞이하여 할 일을 나의 143세손 경의원(經義院) 비서 이영선을 시켜 말하니 대종교인과 대한민중은 명심하여 듣고 잘 실행하라.

지금 온누리는(全世界) 좌(左), 우익(右翼)이 싸우고 있다. 원래 좌익이니 우익이니 하는 말은 날짐승에게 대한 말이지 인류에는 당치 아니한 말을 무리하게 사람들에게 붙여 가지고 날짐승의 행동을 하고 있다. 금수가 서로 잡는 것을 사람들이 미워하는데 하물며 사람이 서로 잡는 것을 어찌 차마 보겠는가?

우익의 영도자 이승만은 무모하고 좌익의 영도자 김일성은 우둔하다.

김일성이 30년 전에 로서아(러시아)에서 그 나라에 필요한 혁명 사업이었던, 살인 방화 파괴가 금일 우리나라에는 건국에 지장이요, 민생에 방해적인 그 법을 자기 어려서 보고 배운 바 그대로만 실행하려 드니 우둔하기 짝이 없다.

이승만은 수십년 처가살이 하다가 지금에(는) 본가살이를 하는 터에 본가 식구에 심리를 맞추어서 살림을 하지 못하고 습관은 제2천성으로, 본가족은 방공호 속 천막 밑 생활을 면치 못하는데, 처가족은 고대광실(高臺廣室) 고루거각(高樓巨閣) 생활을 하게 하며 본 가족이 원하는 바 시정 방책은 목소리를 듣지 않고 처가족이 청하는 바는 다 듣는 것처럼 되어 있으니, 개인으로서는 부부일신격으로 상관이 없겠지만 민중 전체로 봐서야 어찌 섭섭한 감이 없겠는가. 무모하기 짝이 없다.

이런 무모 우둔한 영도자에게만 방임하여 두면, 장래에 이승만 뒤에는 일군(日軍)이 재무장 상륙하며, 일군 뒤에는 미군이 달려 들어오고, 김일성 뒤에는 팔로군(八路軍)이 달려들고, 팔로군 뒤에는 소련군이 달려드니 시초에는 동족 전쟁이 벌어지고 중간에는 황인종끼리 전쟁이 되고 종말에는 미소(美蘇) 결전을 본다면, 반만년 혈통의 3천만 민족은 어육(魚肉)[22]을 당하고 3천리 금수강산은 다시 짐승의 보금자리가 되고 말터이니, 만약 실상을 알고 방임하였다가 그렇게 된 뒤이면 삼천만 식구는 어느 땅에서 생활을 하며 나의 영(靈)은 어느 곳에 의탁하겠는가?

대종교인은 대한의 정체(正體)가 되어 좌던 우던 상해(傷害)하지 말

[22] 생선과 짐승의 고기를 짓밟고 으깨어 결단난 상태의 비유.

고 좌우 수족과 같이 하며 남북을 통일시키고, 대한 민중은 온누리에 정체가 되어서 중국의 좌우 싸움을 말리고 세계의 좌우 전쟁을 말리면 이것이 대종교인과 대한 민중이 할 일이며, 이것이 제3차대전을 미연에 방지하는 것이요, 대한민국이 완전 자주독립국으로서 3천만 민중이 행복스러운 생활을 하여가는 동시에 전인류 중에 고통을 받는 사람을 구출하여 다 같이 행복한 생활을 하는 정로이니 힘써 실행하기를 다시금 부탁한다.

이상의 말씀은 도형이나 경의원장이 받아서 전할 일인데 경의원 비서 이영선이가 받들어 전달하는 이영선 개인으로서 대단 죄송스럽게 생각하는 바이다.

오늘 목영국 동지가 내방하고 대한일보 총무 임종만, 정치부장 김현주, 편집고문 현창규 3씨는 본사를 대표하여 내방하고 장사동 매제와 돈의동 종손부는 자동차로 의사를 안내하여 내문하고 그 외로 10여 명의 노소남여 동지가 수소문하여 차례로 내방하다.

11월 2일 월

본사 사원 2명이 사장의 전갈로 내방하여 담화한 후, 단군성조의 말씀을 개천절식 거행시에 대독하여 달라고 사장에게 기록하여 전하다.

이규동, 김중화, 신대식, 서상혁 외 4, 5동지가 내방하다.

12월 8일 수

금일은 왜적이 제2차대전에서 소위 대동아전이라고 선전포고를 한 7주년째 되는 날이다.

그간 다쳐 누워있는 중에 〈대한일보(大韓日報)〉[23]와 〈민중일보(民衆日報)〉[24]가 국회와 정부를 비판한 기사가 있다고 하여 12월 20일부로 폐간을 당하였으므로 금일 대한과 민중 양 간부와 신문 발행할 일을 협의하다.

12월 9일 목

오늘 국제연합 총회 정치위원회에서 대한민국을 승인하기로 결정하다. 합법적 정부를 선포 '국련(UN)'서 새로 한국위원회(한위)를 조직 유엔서 41대 6으로 가결하다.

신 '한위' 7국으로 구성 점령군 조속 철퇴를 감시하기로 결정하다.

나도 대한 민중의 한 사람으로 독립운동에 40여년 정성을 쌓아 하늘이 도와 세계 각 우방이 협조하여 금일 국제 승인으로 완전독립의 선포를 충심으로 경축하여 남북통일과 민생 해결에 일층 노력하기를 맹서한다.

---

23 대한일보는 반민법이 공포된 바로 다음 날인 1948년 9월 23일, 사장인 이종형 등의 주동으로 '반공구국 총궐기대회 및 정권 이양 축하 국민대회'란 군중집회를 개최하여 반민법을 성토하고, 주동 국회의원들을 공산당의 주구라고 몰아치는가 하면, 사설 기사 등을 통해 공공연히 반민법을 공격하였다. 신문은 기사를 통해 연일 대통령에게 반민법을 보류하고 적색 매국노를 우선 소탕하라고 요구하였으며, 반민법을 제정한 의원들을 공산당의 주구나 매국노로 모독하고, 심지어 국회를 공산당소굴이라고 까지 공격하였다. 이후 '국난에 대경종(大警鐘)이라는' 특집을 간행하였다가 공보처에 의해 1948년 12월 2일 651호 발행을 마지막으로 12월 3일 허가취소 되었다.

24 민중일보는 역사학자인 장도빈이 발행한 신문이었기에 국사 강좌, 지사의 추억, 명사의 편영 등 역사를 다룬 기고문들이 많았다. 당시 신문 판매 부수는 미군정이 발간한 「조사월보」에서는 1947년 9월 발행 부수는 1만 2천 부였다. 광복 직후 좌우대립의 혼란스러운 정치적 상황에서 민족주의 언론의 정도를 걸었다는 평가를 받기도 하였으나, 1948년 12월 2일 정부를 비난한 혐의로 결국 폐간되었다.

12월 13일

파리 유엔 총회에서 48대 6으로 대한민국을 정식 승인한 선포가 각 신문사 호외로 발표되다.

이에 대하여 국민은 진심 성의로 축하하는 것이 가가호호 방방곡곡에 표시되더라.

12월 15일

오전에는 정부 이하 각층각계와 시민 노소남녀와 각 사회 단체에, 중학 이상 남녀학생 단체에서 각양각색으로 국련(UN) 축하 준비를 하여 서울운동장으로 운집하는 것을 관찰하며 진심으로 축하하고, 오후에는 한국반공단 서울시 중구단부 결성식에 축사를 하다.

12월 16일 목

오후에 동지 이종대[25] 씨가 내방하여 남북통일 방법과 자국 증산 사업으로 민생 문제 해결책을 협의하다.

12월 19일 일

대종교 총본사에서 경배를 마친 후에 도형 윤단애장(尹檀崖丈)에게 백일 원도(願禱) 경과와 대종교 장래 발전 표책(表策)을 청취하고, 나로서는 남북통일과 농, 공, 광, 임업과 목축, 수산 기타 생산으로 민생 문제 해결 방법을 보고하다.

---

[25] 이종대(李鍾岱, 1897~?) 호는 육산, 함경남도 안변 출생. 영길현(永吉縣) 한교동향회장으로, 정의부의활동 후원. 중국어학연구사와 영신모범농장을 경영하였으며, 해방 후 청주시장을 역임.

12월 21일 화

이규동 동지가 내방하여 근일 국내외 정세를 담화하고 중국 귀환동포호조동맹에 대하여 진행 방침을 토의하다.

12월 23일 목

오전에 인우회장 정원화 씨를 오후에는 조병렬 씨를 각 방문하여 중국 귀환동포호조동맹의 무역건을 협의하다.

무역국 기획과장 조범행 씨를 심방하여 호조동맹의 무역사를 협의하고 진행 방침을 토의하다.

12월 26일 일

대종교 총본사에서 상오 12시부터 경배를 시작하고 강도(講道)에는 정모 씨가 '國有玄妙之道 曰風流 設敎之源 備詳仙史 實內包含三敎 接化群生 且如入則孝於家 出則忠於國 魯司寇之旨也 處無爲之事 行不言之敎 周柱史之宗也 諸惡莫作 諸善奉行竺乾太子之化也'[26] 라는 제목으로 약 한 시간하고 도형(윤세복(尹世復)) 씨가 강수회(講修會)를 시

---

[26] 崔致遠 鸞郎碑 序文
"나라에 현묘한 도(道)가 있으니 풍류(風流)라 한다. 그 교(敎)를 창설한 내력은 仙史에 자세히 실려 있으니 실은 삼교(유교, 불교, 도교)를 포함하고 있는데 만물을 접하여 교화한다. 들어와서는 집에서 효도하고 나가서는 나라에 충성하는 것은 노사구의 뜻과 같은 것이요 무위로 일을 처리하고 말없이 교를 행함은 주주사의 종지(宗旨)와 같은 것이요 악한 일은 하지 말고 선한일은 받들어 행하는 것은 축건태자의 교화와 같은 것이다."
노사구: 공자가 노나라에서 대사구의 벼슬을 하였으므로 공자를 말함.
주주사: 노자가 주나라의 주하사의 벼슬을 하였으므로 노자를 말함.
축건태자: 축건은 천축의 별칭으로 인도를 일컬음이요 태자는 석가를 말함.

작하는 이유와 취지를 약 2시간 설명하시고 신성모[27] 씨 소개를 한 시간하다. 신성모(徹), 호 소창(小滄), 자칭 소년조선(少年朝鮮,) 어린놈. 경남 의령인.

12월 30일

이규동, 정원화, 조기행 이영선 제씨의 협의로 중국 귀환동포호조동맹 임시 사무실을 종로 한청2층 용우회(인우회) 내에 정하기로 결정하고 조기행 씨 댁에서 협생산업주금 회수분 5천 원을 영수하여 최마리 씨의 대리 박거영 씨에게(대지백화점)로 전하다.

[27] 신성모(申性模, 1891~1960) 경상남도 의령 출신, 독립운동가, 호는 소창(小滄), 국방부 장관 역임.

2. 단기 4282년(1949)

1월 1일 토

노소간에 말하기를 봄비(春雨)는 일비요, 여름비(夏雨)는 잠비요, 가을비(秋雨)는 떡비요, 겨울비(冬雨)는 복비(원래는 술비)라 하는데, 3동(冬)[1]으로 1월 1일까지 눈이 한 번도 오지 아니하고 왕왕히 비만 옴은 60년 처음 겪는 일이라고 하더라.

오전 11시까지는 대종교 총본사에 가서 단군 천진께 참배한 후 도형에게 세배를 하고 서천맹지문(誓天盟地文)과 국회의원에게 고하는 글과 단군 한배 말씀 뜻을 전하여 드리고, 11시에서 하오 4시 반까지는 소격동 61번지 이종형 씨 자택에서 전 대한일보사원 현 문화시보 사원, 한국반공단원 30여 명이 집합하여 국사에 의논하고 반공단 중앙집행위원회에서 나 이영선이 부단장으로 피선됨에 사임하려다가 되지 아니하였다.(서울시단장을 겸임)

금년이 기축년(己丑年)이요 내 환갑인데 가족과 도형과 반공단원에게 아래와 같이 언명을 하였다.

과거 40여 년은 나 자신이 사회 국가에 대하여 소의 역할을 하여왔고 이제부터 여생은 일반 농민에게 농우(農牛)의 역할을 하겠다고 선언하였다. 농우가 민생에 대하여 어떤 역할을 하고 있는 해설을 각 신문에 보도 기재되어 있고, 세상이 잘 알고 있으므로 따로 설명치 않는다.

[1] 겨울철 석달(음10, 11, 12월).

1월 4일 화

오전 10시에서 11시까지 기흥면 상갈리 동리 노소남녀 36, 7명이 모여 강연을 청하므로 지(知), 식(食), 의(衣), 주(住), 행(行)에 대하여 난관을 자신으로 각각 돌파할 것을 간담식으로 하다.

오후에는 이종영[2] 군 친상(母親喪) 조상을 하고 맹원섭[3] 군을 심방한 후 김학조 씨 댁에서 유숙하면서 40여 성상의 적조하였던 회포를 풀며 밤을 보냈다.

1월 5일 수

오전 10시 출발하여 용인군 김량에 도착하여 정우용 동지를 심방하고 조병주 동지를 심방하여 이봉화,[4] 이시홍[5] 등과 시국 문제에 대하여 담화를 하며 민생 해결에 밤을 보내며 토의하다.

1월 6일 목

오전에는 용인군수 고주현 씨와 약 1시간 정도 식량, 교육과 공회당과 학교와 일반 민생에 대하여 간담을 하고, 오후에는 원삼면 문촌리 정동로[6] 씨 호 관란재 댁 방문하여 밤에는 동리 유지 여러 분과 좌담을 하다.

---

2 이종영(李鍾英) 맹보순의 외손자, 이희덕의 아들
3 맹원섭(孟元燮) 맹보순의 손자, 두섭(斗燮)이라는 이름도 썼다.
4 이봉화(李鳳和) 高陽郡 崇仁面 貞陵里 거주
5 이시홍(李時鴻) 용인면 김량장리 능촌 거주
6 정동로(鄭東魯) 안성 출생, 호 관란재(觀瀾齋), 저서로『관란재일기』.

1월 7일

오전에는 동리 구장 집에서 부녀에게 필요한 계몽 강연을 하고, 오후에는 밤 12시까지 정동로 씨 제 2자인 정영대 군 집에서 동중 남자 노인 청소년 연석 좌담을 하다.

1월 12일

호 우정(雨汀) 조기선 선친의 새벽 제사를 마친 후 산소에 성묘를 하여 아래와 같이 고하였다.

> "기선 군과 저는 골육으로 형제가 아니나 의로는 확실한 형제입니다. 살아계실 때 배알치 못함이 미안하오나 제가 저를 다 길러주신 부친 별세할 때와 소 대상에 참례치 못하고 의형제 부친 소상에 참사(參祀)하고 성묘함을 친부친 묘소에 참배하는 성의로 합니다. 제가 40여 성상에 부모에게 불효죄는 막대하오나 공적 국가와 민중에게는 죄를 짓지 아니하였사오며 이 앞으로도 있는 힘, 있는 정성, 있는 생명을 국가를 위하고 동포를 애호하여 전 인류를 위하기로 맹서를 하오니 저의 선친 영혼과 연락하시며 단군성왕조 이하의 국가 민족과 전인류를 위하여 일을 하시다가 가신 선열이 다 같이 저희 무리를 돕고 도우사, 저희에게 큰 지혜와 큰 힘을 주옵시와 급속히 무혈 성공의 남북통일 민생 문제 해결로 완전 자주독립 국가가 되게 하여 주시기를 원합니다."

1월 13일

그동안 기선 동지 전 가족에게 후대를 받고 오전 8시 출발하여 죽산에서 버스를 타고 하오 3시 반에 서울 본사에 도착하여 이종형 씨에게 방금 일어난 상황[7]과 (대한일보)사와 (한국반공)단 경과 보고를 청취하다.

1월 15일 토

오전에는 부통령 이시영 씨를 심방하여 신년 인사 후 (이종형 씨 일로) 10분간 담화하고, 오후에는 상공장관 임영신 여사에게 안동군 국회의원 (보궐선거) 당선에 축하를 하다.

1월 16일 일

하오 2시까지 족질 이경훈 씨를 심방하여 시국과 종중일에 대하여 담화하며 오찬에 후대를 받고 3시 반까지 변호사 최종석 씨를 심방하며 일오(一悟, 이종형의 호)일을 의논하고, 7시까지 이규동 씨를 심방하여 중국귀환동포호조동맹 일을 협의하고 귀환하다.

1월 18일, 19일

18, 19 양일은 요통 치료에 전념하려고 출근하지 못하고 19일 오후에 순천농림중학교 교원인 고 남자현의 장손 김시련 군이 인사차로 내방하여 전남 여수순천반란사건의 경과를 청취하다.

1월 23일 일

이규동 씨와 이종대 씨를 심방하여 담화하고, 대종교 총본사에서 경배를 본 후 도형과 담화하고, 용우회 정원화 씨를 심방 한 후 장

---

[7] 이종형은 친일민족반역혐의로 반민특위에 의해 1949년 1월 10일 자택에서 체포되었다.

사동 매제가에서 유숙하다.

1월 24일

오전 5시 기상하여 인천행하여 송림동 222의 21호 최태산[8] 씨를 심방하여 몇 시간 담화하다. 오후에는 부청(府廳) 서남편 중국인 집인 의성행 내 장건민과 인천우편국 앞 조선농회를 방문한 후 각국(만국)공원에 올라 월미도와 인천 전경을 전망 관찰하고 하오 5시 25분차로 상경하다.

1월 25일

오전에는 「민국일보」[9] 사장 조중서 씨와 후암동 105의 18호 거주하는 청년당 최고위원 손기업[10] 씨를 경찰전문학교 내에서 심방하여 담화하고 오후에는 중앙 감찰위원 최명수를 심방하여 담화하다.

1월 27일 목 청

오전에는 김성삼[11] 씨를 심방하여 담화한 후 중앙청으로 김태원

---

8 해방 직후 한국독립당 북경특파원

9 「민국일보(民國日報)」 1948년 11월 23일 창간된 일간신문. 대배판 2면으로 발행되었고, 출판 허가는 1946년 12월 30일 받은 것으로 확인된다. 대한민국 정부 수립 이후 창간된 것으로 친정부적인 성향이 강하게 보이며 미군정의 좌익계 신문 탄압으로 1946년 9월 폐간했던 현대일보사(서울 종로구 관훈동) 사옥을 인수해 신문을 발행했다.

10 손기업(孫基業, 1903~1985) 독립운동가, 호(號)는 산남(山南), 독립운동 단체를 조직해서 일본 정부 요원을 암살하는 계획을 수행하다가 체포돼, 뤼순 형무소에서 10년간 옥고를 치렀다.

11 김성삼(金星三) 여성독립운동가 남자현의 아들.

씨를 심방하여 담화하고 오후 5시 25분 차로 본수원 역전 재종질 경훈 집에서 유숙함

2월 7일 월

오전에는 용우회장 정원화 씨와 동반하여 명제세, 김태원 씨를 심방하여 각각 담화하고, 오후에는 중국귀환동포호조동맹 사무실에서 이규동, 이영선, 허영백,[12] 박명진, 정만교 제씨가 동맹의 사업 진행 방침을 협의하다.

2월 8일 화

오전에는 이취성 여사와 신문사 진행 방침을 협의하고 오후에는 김태원 동지와 상훈국장과 상훈국 기정 강신석 군을 심방하여 담화하다.

(UN)신한국위원회 7개국 대표는 여하함.

1. 필리핀(比律賓) 2. 씨리아 3. 인도 4. 엘살바도르

5. 프랑스(佛國) 6. 중국 7. 호주

2월 10일 목

오전에는 조기행 씨와 동반하여 정기섭 씨를 방문한 후 정원화 씨와 작반하여 상훈국장과 기정을 심방하여 담화하고, 오후에는 이규동, 정만교 양 씨와 호조동맹과 신흥학우단 일을 협의하다.

[12] 허영백(許英伯) 본명 허광옥, 신흥무관학교 출신, 독립운동가.

2월 11일

오전에 동맹 이사장 이규동 외 4, 5명 간부와 사업 방침을 협의하고, 오후에는 이사장이 시무 7개월 만에 처음 수입으로 거마비 만 이천 원을 영수하였다하여 그 금액 중에서 기념품으로 자기는 회중시계 1개를 4천5백 원에 매입하고, 나에게 1개 대금으로 오천 원을 삼성시계점에 선불하다.

2월 13일 일

오전에는 중훈, 관훈과 문중 및 일반 민중의 경제를 확립하시기 위하여 용수농공호조사를 창립하여 사업 진행할 것을 협의하고, 오후에는 서상혁 씨를 심방하여 시국 담화를 한 후 유만응 씨와 남북을 통일하고 민생 문제를 해결하는 방법 협의하다.

2월 14일 월 풍

오전에는 오광선, 김영숙 양 씨를 심방하여 각각 담화하고, 오후에는 호조동맹에서 시무하다.

2월 15일 화

오전에는 상훈국내 강신석 기정을 심방하여 담화하고, 오후에는 한국반공단 상무집행위원회에서 강화대책위원 9명을 선정하여 전체 강화 발전을 위탁하고 하오, 6시 반까지 정원화 씨 만찬 초대에 출석하다.

2월 19일

오전에는 (한국반공)강화대책위원회에 출석하고, 삼성당 주인 정원화 씨와 조기행 씨를 심방 담화하고, 어경복 씨와는 대한일보의 앞으로 대책을 협의하였으며, 또 중앙청 내 외자관리처에서 김태원, 김용방 양 씨와 담화하고, 애국협회내 최창규 동지를 심방하여 담화하다.

2월 24일 목

오전에는 (한국반공) 강화대책회로, 호조동맹으로 (대표하여), 대종교 총본사에서 박남파(찬익) 대형(大兄) 영결식에 참례하고, 오후에는 동맹사무실을 군에서 점령하는 관계로 5시까지 시무하다.

2월 27일 일 대풍

목영국 씨와 동반하여 김일환[13] 군을 심방 담화하고, 오후에는 홍경식 동지와 삼일혁명동지회에 가서 여러 동지와 담화하다. 삼성시계점에서 회중시계 1개를 영수하다.

2월 28일

오전에는 김태원, 강신석 등을 심방하여 담화하고 중국귀환동포 호조동맹 사무실을 북창동 84번지 전 대한일보 사옥으로 이전하고, 오후에는 이규창 씨를 심방한 후 정원화 씨에게 현금 일만 원을 빌리다.

---

13 김일환(金一煥, 1914~2001) 강원도 철원군 출신, 봉천군관학교 졸업, 만주군 육군 장교, 해방후 국방부 차관, 상공부 장관, 교통부 장관 역임.

3월 1일

금일은 3·1절 만 30주년 기념일이므로 일반은 서울운동장에서 기념식을 거행하고, 각 학교와 단체에서는 각기 직장에서 식을 거행하고, 나는 삼일혁명동지회에서 4, 50명의 동지와 식을 거행하며 남북통일의 실천 방법을 강연하다.

3월 2일 수

오전에는 한국반공단 상무위원회에 출석하고, 오후에는 이규창[14] 선거사무소를 들려 당주동 남일약방 주인 남태원[15] 씨를 방문하여 협의하다.

3월 3일 목

오전에는 (변호사) 최종석 씨를 심방하여 담화하고 용인 원삼면 정영대 씨 홍근유 양 씨를 을지로 2가에서 만나 오찬의 대접을 받다.

3월 5일 토

하오 1시 정각에서 3시 45분까지 한국반공단 대표자대회에서 나는 개회사를 하고 대회 결의로 단명은 대한반공총연맹으로 개칭하고 기구를 혁신하여 위원장은 신익희 씨가 피선되다.

---

14 이규창(李圭昶, 1889~1963) 부통령 이시영의 장남, 신흥강습소를 졸업하고 신흥무관학교의 학감 및 군사과) 교무, 교사 등으로 활동.

15 남태원(南台元, 1894~1968) 용인 모현면 출생, 유신의숙 개설.

3월 6일 일

오전에는 대종교 총본사에서 경배를 보고 오후에는 강목사 병주[16] 씨와 중국귀환동포호조동맹 사무실에 대하여 협의하고 삼일혁명동지회에서 시무하다.

3월 7일 월

금일은 신흥학우단장 이규동 씨, 총무 허영백, 부단장 박명진 제씨와 이규창 씨 국회의원 출마하는 데 협력하기로 하고 선거후원회에 가입하다.

3월 10일 목

오전에는 김태원, 김환덕 양 씨를 심방하여 담화하고, 오후에 (삼일)혁명동지회에서 박관해, 김홍순 양 씨를 만나서 민생 문제 해결책을 토의한 후 박관해 형이 오반을 접대하다.

3월 11일 금

오전에 이규창 씨 선거사무소에서 시무를 하고, 오후에는 삼일혁명동지회에서 시무하다.

3월 12일 토

중앙청에 김태원 씨를 심방하여 담화하였으며, 오후에는 교동국민학교에서 국회의원 입후보 이규창 선생 후원 이사회에 출석하다.

---

[16] 강병주(姜炳周, 1882~1955) 목사, 이종형 부인인 이취성(본명 姜信祥)의 아버지.

또 삼일혁명동지회 월례회에서 이영선이 중앙위원에 피선되다.
※ 삼일동지회 시국대책안 기초위원
홍주 허영백, 채수반, 길정호, 이영선

3월 13일

금일은 대한반공총연맹 위원장 신익희 씨와 부위원장 강기덕 양인의 취임 환영회를 공익루에서 열고 식순에 의하여 나는 환영사를 하다.

3월 15일 화

오전에는 외자총국 비서실장 김태원 씨를 심방한 후 대종교주 단애 도형과 장유순[17] 씨가 부통령 이시영 씨를 면회하여 대종교 발전책을 약 한 시간 담화하시며 대교 발전을 위하여 부통령이 5만 원을 10개월간 분납하신다고 함. 오후에는 최준식 씨 형제와 생질 심준선군이 내방하여 수산담수 양어와 정미업 생산 등을 협의하다.

3월 16일 수

오전에는 삼일혁명 동지회에서 건의안을 협의하고, 오후에는 호조동맹 이규동 씨와 함께 이규창 씨 댁에서 선거 방안을 협의하고, 그 후에는 이규동 씨와 동반하여 이용조 씨를 심방하고 선거의 후원을 부탁하다.

---

[17] 장유순(張裕淳, 1877~1952) 경기 개성 출신, 대종교 활동한 독립운동가, 호는 야은(野隱).

3월 18일 금

오전에는 김백주 대형을 심방하여 담화한 후 이진구[18] 씨와 3인이 동반하여 부통령 이시영 선생을 심방하고 대교 발전책과 국정의 민생 문제 해결책을 상세히 담화하다.

3월 19일 토

오전에는 이청천 장군을 심방하여 최준식 씨 형제가 청구한 바수산 담수 양어 경영에 추천서를 얻어다 주고, 오후에는 이규동, 허영백, 박명진 3씨와 함께 이규창 씨 선거에 후원을 하다.

3월 22일 화

금일은 이규창 씨 선거일로 종로 을구 원남동 유권자 중에 6, 70호를 방문하고 하오 5시경에 정영대 동지가 내방하다.

3월 23일 수

김영숙, 김홍순 동지와 작반하여 재동국민학교에서 이규창 씨 정견 발표의 찬조 강연을 청취하다.

3월 25일 금

오전에는 국무총리 이범석 씨를 면회하여 삼일혁명동지회에서 건의하는 취지를 설명한 후 시국 담화를 하고, 오후에는 이인 씨 선거후원회 서용길, 이강우 씨외 청년 대표의 찬조 강연과 본인의 정

---

[18] 이진구(李鎭求, 1887~1961) 충청남도 부여 출신, 호는 위당(韋堂), 대종교 활동, 광복 후 참교로 임명.

견 발표를 청취하다.

3월 27일 일

시공관에서 신익희 의장 "우리의 각오"와 임영신 상공장관의 "상공 발전대책"과 안호상 문교장관의 "진정한 민주교육"이라는 각 강연을 청취하고, 오후에는 효제국민학교에서 황애덕 여사, 백남훈 씨, 박명진, 이인, 장택상 여러 사람의 종합 정견 발표를 청취하다.

3월 28일 월

삼일혁명동지회 월례상무집행회의에서 임원보선으로 내가 중앙위원의 1인으로 외무부장에 피임되다.

3월 29일 화

오전에는 삼일혁명동지회 총무 홍주[19], 채수반[20] 양 씨와 농림부장관 이종현 씨 면회하여 농림 행정에 관한 담화를 하다. 오후에는 1시에서 3시 50분까지 반민특위 재판정에서 이종형 씨 재판에 방청을 하고 그 후에는 중국귀환동포호조동맹 이사회에 출석하다.

---

19 홍주(洪疇, 1897~1954) 평북 의주 출생, 3·1운동 때 의주에서 만세시위를 주도후 만주 망명. 대한독립단에서 재무부 회계로 활동. 해방 후 서울에서 3·1혁명동지회를 조직하여 총무부장 활동.

20 채수반(蔡洙般, 1900~1955) 평안북도 영변 출신, 흥사단(興士團) 단원, 농우회(農友會) 활동.

3월 30일 수

신흥무관학우단원 중에서 30명이 육군사관학교[21]를 졸업하고 호국군 장교로 취임하게 되므로 신흥대학 강당에서 환송식을 거행함에 축사를 하고, 하오 2시에서 3시 반까지 태고사에서 이희엽 단원의 추도식을 거행하는데 학우단 일동의 추도문을 낭독하여 주다.

3월 31일 목

오전에는 명제세, 김태원 양 씨를 심방하고 오후에는 삼일혁명동지회에서 김중화, 이영선, 이규동 3인의 회갑과 동지회원 중 8명의 육사 졸업 축하를 겸행하므로 3인 회갑 축사에는 답사를 이영선이 하고 졸업 축하에는 졸업자 중에서 1명이 답사를 하다.

4월 3일 일

오전에는 대종교 총본사에서 경배를 본 후 도형과 시국 담화를 하고 오후에는 대한반공총연맹 사무실에서 신흥무관학우단 정기총회에 출석하여 중앙집행위원으로 피임되다.

4월 7일 목

금일은 음 3월 9일 나의 61세인 회갑이므로 장, 차, 3남 3형제의 진력 주선과 온 가족이 동심 합력하여 준비한 결과로 경향 원근의 일가 친척이며 노장소(老壯少) 동지 백여 명이 회집하여 회갑식을 거행하며 축사와 축하문이 있어 답사를 아래와 같이 하다.

---

[21] 호국군훈련소를 개칭한 육군호국군간부훈련소로 보인다. 7월1일부로 육군호국군사관학교로 개칭.

"일년지계는 봄에 있어 공사간에 다망하실 것이며, 더욱이 우리 국민으로서는 백년, 천만년, 억만년계가 이 봄에 있는데 경향 원근을 마다하시고 이처럼 광림하여 주시니 대단히 감사함을 드리오며 겸하여 소감의 말씀을 드리겠습니다.

첫째 부모님이 사랑하시고 보호하시어 길을 잘못 디딜까 혹은 구렁에 빠지지나 않을까 항상 염려하시며, (맹동전)선생님이 교훈하시기를 국가가 위급한 때를 당하여 신명을 다 바쳐서 나라를 구하면 네 부모 처자와 자손만대의 행복을 누리려니와, 네 일신에 안일을 위하여 나라를 구하지 아니하면 자손만대의 노예를 면치 못할 것이니 신명의 성력을 다하여 나라를 구하라 하심이 어제 같은데 지금 부모와 선생이 계시지 아니하고 내가 회갑이라니 이것이 참이라면 일장춘몽이로다 하는 감이 있고.

둘째 부끄럽고 미안하고 황송합니다. 사회 국가와 가정에 대하여 아무 업적이 없이 회갑을 당하여 양력 3월 31일에 사회적으로 삼일혁명동지회에서 축하식을 거행하여 주시니 대단 미안하고 황송하오며 음 3월 9일에 가족과 친척이 또 회갑식을 행하여주니 부끄럽습니다.

셋째 책임감을 절실히 느낍니다. 국권만 회복되면 가사 국사 만사가 다 해결되려니 하고 40여년 투쟁한 결과가 작년 8월 15일에 국내적으로 정부가 수립되어 주권이 민중에게로 돌아오고 동년 12월 12일에 국제적 승인을 빛나게 받았으나 민족과 지역으로 남북통일이 완전히 되지 못하여 국내에 소수분자만 만족한 생활을 하지 대다수 민중은 아직도 도탄에서 헤메이니 원만히 남북통일을 하여 민생 문제를 해결하도록 성력신명을 다 받쳐 분투 노력하기를 맹서하는 동시에 개인으로서 집 없는 설움이 국민으로서 나라 없는 설움과 똑같아서 건가에도 가족과 협력하기를 겸하여 약속합니다."

이상과 같이 하오 2시에서 5시까지 식은 마치고 7시 반까지 연회 여흥을 하다.

4월 10일 일

하오 5시 이후 호조동맹이사장 이규동 씨 자택에서 본맹 사업국장 이종대 씨는 맹(盟)을 대표하고 조선수산상사주식회사 전무 황하문 씨는 사(社)를 대표하여 자국에 필요한 물자는 수입하고 외국에서 필요한 물자는 수출시킬 목적으로 양 씨가 일본으로 향발(向發)하므로 양 씨를 환송하는 만찬회에 참석하다.

4월 11일 월

오전에는 대한반공총연 국부장(局部長) 예회(例會)에 감찰부위원장 자격으로 출석하고, 오후에는 신흥무관학우단 상무집행위원회에 교양부장 자격으로 출석하다.

※ 신흥학우단 임원 명부

이병찬	성동구 신당동	총 무
박명진	성동구 신당동	부단장
오경순	이화동	사업부
한병익	동대문구 돈암동	재무부
박준		〃
이영선		교양부
박중무	용산구 한강로 2가	연락부

○ 집행위원

이규동 박명진 허영백 박구 박원진 이영선 전흥원 이병탁 박중무 오경순 권계환 이병찬 한병익 이의식 홍익선

○ 감찰위원

차용륙 김순도 이완규

이상 4월 11일 피선된 위원

4월 12일 화

오전에는 조기행 동지와 국무총리 이범석 각하를 면회하여 정기섭 동지를 보건부장관에게 소개하며 적재 적소로 인사 이동에 대한 담화를 하다. 오후에는 고양군 숭인면 정릉리 콘셋촌(근화촌)에서 대한청년단 서북대에서 청년호조동맹원 홍순겸 김병억 양 씨를 구타하여 중상을 입혔다 하므로 진상 조사차로 이사장 이규동 씨와 4,5인이 출장하였다가 하오 9시에 돌아오다.

4월 18일 월

오전에는 중국귀환동포호조동맹 사무실을 교섭차로 이사장 이규동 동지와 중앙관재처를 왕래하고, 오후에는 창경원을 심방하여 단체 관람 건을 원사무실에 알아보다.

4월 20일 수

오전에는 호조동맹과 삼일동지회에서 시무하고 오후에는 수원비행장내 농장 일로 김경렬, 안자경과 국방부내 제3과장 김동수 씨와 차석 민달식 씨를 심방하여 교섭하다.

4월 22일 금

오전에는 전국 중등 이상 남녀 학생이 총동하여 호국군[22]을 결성하러 서울운동장으로 진행함을 관람하고, 오후에는 수원비행장

[22] 중앙학도호국단 결성식.

내 농장 문제로 국방부 내 제3국 시설과장을 방문하여 교섭하다.

4월 23일 토

오전에는 수원농장 문제로 국방부 시설과장 김동수 씨를 면회하여 해결하고, 오후에는 삼일혁명동지회 상무집행위원회에 출석하다.

4월 24일 일

금일은 동지 이규동 씨의 회갑일이라 오전에는 도형 윤세복 씨를 면회하여 담화하고, 오후에는 장충단 상편 남산공원에서 동지 백여 명과 관일[23]의 친척 합계 수백 명이 기념식을 행하며 하오 5시까지 성대히 놀고, 동 9시까지는 관일 사택에서 한독당 성동구당 간부급 수십 명과 가족이 합하여 기념 사진을 박으며 연회를 하다.

4월 27일 수

오후에는 호조동맹 사무실 문제로 이사장 이규동, (부동산) 소개인 박남규 양 씨와 함께 동자동 대한기업주식회사 사무실을 시찰 한 후 중앙관재처를 왕래하고, 오후에는 삼일혁명동지회에서시무한 후 주택 문제로 족손 준구 내외를 심방하다.

4월 30일

지물 건으로 조기행, 김태원 양 씨를 방문한 후 호조동맹 이사회에 출석하고, 오후에는 이상기가 내방하여 공진항 씨와 해결책을

[23] 관일(貫一) 이규동의 號.

협의하고 안자경, 김경열 양 씨는 내방하여 수원농장사를 의논하고 권농동 113번지 정규인 군은 지물 건을 협의하다.
하오 5시 이후는 주택사로 안병억 군을 심방하다.

5월 2일

오전에는 호조동맹이사회에 출석하고 하오에는 이상기 장재룡 양 씨와 공진항 임진성 양 씨 사이에 만주 납빈선 안가농장[24] 미해결 건을 무사히 타협시켜 주고 이에게 사례금으로 이만 원, 장에게 삼만원을 영수하다.

5월 8일 일

용우회 총회를 창경원 내 비원에서 열고 33인의 결의로 규칙 통과, 임원 선거, 사업 기금을 모집하고 하오 5시에 폐회하다.

5월 10일 화

상오 10시에서 하오 2시까지 서울운동장에서 5.10선거 제1주년 기념식을 거행하고, 오후 3시에서 5시 반까지는 대통령 이하 정부 각료와 국회의원이며 국내외 귀빈 5백여 명이 창경원 비원에서 연회를 하다.

---

[24] 공진항이 설립한 만몽산업주식회사(滿蒙産業株式會社)에 의해 건설된 농장. 이 회사는 북만주의 호란하 근처에 있는 평안참 농지를 개간하였고, 안가(安家)에도 농장을 건설하였다.

5월 11일 수

수원농장문제로 김경열, 안자경 양 씨와 함께 육군본부 제3국장 김일환 씨를 심방하여 일체 문제를 협의 해결하다.

5월 14일 토

오전에는 종이 건에 대하여 김한욱 씨를 심방하고, 오후에는 수원농장 건으로 김일환 군을 안자경 씨와 자택으로 심방하여 논으로 경작할 것을 협의하다.

5월 17일 화

중국귀환동포호조동맹 사무실을 동자동 19번지에 15호 전 청목상회 사무실로 결정하다. 사무책상, 의자, 금궤 등 비품대로 30만 원과 월세 일만 원을 지불하기로 각서를 교환하고 오후에는 이전을 하다.

5월 18일 수

오전에는 사옥 매매건에 대하여 조기행, 김여백과 각각 협의하고, 오후에는 호조동맹에서 시무하고 또 수원농장건에 대하여 김경열 씨를 방문하다.

5월 24일 화

금년 위시하여 경제적으로 개인이나 국가적으로나 독립을 하기로 결정하고 강구하던 바 수 3일 전부터 금일 오전까지는 양진환 씨와 연백군 유곡면 율포리(밤개울) 금은광에 대하여 토의하고 오후에는 호조동맹사무실에서 정부 이사장과 총무가 금, 은광에 대한 협의를 하다.

5월 25일 수

오전에 삼일혁명동지회에서 상집회의(常執會議)를 열고 제 사건을 처리하는 중 부회장 김동산, 허영백 양 씨의 사임은 접수하고 이영선, 이재만 양 씨가 보선되다. 오후에는 호조동맹에서 시무하는 중 허영백, 박명진 양 씨가 내방하다.

5월 27일 금

오전에는 경기도 농지개량과장 이석구군을 심방하여 모범농촌 설계서를 빌려오고, 오후에는 국일관에서 김여백, 김국제 양 씨와 담화하다.

5월 28일 토

오전에는 서울대학 수의과 학장 이근태 씨와 국무총리를 심방하였으나 부재로 면회치 못하고 비서를 통하여 건의서만을 전달하고 오다. 하오 1시 반 경에 공진항 씨가 임진성 씨를 통하여 사례금으로 10만 원 수표로 전래하므로 감사히 영수하다. 동 2시에서 5시까지 호조동맹 사무실에서 집행위원(전만주신흥무관학우단)회를 열고 단장 허영백 씨 사면서를 접수하고 이영선을 단장으로 내정한 후 진행방법을 토의하다.

5월 29일 일

오전에는 대종교 총본사에서 경배를 보며 약 1시간을 도형 담화 요지에

1. 강수회 및 대교 발전상 재정 일천만 원 확립건

1. 대교의 사명으로 정신 및 행동상 남북통일안

1. 정교순 속칭 신인이라는 인물 소개를 청취하고

오후에는 김국제씨를 심방하여 동만 일대의 정치편을 기록하다.

5월 30일 월

오전에는 경기도청 농지개량과장 이석구에게 빌려온 모범농촌 건설 참고 서류를 돌려주고 동시에 수원 화산 능리를 개척하여 모범농촌 건설에 대한 협의를 하다. 오후에는 조기행 동지를 만나서 차금(借金)에 대한 협의를 하다.

5월 31일 화

어제 오후 수원 안용면 장지리 94번지에 거주하는 농민지도자 신창우 씨를 삼일혁명동지회에 가입케하다. 오늘 아침 8시에 용인 고 김오석장[25] 장남 용기가 내방하여 그 자질(子姪) 입학 관계로 동반하여 국무총리와 조소앙을 심방하였으나 출타 또는 병와(病臥)로 인하여 만나지 못하고 재방키로 하다.

25 김혁(金爀) 본명은 김학소(金學昭).

6월 4일 토

오전에는 경기도 유도회장 이필훈 씨 일로 명륜동 3가 35번지 유도회 총본부에 가서 간부급 3인을 심방 담화하다. 오후에는 대종교 총본사에서 도형과 담화한 후 단군귀일회[26] 총본부에 가서 김백주 대형 및 이규열 동지와 하오 3시 반까지 담화하고, 김백주, 안자경, 김경열 4인 함께 김일환 군 자택을 방문한 후 양 김 씨는 집으로 가고 나와 안자경은 고창익 씨를 심방하여 담화하여 만찬의 후대를 받다.

6월 5일 일

오전 10시에 대종교 총본사 내에서 경의원 참의회를 열고 개천절 환산건[27]과 한글 사용을 의논한 후 경배를 보고 오후에는 종손 동구의 안내로 국립과학관에서 각실의 진열을 관람하다.

6월 7일 화

국민회 중앙본부내에서 3·8선 철폐국민대회 준비 간부회의를 열고 3·8선 철폐회 명을 방위강화 국민대회라고 개칭하기로 결정되고 나는 간부 1인 중 총무로 피선되다. 오후에 호조동맹에서 시무하다.

---

[26] 단군귀일회(檀君歸一會) 대종교 성직자이면서 부통령이였던 성재 이시영이 해방 후 환국하여 발족시킨 단체. 민족정기를 함양하고 심신을 단련하여 명랑한 사회를 건설하고, 사랑과 봉사로 복지사회를 건설하며, 나아가 대종교의 참된 큰 도(眞倧大道)에 귀일하여 인류의 진정한 자유, 평등과 행복을 누릴 수 있도록 홍익인간의 이념구현을 위한 사회봉사 활동을 펼치는 것을 목표로 함.

[27] 음력 10월 3일에 실시한 개천절은 1949년 음력과 양력 환산이 불가능하다는 이유와 10월 3일이라는 기록이 소중하다는 의견에 따라 양력으로 바뀌어 지금까지 이어짐.

6월 8일 수

오전에는 애국단체연합회[28]에서 시무하고 오후에는 1시 반까지 대한반공총련에서 시무하고 대한문 대서소에서 김경열, 안자경, 심준선과 수원 농장 건을 협의하다.

6월 11일 토

대사로 파리로 가는 공진항 씨를 정릉 자택으로 심방하였으나 개성가고 있지 않아 명함에 아래와 같이 써서 놓고 오다.

> "육해공 수만리에 가고 오는 일을 평안히 하시며 파리는 세계 정치가 집합에 중심인 만큼 우리나라의 원수인 38선을 국제적으로 철폐하고 원만한 통일로 3천만 동포가 자손대대로 행복을 누리고 사업 성공하심을 전 국민 의사로 축원하나이다. 국사로 먼길 떠나시는데 물질로 돕지 못하여 대단히 미안합니다."
> 이영선 배상
> 공대사 귀하

오전 10시에서 하오 1시까지 국민회 회장 오세창 선생을 심방하

---

28 애국단체연합회 약칭은 애련. 1946년 5월 12일 신탁통치를 반대하는 전국의 민족주의 단체가 모여 독립촉성 국민대회를 열고 이를 지속적인 국민운동으로 발전시키기 위하여 애련의 구성을 추진했다. 이에 따라 국민회를 중심으로 한국독립당, 미소공동위원회 대책연맹, 독립촉성 청년연맹, 한민당, 신한민주당, 문화단체 총연합회, 대한부인회 등의 대표자들이 모여 신탁통치 반대운동의 전개, 공산주의 단체인 민주주의 민족전선의 타도, 민주 우방과의 친선 등을 목적으로 내걸고 조직했다. 그러다 같은 해 7월 하순 이승만 계열과 임시정부 계열로 분열되어 사실상 해체되었으나 이승만 정부의 어용단체로 그 명칭을 계속 사용했고, 정·부통령 선거 때 선거운동 등에 동원되었다.

여 오늘 진행할 국민대회 순서를 협의하고 동 2시 반까지는 서울운동장에서 임원 및 국민 일동과 같이 국민대회를 거행하다.

6월 12일 수(음5월 16일)

오전에는 대종교 총본사에서 경배를 본 후 독립정신보급회[29] 지방부장 이관순 씨의 남북통일방안 강연을 듣고, 오후에는 백주(김영숙) 대형을 심방하여 동북만(東北滿) 정치편 초안 작성을 부탁하고 천도교 본부에 가서 신숙, 김경렬 양 씨와 수원농장 문제 해결책을 토의하고 집에 돌아가니, 문전에 작년 조춘(早春)부터 잘 가꾸며 키우는 오동을 어떤 아이가 반을 잘라 보기 싫게 만들었으므로 같은 동네 거주하는 부인 2, 3명과 같이 섭섭하게 여기며 개탄하였다.

이유 : 작년 이른 봄에 자연생 한 오동을 어떤 아이가 꺾어서 껍질만 붙은 것을 다시 붙여 세우고 받침대를 모아주었더니 회생하여 두 가지로 무성하게 잘 자라더니, 금년도 이른 봄에 또 어떤 아이가 한 가지를 부질러서(부러뜨려서) 외줄기를 잘 보호하며 받침을 더 높혀 이제는 17, 8척이나 되게 무성히 자라나는 것을 부러트려 놓았으니 공든 것이 아까운 동시에 우리나라는 산림국이라고 하여도 과언이 아닐 정도로 양목(養木)을 하라고 전국적으로 아동에게 애림(愛林) 사상을 주입시킬 필요가 있음을 절실히 느끼는 바이다.

6월 13일

오전 9시에 성북공립국민학교 교감을 심방하여 학생 전체에게 대하여 수목 애호하는 주의를 주라고 부탁하다. 동 11시에서 하오

[29] 독립정신보급회 출판부에서 1948년 「(이승만 대통령) 獨立路線의 勝利」 발행.

1시까지 대한반공총연맹 국,부,차장(局部次長) 예회(例會)에 출석하고 그 후에는 호조동맹에서 시무하다.

6월 14일 화

오전에는 경기도 농회 총무과장 김영준 씨를 심방하여 지대(紙袋) 건을 문의한 후 〈獨立新聞〉[30] 사장 최윤엽 씨를 심방하여 신문 경영 방침을 협의하다. 오후에는 호조동맹에서 시무하여 박명진 씨와 신흥무관학우단 발전책을 협의한 후 조기행 씨와 함께 김여백을 심방하여 국일관 사옥 매매에 대한 협의를 하다.

6월 16일 목

3·1혁명동지회회원 수백 명 중에 지응진[31] 동지가 제일 빈곤하므로 내가 입던 동복 흑색 1벌을 동정심으로 입으라고 주다. (호조)동맹의 일로 작금 양일간 대한농회장을 심방하였으나 농업에 대하여 비상 회의중이라 하므로 면회를 3일 후로 연기하다.

하오 5시에서 7시까지는 삼성당(정원화)에서 남북통일과 민생문제 해결책을 토의하다.

---

30 「독립신문(獨立新聞)」은 중경(重慶) 임시정부에서 발행되던 「獨立新聞」을 1946년 12월 27일 다시 국내에서 속간한 신문. 편찬 겸 발행인이던 김승학이 주도했고 발행인은 박종상이었다.
1948년 2월 15일부터 신문은 매일 발행되지 못했는데, 1948년 11월 9일 최윤엽에게 판권이 양도되면서 일반 사실 보도 중심으로 지면이 개편되었다.

31 지응진(池應晋, 1891~1974) 평안북도 정주 출신, 호 時谷, 3·1운동 후 대한청년단 가입, 1920년 광복군사령부를 조직하는 데 함께 참여.

6월 17일 금

오전에서 하오 1시까지 호조동맹에서 시무하고 3시 반까지 삼가다 삼일혁명동지회에서 시무하고 4시 반에서 6시까지 오세창[32] 선생을 심방하여 3·1정신으로 남북통일과 민생 문제 해결책을 문의하다.

6월 18일 토

오전에는 경기도 농지개량과장 이석구(족손) 군을 심방하여 수원 남양분현지도(南陽分縣地圖)를 빌려오고, 오후에는 삼일혁혁명동지회 부회장 이재만 동지, 지응진 양 씨와 3·8선 철폐에 대한 협의를 하고 특설대 건설 건을 협의하다.

6월 19일 일

오전에는 대종교 총본사 내에서 도현 윤세복 씨와 우리 대종교의 정신과 능력으로 우리 삼천만 동포를 구제하고 전세계 인류를 구제해낼 방안을 의논한 후 경배를 보고 오후에는 삼일혁명동지회내에서 김중화, 이복규 외 5, 6명의 동지와 전 국민이 놀지 않고 일을 하여 생산사업으로 민생 문제 해결책을 토의하다.

6월 20일 월

호조동맹 총무 이병탁, 보광동 지맹 이사장 김하신, 숭인동 동맹

---

[32] 오세창(吳世昌, 1864~1953) 호는 위창(葦滄·韙倉), 한성순보 기자, 만세보사, 대한민보사 사장을 지냈다. 1907년 대한협회 부회장, 1919년 33인의 민족대표로 기미독립선언서에 서명하였다.

조장 김관성, 이영선 이상 몇 사람이 함께 수원 화산 지면(地面)을 답사차 수원 대평동 생질 심준선이 도착하여 오반 후 (수원)농림학교 사방 주위며 서호 풍경을 관람하다.

6월 21일

오전 8시 안내인 김기성 씨와 합 5인이 함께 안룡면 안녕리 융릉, 건릉을 관람하고 능(陵)을 수호하는 한영수 씨를 심방하여 지방 정형과 보적사 세마대 양산리 지세를 탐문하고 용주사 내부를 관람하고 안녕리에서 음식점에서 오반을 하다.

오후에는 보적사에 등정하여 사방을 살펴보고 비바람이 크게 일어 안녕리에 도착하여 유숙하다.

6월 22일 수

김기성은 어제 저녁 보내고 대한청년단 수원군 단부 부단장 겸 한국농민총연맹 수원(지구) 연맹 위원장 김만길을 심방하고, 동 8시 반에 이병탁, 김하신, 김관성, 이영선 4인이 함께 안녕리 서북방과 소남산 대남산 동남방에 인가 백호 좌우로 새로 들어와 거주할 만한 지대를 답사 시찰하다.

12시에 이상 시찰 일기를 작성하고 5시 출발 안룡면 일대 이앙 작업을 관찰하고 병점역에 도착하여 역 주위를 시찰하고 11시에 서울 도착하다.

6월 23일 목

수원농장을 시찰하는 중 감상되는 바는 가뭄 때문에 곡묘(穀苗, 벼모)가 많이 마르고 타므로 일반 농민이 비를 바라며 야간에는 각기 자기 전답에 물을 대느라고 물싸움을 하고 주간에는 남녀노소가 물을 퍼대며 비를 기다림은 보기에도 민망하며 답답하고 형언하기 어려울 정도이더라. 오전에는 호조동맹에서 시무하고 오후에는 삼일혁명동지회에서 시무하다.

6월 26일 일

오전에는 경배를 보고 김용기[33] 장남 진홍의 국립교통학교 입학을 소개하는 관계로 하오 1시까지 이청천 장군을 심방하여 담화를 하다. 회로(回路)에 김구 선생이 어떤 청년에게 권총 저격을 당하였다는 급보를 듣고 이규동 씨외 서너 명 청년과 함께 경교장 자택으로 가서 위문을 하니, 노소남녀 수천 명의 조객과 같이 슬프고 섭섭한 마음은 다 형언할 수 없을 정도였다.

국가 국민의 불상사이나 선생의 혁명 투지와 독립정신은 영원히 역사에 빛날 것이다.

6월 29일 수

삼일혁명동지회 부회장 이영선, 총무부원 김정헌 외 간부 2인이 동지회를 대표하여 대한민국임시정부 주석 백범 선생 상사에 부의금 일천 원을 증정하고 성심으로 조문하다.

7월 1일

오전에는 이영선, 김정헌 양 회원이 기초한 백범 김구 선생의 조

[33] 김용기(金龍基), 김혁의 장남.

사를 정서하여 삼일혁명동지회대표로 최일정, 이영선 양인이 장의 위원장 오세창 선생에게 문의한 바 내가 작성한 것이 간단한 정신의 골자라 하여 선택되니 여좌하다.

조사(弔辭)

선생님 선생님

선생님은 우리 국조 단군께서 일찍이 인간을 홍익(弘益)하시라고 내리신 백두산 정기를 타고나신 백범 선생님입니다.

선생의 평생 사업은 동으로 들어온 오랑캐는 쫓아 보내고 북으로 들어온 범은 달래어 보내고 남으로 들어온 범은 곱게 전송하고 우리 살림살이에 외인(外人) 간섭없이 삼천만 겨레가 행복스러운 생활을 해가며 세계 인류 중에 고통을 받는 이는 구해내서 다같이 화평 세계를 건설하려고 노력하시다가 아직도 이 강산에 남범 북범의 자취가 남아 있어 장난하는 바람에 선생님이 돌아가셨습니다.

일동은 선생의 귀중한 기를 받아서 혈맥(血脈)에 넣었습니다.

선생의 확고한 정신을 받아서 골수(骨髓)에 박았습니다.

선생님의 하시던 사업을 남아있는 동지 일동이 완수하기로 맹서를 합니다.

단기 4282년 7월 1일

삼일혁명동지회 일동

신흥무관학우단 동지 일동

7월 3일 일

나는 신흥무관학교를 대표하고 이재만, 백세창, 장정찬 3씨는 삼일혁명동지회를 대표하여 같이 경교장에 가서 김정헌 씨가 지은 조사는 백세창 씨가 읽다. 나는 2층에 올라 가서 백범 선생이 습격당하여 피묻은 의복을 찾아서 가까이 대고 서사(誓詞)를 사진 앞에서 다음과 같이 고하다.

"우리 동지 일동은 선생의 귀중한 기를 받아서 혈맥에 넣었습니다. 선생의 확고한 정신을 받아서 골수에 박았습니다. 선생님의 하시던 사업을 남아 있는 동지 일동이 완수하기로 맹서를 합니다."

이상으로 고한 후 총 맞은 경과를 청취하고 전례위원 이규동 동지의 안내로 시체를 모신 관앞에 나가서 조사를 (전일 내가 지은 조사)읽고 신흥무관학우 일동으로 조의금 삼천 원을 근정하고, 돌아오며 용우회장 정원화, 부회장 조기행, 정기섭 3씨와 같이 용우회원 정국진 동지의 초청으로 석반의 후대를 받다.

7월 4일 월

금일은 미국 독립기념일이며 내가 함흥 감옥에서 해방된 제25주년 되는 날이므로 의미가 심장하였으며, 오전에는 경기도청 토지과 이석구 군에게 수원 남양지도를 돌려주고 외자총국 김태원 씨를 심방하여 물자에 대한 협의를 하고 호조동맹과 신흥학우단에서 백범 김구 선생 장례식에 참가할 준비를 하고, 오후에는 삼일혁명동지회에서 참가할 협의를 하다.

7월 5일 화

오전 8시 출발하여 하오 4시까지 백범 김구 선생 장례식을 서울운동장에 모인 인파가 눈물 바다를 이루고 통곡 속에 국민장으로 거행하고 효창공원에서 하관식을 거행하며 중국귀환동포호조동맹, 삼일혁명동지회, 신흥무관학우단 3단체를 대표하여 참례하고 이병탁 동지 자택에서 유숙하다.

7월 6일 수

오전 9시에 이병탁 동지와 함께 효창공원 서록(西麓) 백범 김구 선생 묘소에 참배한 후 곧 중록(中麓)에 백정기, 윤봉길, 이봉창 3의사 성묘하고, 또 계속하여 동록(東麓)에 가서 이동녕, 조성환, 차리석 3 선생 산소에 성묘하며 남북을 통일하여 민생 문제를 해결할 서사를 告하고 집에 돌아오다.

7월 7일 목

오전에는 오세창 선생을 심방하여 남북통일의 완전 자주독립 방안을 협의한 후 국민회 총본부를 방문하고 오후에 삼일혁명동지회에서 6, 7동지와 사업 발전책을 협의하다.

7월 8일 금

오전 9시 심의성(沈宜性) 선생 장례 발인식에 참례한 다음 호조동맹에서 시무하고, 오후 5시 이후에는 대종교 총본사에서 윤단애 도형과 우선 남한만이라도 단합을 하여 제2차로 전국 통일을 하는 역할을 대교에서 하자는 협의를 강력하게 하다.

7월 10일 일

대종교 총본사에서 경배를 보며 백범 선생의 3대 건국이념(완전 자주독립, 민의 표시, 고도 문화)와 인도 간디 성옹(聖翁)의 경로를 윤단애 도형이 설명하심을 일반 교인과 같이 청취하다.

7월 18일 월

창립자 이시영 선생, 현 학장 이규창 씨의 경영인 신흥대학 제1회 졸업식에 신흥무관학우단을 대표하여 축사를 하고 식을 마친 후에 대륙원에서 문교부 당국과 내빈 일동이 신흥대학 간부의 초청으로 만찬의 접대를 받다.

7월 19일 화

고 김혁(金爀, 오석) 씨의 장손 김진홍 학생 입학시킬 주선으로 오석장 차남 김인기 군과 동반하여 국무총리와 김태원 씨를 방문 협의하고 오후에는 삼일혁명동지회에서 시무하다.

7월 22일 금

오전에는 조소앙 씨를 심방하여 각 애국정당 단체 통일에 대하여 방책을 담화하고 오후에는 삼일혁명동지회에서 시무하다.

7월 25일

오늘부터 국사, 지리, 한글 강습회가 시작되어 오전에는 대교총본사에서 청강을 하고, 오후에는 이규동 씨와 함께 외자총국 비서실장 김태원 씨를 방문 담화하다.

※ 7월 25일~8월 20일 대교총본사에서 국사, 지리, 한글 강습회 참가
7월 25일 이병기[34] 씨 고전과 안재홍[35] 씨 고사(古史) 청강

---

[34] 이병기(李秉岐, 1891~1968) 시조시인 국문학자, 호는 가람.

[35] 안재홍(安在鴻, 1891~1965) 해방 이후 민정장관, 국회의원 등을 역임한 정치인, 사

7월 26일 이병기 씨 고전 문화와 안재홍 씨의 중고사 강의
7월 27일 이병기 씨의 각 지방 민요와 안재홍 씨의 상고사 강의
7월 28일 이병기 씨의 조선 독특한 문학의 특징 본격적 서정시를 청강
7월 29일 이병기 씨의 백제 시기 도미처 이야기, 춘향전과 신라 태종무열왕 때 거북과 토끼전 이야기, 신라 방니(旁㐌) 이야기, 홍보전 강습
7월 30일 정희준[36]의 한글 강습과 양세환 씨의 고사를 청강
8월 1일 정희준의 한글 강습과 양세환 씨의 중고사 강습을 청취
8월 2일 유열[37] 씨 한글 강습과 양세환 씨의 강습교수를 청취
8월 5일 정희준 씨의 한글, 양세환 씨의 중고사 교수를 청강
8월 6일 정희준 씨의 한글과 양세환 씨 중고사 교수를 청강
8월 8일 9일 10일 박노철 씨 화랑도 강화와 정희준 씨의 한글 교수를 청취
8월 11일 정인보[38] 씨의 역사 강화와 박노철 씨의 화랑도 강화를 청취
8월 12일 오준영 씨의 지리 강좌와 채희국 씨의 근대사 강화를 청취
8월 13일 오준영 씨의 지리 강좌와 정인보 씨의 고조선 지역 소장(消長) 강화와 채희국 씨의 근세사 강화를 청취
8월 16일 오준영 씨의 지리 강좌와 채희국 씨의 근세사 강화를 청취
8월 17일 오준영 씨의 지리 강좌와 채희국 씨의 근세사 강좌를 청취
8월 18일 양세환 씨 지리 강좌와 홍이섭 씨의 근세사 강화를 청취
8월 19일 김영숙(金永肅) 씨의 우주와 개아(個我)라는 강화를 청취

학자.

36 정희준(鄭熙俊, 1914~?) 경상북도 영천 출신, 국어학자이자 시인.
37유열(柳說) 국문학자, 정열모의 제자.

38 정인보(鄭寅普,1892~?) 한학자·교육자, 호는 위당(爲堂), 양명학자 이건방의 제자. 1912년 동제사를 조직, 1936년 연희전문학교 교수, 1947년 국학대학 학장, 1948년 정부 감찰위원장 역임.

7월 31일

대종교 총본사에서 경배를 보는 시간에 강도(講道)를 하라는 부탁을 받아서 아래와 같이 30분간 하다.

1. 국조 단군의 정신과 혈육을 받은 우리는 그 사업을 계승하여 성공할 것.
1. 대교를 세계에 발전시킬 것.
1. 인류에게 홍익을 할 것.
1. 이화(理化)세계를 할 것.
1. 남북통일은 대종교의 정신으로 우리 대교 형제 자매가 할 것.

오후에는 삼일혁명동지회에서 시무하다. 청강시에 강락희군이 내방하여 '화랑지' 창간에 축사를 부탁하고 겸하여 대전 육군 사단 입대를 소개하여 달라는 부탁이 있었다.

8월 10일 수

삼일혁명동지회 감찰위원장 최일정 씨와 상훈국을 방문한 후 고시원장 배은희[39] 씨와 심계원장 명제세 씨를 심방하여 각 애국정당 단체와 사회단체 통합강화에 대하여 담화 협의하다.

8월 14일 일

오전에는 대종교 총본사에서 경배를 보며 정백수 대형의 진리라는 강도와 도형의 대종교 개관이라는 강화를 청취하다. 오후에는 삼일혁명동지회에서 1주년 정기 총회에 출석하여 중앙위원 33명

[39] 배은희(裵恩希, 1888~1966) 경상북도 달성 출신, 장로교 목사로 일제 신사 참배를 거부, 정치가.

중에 일원으로 피선되고 외무부장으로 당선되다.

8월 15일

금일은 대한민국 1주년 기념일이므로 정부에서 중앙청 대광장에서, 서울시 주최로는 서울운동장에서, 삼일혁명동지회에서는 본회 정원에서 각각 식을 거행함에 나는 삼일회에서 기념사를 아래와 같이 하다.

"국조 단군께서 개국하신지 4281년 8월 15일 이날에 주권이 민중에게 돌아온 대한민국이 건립하고 4년 전 이날에 36년간을 왜적에게 정치 경제 문화 군사 외교 일체를 강탈당하고 망국한으로 신음하다가 해방이 된 쌍경의 이중 기념입니다.

국내로는 건설 발전이 많고 국제적으로는 우방 48국에 빛난 찬성과 17국의 완전한 승인으로 오늘 이 기념을 하는 것은 31년 전에 33인이 전국가와 민족을 대표하여 우리나라는 독립국이며 자유민임을 세계만방에 선언하고 계속하여 거족적으로 투쟁한 결과입니다,

그러나 아직도 외세에 간섭으로 국토는 남북이 양단되고 사상은 좌우로 분열하여 민생이 도탄에서 헤매이니 금일 기념만으로는 원만 만족치 못합니다. 우리 삼일동지 전체가 33인의 정신과 사업을 계승하여 오는 이날 기념은 이보다 더 기쁘게 더 원만하게 남북이 통일하고 좌우가 단합하여 3천만 동포가 다 같이 쾌락하게 기념하기를 맹서합니다."

8월 16일 화

오후에는 대한반공총연맹에서 〈민족시보〉 창간에 대하여 협의하고, 하오 3시 이후는 대종교 총본부에서 대한국학연구회 발기 총

회에 출석 협의하다.

8월 19일 금

오후에는 중국귀환동포호조동맹 이사회에 출석하여 사회의 시무하고 회 결의사항은 다음과 같다.

1. 인조견을 수입하기 위하여 필요한 자금을 은행에 대부받기로 결정함.
1. 맹원에게 대부는 당분간 보류하기로 함
1. 맹원으로 아직까지 (가입)수속의 의무를 마치지 못한 맹원은 9월 말까지 연기하여 정리하기로 결정함

8월 20일 토

이경하, 김홍순 양 씨와 삼일혁명동지회 사옥일 때문에 임시재산관리 중앙본부를 왕래하다.

8월 21일 일

오전에는 대종교총본사에서 경배를 보는 시간에 나는 홍익인간과 각사(覺辭)로 강도를 하고 도형 단애장은 대종교의 개관을 강화하시다.

오후는 '국사 지리 한글강습회 증서 드림식' 거행함에 강습생을 대표하여 답사를 하다.

8월 28일 일

오전에는 대종교 총본사에서 경배 시간에 단애 도형 대종교 개관 강화를 듣고 오후에는 조선(대한)국학 창립발기회에 출석하다.

8월 29일 월

오전에는 주택일을 전세 13만5천 원에 구하여 선금 이만 원을 지불하고, 오후에는 보석으로 방면된 이종형 씨를 심방 담화한 후 명제세, 배은희, 안종석 3씨를 방문 치하하다.

금일은 국치일을 기억하며 완전 통일로 민생 문제 해결책을 오세창선생 외 몇 동지와 협의하다.

9월 10일 토

오전에는 삼일혁명동지회에서 총무 홍주 씨와 천양환(天洋丸)·지양환(地洋丸) 운영에 대하여 협의하고 오후에는 대종교 총본사에서 종경강(倧經講)을 하다.

9월 11일 일

호조동맹사무실에서 정부 이사장과 부산수산상사주식회사 사장 정만조, 외무 황하문 양 씨와 서울 삼일혁명동지회 총무 홍주, 경리 리병욱 양 씨가 합석하여 천양환·지양환 운영에 대한 협의를 하다.

9월 13일 화

오전에는 이규동 씨와 외자총국[40] 비서실장 김태원 동지를 심방 담화하고, 오후에는 삼일혁명동지회에서 시무하다.

9월 15일 목

오전에는 이종형 씨와 신문 발간에 대한 협의를 하고, 오후에는 고 혁명동지회 김국주(島權)[41] 씨 유가족에 대하여 대종교주 윤단애 장과 협의하다.

9월 17일 토

오전에는 명륜동 1가 5의 2호 최희송 씨와 중앙청 외자총국 비서실장 김태원 씨를 방문하고, 오후에는 대종교 총본사에서 종경(倧經) 강의를 하다.

9월 20일 화

오전 8시 반 출발로 원천 및 수원을 통과하여 하오 2시에 경성 도착으로 김경열, 안자경 양 씨를 심방하여 농호(農戶) 자금 융통과 수원농장 경영 방책을 협의하다.

---

40 외자총국(外資總局) 대한민국 정부는 경제 부흥을 위해 미국의 지원이 필요하여 한미원조협정을 체결하고 외국원조물자의 관리를 위해 총리 직속으로 임시외자총국을 신설하고 안에 비서실, 조정국, 배정국, 현업국, 경리국을 두었다.

41 김국주(金國柱, 1891~1957) 충북 충주 출신, 통의부와 정의부의 소대장으로 군자금 모집 활동.

9월 22일 목

오전 9시 반에 호조동맹 이사장 이규동 씨와 이사 김태환 씨와 3인 동반으로 하오 2시까지 공업국장 유한상 씨를 심방하여 생산사업을 협의하다.

9월 24일 토

오전 5시 출발로 동 7시 차에 귀환동포협회 위원장 신숙, 총무 김경열, 문화부장 정진갑 씨 등과 동반하여 동 9시에 수원 매산역전 이만복 씨 자택에 도착하다. 조반 후 안자경 씨 개회사로 협생농장 총회를 열고 하오 5시까지 협회 간부와 농원 전체 연석하여 최고지도위원 신숙, 이영선 양 씨 훈화가 있었고, 총무의 경과보고로 이어져 제반 토의사항을 결정하고, 이사제로 진행하기로 총회를 원만히 마치고 대평동 생질 심준선 집에서 유숙하다.

9월 27일 화

오전 10시에서 12시까지는 김경열 씨와 동반으로 부통령 장남 이규창 씨를 심방하여 민생 문제 해결책과 신흥대학 발전책과 신강회(新强會) 확장에 대한 협의하고, 오후에는 호조동맹에서 시무하다.

9월 30일 금

오전에는 유한상 씨 방문차로 상공부 공업국을 왕래하고, 오후에는 서울시 성북동 176번지의 5호로 이사를 하다.

10월 3일 월

금년부터 국회와 정부와 사회단체 협의로 개천절을 양력으로 거행하게 되므로 부통령 이하 임원과 교형제 자매가 대종교 총본사에 집합하여 경하식을 봉행하다. 오후에는 신흥무관학우 정,부단장과 간부 4,5명의 합의로 간판을 호조동맹 사무실에 이전하다.

10월 11일 화

오전에는 대종교 교례복(教禮服) 제조위원에게 연락 사무로 명제세 씨를 심방 담화하고, 오후에는 호조동맹과 삼일혁명동지회를 경유하여 이원영 씨를 방문 담화하다.

10월 12일 수

오전에는 남산동 61의 4호 정인보 씨를 심방하여 대종교 교례복 고안을 부탁하고, 오후에는 용인 보정리 장질 창훈이가 올라와서 가정사로 협의를 하다.

10월 14일 금

오전에는 수원농장(비행장 내) 일로 안자경, 김경열 3인 함께 용산 국방부 육군본부를 왕래하고 오후에는 호조동맹에서 시무하다.

10월 15일 토

오전에는 작일과 같이 이영선 안자경 김경열 3인이 국방부 내에서 김일환 대령 이외 관계 요인 몇 사람과 합석하여 수원농장 금후 처리건을 타협하다. 오후 3시부터 대종교 총본사에서 대한국학 창립 총회를 개회하다.

10월 16일 일

오전에는 대종교 총본사에서 경배 시간에 '홍익인간(弘益人間)' 제목하에서 우리 남북통일은 대교인이 정체(正體)가 되어 실행하고 세계 통일은 대한 사람이 정체가 되어 실천하자는 뜻으로 강도를 하다. 오후에는 천도교 총본부 내에서 수원농장 지도위원회에 출석하여 지도 부위원장에 피선되다.

10월 17일 월

오전에는 농림부에서 이원영, 김기창 양 씨와 강원 춘성군 서면 동막리 길곡 등지 재목, 신탄 건에 대하여 협의하고, 오후에는 호조동맹에서 시무한 후 이사장과 동반하여 사회부내 송찬도[42] 씨를 심방 담화하다.

10월 19일 수

오전부터 용산 국방부 육군본부에서 군기지 관리인회를 개최하여 출석하여 (수원비행장의) 과거와 현재를 상세히 보고하고 장래 처리 사항을 협의 결정하다.

10월 20일 목

오전에는 이원영 씨 동반하여 중앙청 내 농림부 축산국장 이근

[42] 송찬도(宋燦道, 1893~?) 강원도 평강군 출신, 일제하 총독부 고위 관리와 국민동원 총진회 등에서 활동, 해방 후 조선독립운동사 편찬 발기인, 전재동포원호회라 조직.

태[43] 씨를 심방하여 농림장관 면회를 부탁하고, 오후에는 대양공사 사장 지재순 씨를 방문하여 (호조동맹의) 인조견사 수입 교역건을 협의하다.

10월 21일 금

오전에는 이원영 씨와 동반하여 중앙청 내 외자총국 비서실장 김태원 씨와 농림국장과 축산국장 이근태 씨를 심방하여 호조동맹 사업 추진건을 협의하다. 오후에는 상공부내 안병억 군을 심방하여 면사(綿絲)건을 문의하고 호조동맹에서 시무하다.

10월 25일 화

오전에는 이원영 씨와 동반하여 농림장관 이종현 씨를 면회하여 강원 춘성군 서면 동막 길곡 양리 소재 산림과 경기 수원 일왕면 천천리 농장 건에 대하여 담화하고 오후에는 귀속농지관리국장 장상욱 씨를 심방하러 왕래하다.

10월 26일 수

오전에는 장상욱 씨를 심방하여 동막리와 길곡리 소재 산림 채벌 허가원을 접수시키고, 수원 일왕면 천천리 농장에 대하여 협의한 후, 지응진 동지와 동반하여 김태원 동지를 방문하여 호조동맹에서 청구한 지대(紙袋)와 이원영 씨 부산에 취직 건을 부탁하며 김태원 동지의 오찬 접대를 후히 받고, 하오 3시 이후는 이원영 씨와 함께 신설동 25의 52호 임초운 군을 심방하러 왕래하다.

---

43 이근태(李根台, 1901~1965) 축산학자, 호는 축전(畜田), 평안남도 평원 출신.

10월 27일 목

오전에는 해군본부 5층에 가서 정동호군을 심방하여 담화하고, 오후에는 호조동맹에서 시무할 때 이종건,[44] 성태영[45] 양 씨가 내방 담화하다.

10월 28일 금

오전에는 중앙청 내에 외자총국 김태원 씨를 심방하여 지대(紙袋) 건을 부탁하고 농림부 축산국장 이종태 씨에게 수원농장 건과 목축에 대하여 담화 협의한 후, 심계원장 명제세 씨와 경기상업교장 맹주천[46] 씨와 진명여교장 이세정[47] 씨를 각각 심방하여 대종교 예복제안을 부탁하다. 오후에는 호조동맹에서 시무함.

10월 31일 월

농지를 조사하기 위하여 오전 7시 50분 출발 11시20분에 임초운 청년 동지와 수원행 차를 탑승하고 하오 1시 반에 부곡역에서 하차하다. 2시 반까지 천천리 현장에 도착하여 4시 반까지 시찰하고, 동 5시에 수원시 서둔동 유지 박기서 씨를 심방하여 유숙하며 농원 내용을 문의하고 담화로 밤을 보내다.

---

[44] 이종건(李鍾乾, 1887~1958) 호는 동산(東山), 1910년 만주로 망명, 신흥무관학교를 졸업하고, 한족회와 대한통의부의 임원으로 항일 투쟁 활동을 전개, 1932년 조선혁명당 간부로 활동.

[45] 성태영(成泰永, 1887~1968) 경남 창영 출신, 만주 부민단 한족회 활동, 농민호조사, 목회 활동.

[46] 맹주천(孟柱天, 1897~1973) 대종교의 최고지도자 중의 한 사람이며 교육계의 원로, 호는 수당(水堂), 경기도 양평 출생, 경성고등보통학교 사범과를 졸업하고 중등교육계에 투신.

[47] 이세정(李世楨, 1895~1972) 서울 출신, 교육자·체육인, 호는 일해(一海).

11월 1일 화

오전 10시 박기서, 임초운, 송택진 4인이 함께 출발하여 12시까지 매송면 호미실(호매실) 소재 농지 전체를 시찰하고 자목리를 경유하여 두암리[48] 농지를 시찰하다. 하오 2시에 다시 천천리 농지에 도착하여 박기서 씨 안내로 농림지 전체와 건축 기지를 상세히 시찰한 후 동 3시에 송택진 씨 자택에 점심을 함. 3시 반 출발로 수원 농과대학 학교림을 통과하여 5시에 대평동 호조동맹원 심준선 군 집에서 유숙하다.

11월 2일 수

오전 9시 출발로 수원시 세류동 비행농장에 도착하여 전화곡(田禾穀, 밭과 논)간 작농 상태와 장래 건축기지를 시찰하다. 오후에는 성내 신풍동 소재 (행궁) 화령전 수리하는 실태를 관찰한 후 본수원 역전 이경훈 집에서 유숙함

11월 3일 목

오전 8시 반 출발하여 매향동 양규봉 씨를 심방하였으나 상경하여 면회하지 못하다. 임(초운) 청년과 동반하여 12시 48분 차로 하오 2시 반에 서울 도착하여 제일사장 양규봉 씨를 심방하여 동 5시까지 화성군 내 농경 가능한 지대를 탐문 협의하고 민중 생활 해결책을 강구하기로 함.

[48] 현 수원시 호매실동.

11월 4일 금

오전에는 이원영 씨와 동반하여 중앙청 내 외자총국 비서실장 김태원 씨를 심방하여 호조동맹에서 신청한 지대(紙袋) 건을 문의한 후 용우회장 정원화 씨를 심방하다. 오후에는 경기도 유도회장 이필훈 씨를 심방하여 수원 화령전에 대하여 협의하다.

11월 5일 토 청

호조동맹에서 근무 중 김강(金剛), 신대식 양 씨가 내방하여 신흥무관학우단 발전책과 군사후원회 구성건과 김강 씨 저술한 『만주사(滿洲史)』 발간할 일을 협의하다.

11월 6일 일

오전 10시부터 대종교 총본사에서 경의원 월례회를 열고 도형의 경각(經閣) 건의안, 대통령이 담화로 발표한 국조단군을 천신(天神)으로 대우하느냐 세인(世人)으로 대우하느냐 문제와, 건국년호를 단기로 쓰느냐 기미선언으로 쓰느냐와 대종교 제복과 국사(國史) 시정(是正)에 대하여 토의하고, 나는 남일도(南一道) 본사(本司)를 수원에 이전하고 천진(天眞)을 수원부 화녕전에 봉안하자고 제안하고 경배를 보다.

11월 8일 화

오전에는 호조동맹에서 시무하고 오후에는 김강 씨를 심방하여 수원농장 경영과 신흥무관학우단보 발행에 대하여 협의하다.

11월 10일 목

오전에는 용인 기흥면 농서리 김용기 동지가 내방 요청에 의해 국무총리를 면회차로 왕래하고, 오후에는 해군본부로 김재덕 소령을 심방하여 해군함에 대한 문의를 하다.

11월 13일 일

도형께서 대종교 기구 조직에 대하여 여하히 설명하시다.

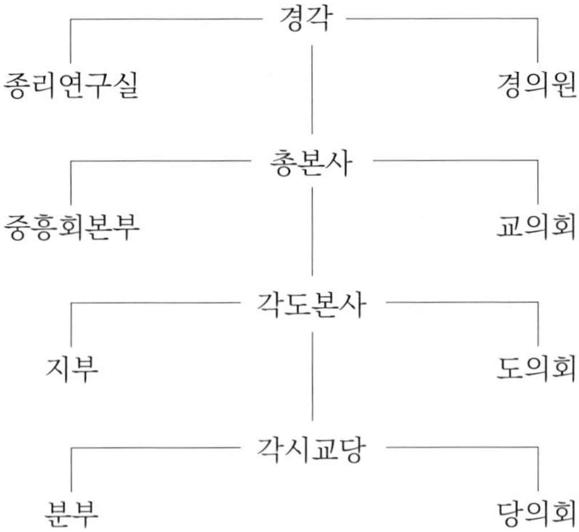

- 종리연구실 직원 - 조완구 정인보 안재홍 안호상 정열모
- 단총(檀叢) - 이시열 이원태
- 대종교 경의원 직원 - 이시영 정관 명제세 신환 조완구 윤복영 장유순 이범석 정인보 안재홍 안호상 신성모 김두종 서상일 황학수 백남규 이세정 맹주천 엄주천 김엽 이영선
- 선전요목

1. 경일[49] 강도 1. 월례방송 1. 순회강연 1. 교리강습 1. 교보간행 1. 교사편찬 1. 의례 심정(審定) 1. 제도쇄신 1. 교육장려

11월 14일 월

오전에는 이원영 씨와 동반하여 외자총국 김태원 씨를 심방하여 이원영 씨 취직을 간절히 부탁하고, 오후에는 호조동맹에서 시무하며 박명진 씨의 석탄광 시찰 출장 수속을 소청에 의하여 허락함.

11월 19일 토

오전에는 이원영 씨 청탁으로 외자총국 비서실장과 총무과장을 심방하여 부산에 전화 연락을 알아보고, 오후에는 호조동맹에서 시무하고 귀로에 안자경 씨를 심방하여 국방부 수원농장에 증산발전책을 협의하다.

11월 21일 월

오전에는 이종형 씨를 심방하여 국사 제반과 민생 해결에 대하여 협의하고 「대동신문(大同新聞)」 창간에 부사장 임무를 승락하다.

오후에는 덕수궁 내에서 결혼식에 참석하고 5시 이후는 김일환 대령을 심방하여 국방부 수원농장 발전책을 토의하며, 국군은 노동자 농민의 생명 재산을 보호하고 노동자 농민은 국군의 의복 양식(糧食)을 담당하여 호상 결탁함을 담론하다.

[49] 경일(敬日) 대종교에서 단군에게 경배(敬拜) 드리는 날이란 뜻으로 일요일을 일컫는 말.

11월 22일 화 (음력 10월 3일)

개천절
경의원 추계 정기총회

경각 건의안 10건 중 기결 6, 미결이 3건
결정건은 경의원 월례회, 대종교 중흥회 건설, 개천절을 양력 10월 3일 등
미결건은 동일도본사를 함경남북에 건설건, 한글 전용건 등
1. 신인(神人) 단군과 건국기원에 대하여 대통령 담화 발표건
1. 손진태가 편찬한 조선사 개관의 건
1. 교우회 소집에 관한 건
1) 제복 제기 → 전문가에 위탁
2) 교우소집 → 교우회 소집은 차비는 자담으로 서울 유숙비는 백미를 매일 6말 1되으로 함, 집회 일자는 어천절[50] 3월 15일로 정함
3) 손진태 사과 → 종리연구실에 위임
4) 대통령 담화
이상 4건의 의안을 상정

오전 10시부터 하오 2시까지 대종교 본사에서 경의원 추기(秋期) 총회를 열고 이상과 같이 처리하다.

11월 23일 수

오전에는 박기서, 임초운 양 씨와 수원 일왕면 천천리에 부민농원 건설을 협의하고, 오후에는 이사장 이규동 씨 자택에서 황남훈

[50] 어천절(御天節) 음력 3월 15일로, 지상으로 내려왔던 한배검[天祖神]이 하늘로 올라간 날이다.

정만교 양 씨와 이사 10여 명을 초대하여 만찬을 접대하는데 하오 8시 반까지 출석하다.

11월 25일 금

오전 8시 반 출발로 봉담면장 최상헌 씨를 심방하여 민간생활 상태를 탐문하고, 분천리 나중석 씨를 방문하여 역시 민생 문제 해결책을 토의하며 오찬의 후대를 받다. 하오 4시 반에 비봉면 상기리 4종 씨 의선 씨 댁에 도착하여 유숙하며 문중 일가 10여 명이 좌담하며 경야하다.

11월 27일 일

오전 10시 출발로 국립농사시험장 화산목장에 도착하여 하오 10시까지 주임 양주령 씨와 좌담 중 농산 축산에 발전책을 협의하고, 대평동 생질 심준선가에 도착하여 농우 무역과 수원 대동제지공장에 대하여 토의하다.

12월 1일 목

오전 9시 내외 동반 출발하여 국방부 수원농장을 시찰한 후 안자경 씨와 담론하며 자경 씨의 계씨(季氏, 동생) 댁에서 오반의 후대를 받다. 내자(內子)는 대평동으로 돌아가고 나는 족손 이승구 집을 심방하여 단군 천진께 배알한 후 산의실 생질 심흥선 군과 옹암(瓮巖, 독바위) 이모 댁을 심방한 후 하오 5시 반에 보정리 장질 창훈 집에 도착하다.

12월 2일 금

오잔 9시 출발로 구성면소에 도착하여 기류계(寄留屆) 5통을 청하여 접수하고 민충정공 영환 씨 산소에 참배하며 말로 고(告)하며 원도(願禱)하고 마곡 윤석구 씨를 심방한 후 조카사위인 윤석주 내외에게 오반의 후대를 받다.

오후에는 윤세원 동지와 동반으로 하마비 구교동 어대선 선생 산소에 참배하며 또 말로 고하며 원도하고 어영득 씨 댁에서 유숙하며 과거와 현재를 담론하며 장래 민생 문제 해결책을 강구하다.

12월 3일 토

오전 9시발로 신갈 기흥면소에 심방하여 민정 시찰에 대한 담화를 1시간하고, 김진사 학조 씨를 심방하였으나 출타한 관계로 만나지 못하고 맹동전 선생 장손 원섭과 동반하여 선생 산소에 배알하며 아래와 같아 말로 고하며 서고(誓告)와 원도를 함

> 불민한 문하생 이영선은 선생님 영혼전에 서고 원도하옵니다.
> 이 몸이 죽고 죽어 일백 번 고쳐 죽어 백골이 진토될지라도 조국을 위하는 정신과 동포를 사랑하는 맘을 변치 않키로 하늘게 맹서하오니 일월이 증명케 하시고 땅께 맹서하오니 인신(人神)이 감동케 하시오며 이영선에게 큰 덕과 큰 지혜와 큰 힘을 주시오소서. 문하생 영선으로 하여금 사업을 완성하여서 그 성적으로 대한 사람 전체를 지도 향상시켜서 다같이 행복하고 영광스러운 생활을 하게 하시고 한걸음 더 나가서 세계 인류 중에 고통을 받는 사람을 구해내서 다같이 행복스럽고 영광스러운 생활을 하게 하여 주시옵소사 정성으로 선생님 영혼께 서고하오며 원도하옵니다. 이상

맹원섭 군과 1시간 남북통일과 민생 문제에 대하여 토의한 후 작별하고, 나는 재종제 예선 군을 심방하며 담화하여 점심을 하다. 이후 부모님 산소에 배알하며 구고로 서고와 원도를 선생 영혼 전 고함과 같은 모습으로 하고, 외숙모 댁 수원 형 씨(邢氏)를 심방하여 장래 생활 방침을 수시간 토의하며 석반의 후대를 받고, 야간에는 이민영 씨 댁에서 유숙하며 남북통일과 민생 문제 해결 등을 의논하다.

12월 8일 목

오전에는 심준선과 동반하여 국방부 수원농장에 농경우(農耕牛) 구입 서류를 중앙청 농림부 축정국에 접수시키다. 오후에는 이원영, 김기창 양 씨와 중앙그릴에서 담화하며 김기창 씨의 오찬의 후대를 받다.

12월 9일 금

오전에는 이원영, 김기창 3인의 합석으로 경제 타개책을 담론하고 오후에는 대한토지주택회사 사장 조기행 씨를 심방하여 담론하다.

12월 11일 일

오전에는 대종교 총본사에서 경배를 보고 오후에는 대종교 중흥회 직원회에 출석하다.

의안 - 과거에는 대교에서 음력을 사용하였으나 이제부터 종속(從俗)하여 일체 공문 처리를 양력으로 시행하기로 결정하다.

예술학원은 교사를 완정(完定)할 동안 빌려주기로 결의하다.

박천군이 전북 이리에 교리 강수를 개최하는데 강사는 양세환 씨로 결정하다.

김명제씨를 심방 국방부 수원농장에 대하여 협의하고 이종형 씨를 심방하여 정치 경제 민생 문제 해결에 대하여 협의하다.

12월 13일 화

오전 9시 50분 차로 안자경 씨와 동행하여 국방부 수원농장에 도착하여 하오 3시까지 농장 실정을 청취하고, 그 후는 수원시 세류동 구장 황인수 씨 댁에서 유숙하면서 국내외 정세와 민생 문제 해결책에 대한 좌담을 하다.

12월 14일 수

농감(農監) 최종운 씨의 조반 초대를 받고 오전 10시에 안자경 씨와 농장 사무실에 도착하여 하오 6시 반까지 농장 이사 반장 연석회에 출석하여 회무 처리를 완료하고 대평동 생질 심준선 집에서 유숙하다.

12월 15일 목

오전 7시 반 차로 생질 심준선과 동행하여 농림부 축정국에 도착하여 축정국장 이근태 씨에게 농우 구입에 대하여 협의하고, 오후에는 경기도청 농무국내 이석구, 정운태 양 씨를 심방하여 비료를 청구하다.

12월 18일 일

대동신문사에서 이종형 씨와 신문 발전책을 협의한 후 청운동으로 이시영 부통령을 심방하여 신흥대학 교사(校舍)에 대하여 해결 방안을 토의하다.

12월 19일 월

오전에는 청운동 신흥대학장 이규창 씨와 교사 문제에 대하여 협의한 후 중앙청으로 농림부 축정국장 이근태 씨를 심방하여 국방부 수원농장에 농우 구입건을 부탁하다. 오후에는 신흥대학에서 학생을 집합하여 교사 해결의 방법을 설명한 후 곧 중앙청으로 국회의장 신익희 씨를 심방하여 신흥대학 교사 문제 해결책을 협의하고 농림부 차관 정구흥 씨를 방문하여 농우건을 부탁한 후 국민회 무안군위원장 박복영 씨를 부통령과 면회 소개로 왕래하다.

신세계관

세계를 일국가제로 하므로써 영원한 화평을 보존할 수 있다.

현재는 확실 미·소로 양분되었다. 세계 일국제로에 전제로 좋은 징조다.

12월 20일 화

오전에는 생질 심준선과 임승호 군 3인 동반으로 중앙청 농림부 축정국에 이근태 국장 면회로 왕래하고, 오후에는 국회의장 신익희 씨를 심방하여 청운동 신흥대학 교사에 대하여 해결책을 협의하다.

12월 21일 수

오전에는 신흥대학 교사건을 해결키위하여 국무총리실에 왕래하고 오후에는 종로경찰서에 왕래하다(대학 부학장 이규현과 동반하여).

12월 22일 목

오전에는 대동신문사로 이종형 씨를 심방하여 신흥대학 교사건에 대하여 대통령 면회할 일을 협의하다. 오후에는 중앙관재처 총국장 백남칠 씨를 방문 토의하다. 신흥대학에서 자동차비로 현금 일만 원을 영수함.

12월 23일 금

신흥대학생 임철호는 학교 사옥 문제로, 임승호는 농우 구입건으로, 안자경 씨는 국방부 수원농장 문제 해결건으로 각각 내방하다. 오전에는 이종형 씨를 심방하여 신흥대학 교사 해결책에 협의하고, 오후에는 이시영 부통령을 면회하여 남북통일의 민생 문제 해결책과 신흥대학 문제 해결건에 대하여 수시간 담화하다.

12월 24일 토

오전에는 이청천 장군을 심방하여 국제적으로 3·8선 철퇴의 민생 해결, 국내 정치적으로 민생 해결, 민중 자신이 농, 공, 광, 임, 축, 수산 등 생산 경제로 민생 문제 해결책을 담화한 후 신흥대학 교사 해결책을 토의하고, 오후에는 대종교 총본사 윤단애 도형과 삼일혁명동지회장 홍경식 씨를 심방하며 각각 오전 논법으로 담론 협의함.

하오 3시 이후는 안자경 씨와 동반으로 김일환 대령을 심방하여 국방부 수원 농장 부근 농민애호지도책을 협의하고 석반은 고창익 씨 댁에서 하다.

12월 26일 월 음

오전에는 신흥대학 사무실에서 교직원 일동과 교사 해결책에 대하여 협의하고, 오후에는 삼일혁명동지회에서 간부 일동과 함께 홍승한에게 성토문 발포할 협의를 하고, 오후에는 호조동맹사무실에서 신흥대학 학우대표 4,5명과 앞으로 대학 교사 해결에 대한 토의를 하다.

12월 27일 화

오전에는 임초운과 와룡동으로 김상겸 씨를 방문하여 수원 천천리에 농원 건설할 방책을 협의하고 신흥대학 교사건으로 삼일혁명동지회원 일동이 홍승한[51]에게 성토문을 선포하기로 하고, 오후에는 호조동맹 이사회에 출석하다.

12월 28일 수

오전에는 국민회장 오세창 선생을 심방하여 국제적으로 민생 문제, 정치적으로 민생 문제, 생산경제 등으로 민생 문제 해결은 대한민중 자신이라는 제목으로 담화하고, 오후에는 이시영 부통령을 면회하여 그간 신흥대학교사 문제에 대하여 경과 사항을 보고하고 금후 진행책을 제안하다.

---

51 홍승한(洪承漢)은 목사로 신흥대학이 교사로 쓰던 청운동의 백운장을 임대하여 폐결핵 요양병원으로 사용한다며 1949년 12월 12일 학생들을 쫓아냈다. 이에 대해 신흥대학 학장 이규창과 신흥학우단 단장 이영선이 나서서 교사(校舍) 문제를 해결하고자 홍승한에 성토문을 보내고 항의하였다. 그러나 백운장 문제는 1950년 2월 이승만 대통령이 개입하여 틀어졌는데, 이를 산장 정도로 사용하되 병원과 학교는 안된다고 담화를 발표하여 더 이상 신흥대학이 사용할 수 없게 되었다.

12월 30일 금

오전에는 성재학원 이사장 이규현[52] 씨와 금후 신흥대학 교사 해결책을 의논하고, 오후에는 중앙청 공보처장 이철원 씨를 심방하였으나 회의 중이므로 면회치 못하고 내 1월초 수, 목으로 연기하다.

12월 31일 토

오전에는 대동신문사에서 이종형 씨와 석탄 구입, 신문 발행, 민중당 부활건에 대하여 토의하다. 오후에는 대종교 총본사 내에서 단애 도형이 간부를 소집하여 대종교 중흥회 강화를 협의하여 예비회를 아래와 같이 함.

고문 성재(이시영) 대형
총재 단애(윤세복) 도형
부총재 우천(조완구) 대형
총무부장 정원택(호 지산)
경리부장 김은학
교화부장 이영선
이외 중앙집행위원 72명
상무위원 36명
감찰위원 12명으로 내정하다.

52 이규현(李圭鉉) 대구 출신, 조선역도연맹 부위원장 역임.

4장 단기 4283년(1950)

1. 단기 4283년(1950) 1월 1일~7월 2일

1월 1일

이원영 씨가 부산으로부터 내방하여 함께 조반 후 대종교 총본사에 가서 경배를 보고 단군 천진께 참알례(參謁禮)를 행하며 아래와 같이 원도함

한배검의 뜻으로 우방 각국과 전 세계 인류가 동일한 보조를 취하기 위하여 4천여년 지켜오던 세수(歲首, 새해 첫날)를 이날에 개천 4407년 1월 1일로 고쳐 정하고 대종교 남녀 교도가 경배를 보고 원도를 하옵니다.

한배검, 한배검,

이 몸이 죽고 죽어 백골 다 흙이 될지라도 조국을 위하여 대교를 널리 펴는 정성과 동포를 사랑하여 민생 문제를 원만히 해결하기를 변함없이 하기로 한울께 맹서하오니 해와 달이 증명케 하시고 땅께 맹서하오니 사람과 귀신이 감동케 하시며 저희에게 큰 덕 큰 지혜 큰 힘을 주시와 저희의 성력으로 대종교인 전체가 행복하고 영광스러운 생활을 하며, 대교인 성력으로 대한 사람 전체를 지도 향상시켜서 다 같이 행복하고 영광스러운 생활을 하게 하시고, 대한 사람의 성력으로 전세계 인류 중에 고통을 받는 사람은 구해내서 다 같이 행복하고 영광스러운 생활을 하게 하여 주시옵소서.

거룩하신 한배검 웅건하신 한배검

이상으로 원도한 후 천진께 4배하고 3종사[1] 사진께 재배하고 순

[1] 대종교 초기 지도자인 대종사 홍암 나철, 무원 김교헌, 백포 서일 3종사를 말함.

교10도[2] 사진께 재배로 식을 마치다.

오후에는 백운장에 이시영 부통령께 세배한 후 대동단결로 완전 통일과 생산경제로 민생 문제 해결책을 담화하고, 경무대로 대통령 이승만 각하께 세배하고 와룡동으로 국민회장 오세창 선생께 세배하고 국제적으로 민생 해결, 정치적으로 민생 해결, 생산경제로 민생 해결 등 대한의 민생 문제 해결자는 대한 민중 자신이라는 제목으로 담화하고 돌아오다.

1월 5일 목

오전에는 대동신문사 총무 임종만 씨 댁에서 조반을 한 후 이영선, 이종형, 임종만 3인 합의로 민중당 부활과 대동신문 발전책을 토의하다. 오후에는 서울시청 시양계장 김인 씨를 심방하여 석탄 40톤 배급표에 인장을 받아 장남 장훈에 즉 넘겨주고 삼일혁명동지회를 경유하여 집에 오다.

1월 8일 일

아침에 조기행 씨를 심방하여 지방 강연에 대한 협의를 하고 오전 10시 대종교 총본사에서 이시영 부통령 임석하에 경의원 월례회를 열고 대종교 중흥에 대하여 토의하고 경배를 보다.

오후에는 중국귀환동포호조동맹 이사장 이규동 씨와 생질 심준선 군이 내방 담화함.

하오 5시 이후는 용우회장 정원화 씨와 부회장 조기행 씨 3인이

---

[2] 1942년 임오교변에 의해 순교한 10인. 안희제, 강철구, 이정, 김서종, 나정련, 나정문, 오근태, 이창언, 이재유, 권상익(무순).

합석으로 용인 농촌 계몽 강연에 대하여 담화를 하다.

1월 9일 월

오전에는 이청천 장군을 심방하여 국군과 농군(農軍)의 결탁과 지방자치법, 농지개혁법, 총선거 헌법에 의한 실시 등에 대하여 담화하다. 오후에는 호조동맹사무실에서 이사장과 신흥대학 재학 및 졸업생과 합석하여 현 신흥대학 교사 해결과 신흥무관학우단 발전 강화에 대하여 협의하다.

1월 11일 수

용인 신갈리 김진사(학조)의 회혼시 초청이 있어서 아래와 같이 지어보냈다.

근정(謹呈)

金上舍大人先生回巹韻(김상사대인선생회근운)[3] 김진사 어른 회혼에 부쳐

餘慶本來積善人(여경본래적선인) 경사가 넘친 것은 본래 선행이 쌓인 것인데

生平八十博施仁(생평팔십박시인) 80평생 인의를 널리 펼쳤도다.

功名浮世看雲幻(공명부세간운환) 공명을 덧없는 세상 구름처럼 보고

花樹古園養性眞(화수고원양성진) 꽃나무 옛동산은 참된 마음을 길렀네

越國事謀遼野月(월국사모요야월) 월나라 구천의 계략[4]을 품고 요동 들판의 달을 바라보고

楚臣詩讀鴨江春(초신시독압강춘) 초나라 굴원의 시[5]를 읽으며 압록의 봄을 맞

---

[3] 회근(回巹) 회혼과 같은 말로 결혼60년되는 날.

[4] 吳越同舟 臥薪嘗膽의 吳夫差 越句踐의 古事

[5] 楚 신하 屈原으로, 귀양살이하는 신하, 굴원(屈原)이 회왕(懷王)으로부터 추방당하여 못가(澤畔)에 행음(行吟)할 때 안색은 초췌하고 겉모습과 얼굴은 삐쩍 말라 있었다.

았도다.

感懷今日回巹席(감회금일회근석) 오늘 회혼 맞으며 느끼는 지난 회포 깊은데

祝語紛紛遠近民(축어분분원근민) 원근 사람들의 축하로 여기저기 떠들썩하네.

侍下生白儂(문하생 백농)

李英善 謹稿 이영선 삼가 짓다.

오전 9시부터 하오 3시까지 용우회장 정원화, 부회장 정기섭, 조기행 3인을 합석시켜 놓고 용인 계몽 강연에 대하여 준비 회의를 하고, 대종교 총본사 도사교(都司敎) 윤단애장을 심방하여 대종교 발전에 대한 담화를 하다.

1월 12일 목

오전에는 김용기, 어명황 양 씨가 내방하여 국무총리 면회 소개를 요청하므로 중앙청을 왕래하고, 오후에는 오대산 월정사 주지 이종욱[6] 씨를 상봉하여 완전 독립에 대한 담화를 하다. 하오 3시 밤 이후는 이필훈 씨 부인 대상(大祥)에 참례하여 일가 친척이 회집하여 대동단결은 가족 친척 단결로 시작을 하자는 담화로 밤을 보내다.

1월 13일 금

호조동맹 이사장 이규동 씨와 동맹의 사업체 생산공장 접수와 미금(美金 딸라. Dolla) 5만 불을 매입하여 일본의 인조견 무역건에 대하여

<漁父辭 > 屈原旣放, 游於江潭, 行吟澤畔. 顔色憔悴, 形容枯槁.

[6] 이종욱(李鍾郁, 1884~1969). 상해 임시정부 초대 내무부참사. 1920년 3월 임시정부의 특파원으로 귀국해 활동하다 일제에 잡혀 3년형 선고받았다. 일제 말기 31본산 주지 대표·국민총력조선연맹 문화위원 역임 등 친일 활동.

협의하고 수원 일왕면 천천리로부터 송택진 군이 내방하여 농원 설립에 대하여 토의하다.

1월 15일 토

오전에는 송택진, 임완규 양 군이 내방하여 농축농원 경영에 대하여 토의하다. 오후에는 용우회 간사회의에 출석하여 의견을 진술한 후 대동신문사에서 이종형 씨와 신문 발전과 농촌 계몽 강연에 대하여 협의하다.

1월 15일 일

10시까지는 호조동맹 이사장 이규동 씨와 동맹 발전책을 협의하다. 12시까지 대종교 총본사에서 경배를 보고, 하오 3시 반까지 대종교 중흥회 임시총회에 출석하여 대교 발전과 대한 문화 향상을 위하여 대교에서 한글 사용하자는 건의를 하다. 동 5시까지 삼일혁명동지회 내에서 회장 이하 간부 6, 7인과 민생 문제 해결책을 협의하다.

1월 17일 화

오전에는 임완규, 이태영, 이중훈 3청년과 와룡동 김상겸 씨를 심방하여 화성 천천리에 중앙농축연구개량농원 설치를 결의하고 중앙청 농림부 내 산림국장 김병주 씨를 심방하여 문의한 후 경기도 산림과장과 계장을 심방 상의하고, 오후에는 호조동맹에서 시무하다.

1월 18일 수

김용기 군이 내방하여 오전에는 중앙청에 가서 이범석 국무총리에게 면회를 소개하고 신흥대학 교사 해결책을 담화하다. 오후에는 신흥대학 사무실에서 부학장 이규현 씨를 심방하여 학교 당국과 재학생, 졸업생과 신흥무관학우단과 호상 원조하여 단결의 필요를 협의한 후, 대동신문사에서 이종형 씨와 이규동 씨와 이영선 3인 단합의 필요를 담화하다.

1월 20일 금

오전에는 삼성당 시계점에서 이영선, 정원화, 조기행 3씨가 합석하여 용인 계몽 강연에 대한 협의를 하고, 오후에는 대동신문사에서 이종형, 이규동, 이영선 3씨가 합석하여 정치 경제적으로 민생 문제 해결책을 의논하다.

1월 21일 토

오전 출발하여 이태영 군의 안내로 수원 도착하고 일왕면 천천리 구장을 심방하여 중앙농축개량 연구농원 건설 승낙을 받고, 동리에서 대동단결과 민생 문제 해결이라는 제목으로 국제 정치 경제적으로 대동단결과 민생 해결의 방법을 강연하여 동민 전체의 대환영을 받다.

1월 22일 일

오전 5시에 송택진 군 자택에서 조반을 경하고 이태영, 이종근 양 군의 안내로 수원역에 도착하여 7시 35분 차로 9시 반에 서울에 도착하여 대종교에서 참배를 보고, 예수교 박 목사 승명[7] 씨를 대종교에 봉교시키다. 집에 들어가니 임완규 군이 내방하여 중앙농축개량연구농원 경영책을 의논하다.

1월 24일 화

오전에는 국민회로 이활[8], 용우회로 정원화, 신문사로 이종형 3씨를 각각 심방하여 대동단결과 민생 해결로 지방 계몽 강연할 담화를 하고, 오후에는 호조동맹에서 시무하다.

1월 26일 목

오전에는 국민회 최고지도위원회 오세창 선생을 심방하여 시국담화를 한 후 국민회 총본부에서 문화부장 이관운 씨와 경기도 사무국장이 용인군 국민회장 신창휴 씨에게 계몽 강연에 대한 소개하는 명함을 받고 용우회장 정원화 씨와 담화하다. 오후에는 호조동맹에서 이사회에 출석한 후 신당동으로 안형수 씨를 심방하여 용인군 지방 계몽에 대한 담화를 하다.

1월 27일 금

오전 10시에서 하오 5시까지 대한반공총연맹 제2회 전국대회에 준비위원으로 출석하였다. 시국 강연은 조병옥 박사가 하였으며 회

---

7 박승명은 평남 덕천 출신으로 평양 장로회신학교 재학 중에 3·1 운동을 맞아 만세 시위에 가담하였으며, 독립운동단체인 대동청년단을 결성해 군자금 모금과 독립운동가 모집을 추진하다가 일경에 체포. <종교변론> 출판, '마산 예수교회'라는 독립교회를 설립.

8 이활(李活, 1907~1986) 함경남도 고원 출생, 호는 몽촌(夢村), 광복 후 한국민족대표 후원회 상임위원으로 위촉 대한민국독립촉성국민회 사무총장.

의 장소는 동화백화점 4층 그릴이다.
아래 책들을 함께 지급하였다.

「내가 본 북한의 석상(안타까운 실상)」
「북한 괴뢰집단의 정체」
「UN총회와 한국문제」
「철의 장막 소련의 내정」
「당신들은 아십니까? 공산주의 해독 10계」

하오 5시에서 10시까지 신흥대학 교사 해결과 장래 사업을 하기 위하여
신흥무관학우단 측으로 이영선, 이규동, 박명진
신흥대학 측 이규현, 조성집, 장학엽, 강종근
졸업생 대표 김용배, 김문성
재학생 대표 장용호, 이창석, 김상봉 이상 12인이 합석하여 협의 결정하다.

1월 28일 토

오전에는 용우회에서 정원화 씨에게 용인군수에게 (보내는) 추천서를 받고, 신흥대학에서 학장 이하 간부와 교사 해결과 학우단보 발행을 협의한 후 호조동맹에서 시무하다. 오후에는 대동신문사에서 이종형 씨와 민중의 당 결성할 일을 협의하다.

1월 31일 화

대종교 총본사로 윤단애 도형 심방하여 대종교 발전에 대하여 담화하다. 오후에는 심준선군과 동반하여 김태원 씨를 심방하여 금년 국회의원 선거에 출마 권고를 하다.

2월 5일 일

오전 10시에 출발로 신갈 김진사 학조 씨와 이종영 씨를 심방하여 용인에 가뭄 피해 대책을 담화하다. 오후 3시에 영덕리 석현 예선군과 동숙하면서 민생 해결책을 담론하다.

2월 6일 월

오전 9시 반 예선에게 현금 오백 원을 빌리고 김진사, 이종영, 한상진 3, 4인 동행으로 구성면소에 도착하여 유도회 용인대표회를 개최하고, 유도 강화와 3의사 맹동전, 어시재, 김오석[9] 추도건과 충렬서원 건축 건과 민생 당면문제 해결 건을 토의 결정하고 하오 4시 20분에 폐회하다. 보정리 창훈 집에 도착하여 동지 안형수 씨가 도착하여 유숙하며 담화를 하다.

2월 7일 화

오전 8시 반 세교리[10]사는 이정운 씨가 내방하여 담화 중 아래와 같이 전언함.

'수원 태장면 원천리 양조업하는 이모 청년이 자기 동리 주민 60

---

[9] 맹보순, 어대선, 김혁.

[10] 현 오산시 세교동.

호 중 빈궁한 28호를 선출하여 매호에 현금 3천원을 지급하고 10세 미만 아동을 골라 1인당 면의 1습(바지 저고리 한 벌)를 제급하고 또 세궁민 18호에는 주박(酒粕, 술지게미)을 배급하여 호구생활케 한다고 함.'

11시에 출발하여 독바위 이모님을 찾아뵙고 국방부 수원농장 내 세류동 동장 황인수 씨 자택에서 유숙하며 농민 생활 문제를 토의하면서 밤을 보내다.

2월 10일 금

안자경 씨를 심방하여 국방부 수원농장 경작 건에 대한 토의를 하고, 오후에는 호조동맹과 대한반공연맹 총본부를 경유하여 강병주[11] 목사를 심방 담화하다.

2월 13일 월

오전 8시 출발로 성구와 동반하여 이시영 부통령을 면회하여 신흥대학 교사 해결과 민생 문제 해결책을 담화한 후, 이규창 씨와 신흥대학 교사 해결책을 협의하고, 용인에 출장 강연비로 성구에게 현금 일만원을 영수함.

12시 20분차로 수원을 경유하여 용인행 도중에 정기섭[12] 조기행 양 씨를 상봉하여 담화하고 석현 예선 집에 도착하여 유숙하며 대동단결과 민생 해결책을 담화하다.

---

[11] 강병주(姜炳周, 1882~1955) 경상북도 영주 출신, 장로교 목사·한글학자. 호는 백남(白南). 목사이며 신학자인 신명과 신상(이취성, 李鍾滎 妻)의 아버지.

[12] 정기섭, 용인 백암 출신, 의사.

2월 14일 화

오전에는 신갈리 이종영 씨를 심방하여 민생 문제와 가뭄 피해 대책에 대하여 토의하고 오후에는 풍덕천 심영섭 씨를 심방하여 민생 해결, 기민(饑民) 구제와 계몽 등을 협의하고 보정리에서 창훈과 경야하며 가뭄 피해 대책을 토의하다.

2월 15일 수

오전 9시 출발로 구성면장 윤종원 씨를 심방하며 가뭄 피해 대책을 토의한 후 용인군청을 경유하여 용인 남리 정동지 우용 씨를 심방하여 담화 중에 동지 김치옥 씨가 내방하여 민생 문제와 가뭄 피해 대책을 토의하다.

포곡면 선장리[13], 용인군 내사면[14] 배매실, 용인면 호리 멱조리[15], 이동면 덕성리 난의실 곽기리[16], 용인면 남리, 이동면 서리, 포곡면 송골[17], 모현면 일산리 능곡리[18] 유실 이상이 가뭄 피해가 매우 심하여 기한(飢寒)이 극도에 달하여 목불인견이라고 함.

2월 16일 목

오전 9시에 정우용 김치옥 이영선 3인 동반으로 용인군수 조병준 씨를 심방하며 구성면장 윤종원 씨까지 5인 합석으로 대동단결과 민생 해결책을 토의하고 동지 조병주 씨를 심방 담화한 후, 하

[13] 현재 포곡읍 신원리.
[14] 양지면.
[15] 처인구 삼가동.
[16] 이동읍 송전리.
[17] 포곡읍 유운리.
[18] 모현읍 능원리.

오 8시에서 10시까지 마을 계몽 강연에 국제적 민생, 정치적 민생, 경제적 민생, 결론으로 가뭄 피해 대책 민생 문제 해결 방법론을 하다.

2월 17일 금

용인의 민생 문제와 대동단결의 강연 일정

오는 3월 5일 수지면, 6일 구성면, 7일 기흥면, 9일 모현면, 10일 포곡면, 11일 용인면, 14일 외사면, 15일 원삼면, 17일 이동면, 18일 남사면, 19일 고삼면

구력(음력) 정월 1일

오전 11시 출발로 용인경찰서장 겸 경감 김기도 씨를 심방하여 민생 문제와 대동단결에 대한 담화를 하고 계몽 강연을 협의한 후, 포곡면에 용인국민회장 신창휴 씨를 방문하여 가뭄 피해 대책을 토의하고 하오 6시 10분 출발로 용인군 김량 진흥여관에서 유숙함.

2월 18일 토

오전 9시 반 차로 출발하여 신갈 도착하여 기흥면장 김학찬 씨와 심영섭 씨 맹원섭 씨 외 수인 합석으로 민생 문제 해결을 용인은 가뭄 피해 대책 등으로 하기로 토의하다. 오후에는 창훈과 동반하여 독정리 진외당숙께 세배를 한 후 동리 농민이 모여 2시간 반을 민생 문제 시국강연을 하고 하오 7시 반에 보정리 창훈 집에서 유숙하다.

2월 19일 일

오전 9시에 창훈과 동행으로 수지면장 한긍교 씨를 심방하여 민생의 당면 문제를 가뭄 피해 대책으로 해결하기로 토의하고, 풍덕천으로 심영섭 씨를 심방하여 민생 문제 및 대동단결의 강연 일정을 정하고 오반의 후대를 받다. 오후에는 구성면장 윤종원 씨를 심방하여 민생 문제를 토의하고 구장 윤석주 군(조카사위) 집에서 유숙하는데 동민 남녀가 모여 요청하므로 국제적 민생 문제 해결, 정치적 민생, 산업으로 민생 해결, 결론으로 가뭄 피해 대책의 민생 해결 등 강연을 2시간하다.

2월 20일 월

오전 9시 반 출발로 동지 윤승오 씨를 심방하고 구성면소를 심방하여 면민대회의 목적을 문의한 후, 신갈리 김진사 학조 씨와 이종영 씨를 심방하여, 충렬서원 건축을 연기하고 가뭄 피해 대책부터 세우자고 주장하는 자리에 마침 국무총리 비서장 목승표 씨가 당도하므로, 가뭄 피해로 용인의 농민이 사경(死境)에 이르렀음을 언급하며,

'天不能窮力穡家'[19]라 하였는데 농민이 밥을 굶무니 천리에 어그러지는 일이요. '人誰敢侮修身士'[20]라 하였는데 김진사 학조 씨가 80평생의 수신하는 선비로 밥을 굶무니 인사에 어그러지는 일이요.

정부에서 혁명가 유가족은 우선으로 대우한다고 발표하였는데

[19] 天不能窮力穡家(천불능궁력색가) 하늘은 힘써 일하는 집을 가난하게 두지 않는다.
[20] 人誰敢侮修身士(인수감모수신사) 누가 감히 수신한 선비를 업신여기겠는가?

독립운동의 혁명투사로 일생의 몸을 바친 김오석장의 아들 김용기가 살길을 찾느라 경향으로 헤매며 국무총리를 면회하게 하여달라고 나를 찾아다니니 행정상 어그러지는 일이라고 본다.

그 반면 탐관오리와 모리간상배는 경향간 고루거각(高樓巨閣)에 풍족한 생활로 자동차타고 거들먹거리며 돌아다니고, 듣는 바에 의하면 국무총리가 충청도 지방에 순회하실 때에 개를 데리고 다니며 고기와 쌀밥을 먹인다고 하여, 우리는 농민으로서 국무총리의 개만도 못하다고 탄식을 한다니 이상의 말을 총리께 품달하면 우리 총리는 굶주리는 백성에게 당신 살이라도 잘라 먹여서 구하시려고 애를 쓰실 것이다.

부디 잊지 말고 전달하여 이 뜻이 부통령에게 까지 전달되어 무고한 우리 백성은 한 사람도 기한(飢寒)에 사망치 말고 살길을 찾아서 건국의 일군이 되게 하여 달라고 간절히 부탁하다.

곧 떠나 맹동전 선생과 부모님 산소 앞에 업드려서 원도(願禱)함.

"선생님 선생님 불민한 문하생 영선이가 (선생께)
부모님 부모님 불초자 영선이가 (부모님께)
나라에 몸을 바쳐 일을 한지 만4 2년에 아직도 나라는 완전히 서지못하고 백성은 은 도탄(塗炭)에서 헤메고 있는 것을 구제하지 못하오니 '죄사무석(罪死無惜)'입니다. 이 몸이 죽고 죽어 1백 번 고쳐 죽어 백골이 진토될지라도 나라를 위한 정성과 백성을 애호하는 충심으로 변함없이 일하기를 하늘께 맹서하오니 해와 달이 증명케 하시고 땅께 맹서를 하오니 사람과 귀신이 감동케 하여 주시며 건국 이래 몇 천년에 나라를 위하고 백성을 구제하는 일을 하다가 가신 선조 선열께 이 뜻을 호소하여 주시며 저와 저의 동지에게 큰 덕과 큰 지혜와 큰 힘을 주셔서 천우신조로 대업을 완성하여서 그 성적으로 대한 민중 전체가 행복스럽게 살며 대한 사람의 성력을 전세계 인류가 다 같이 잘살게 하여 주시옵소서. 정성으로 선생님 영혼전에 원하고 비옵니다. 부모님 영혼전에 원하고 비옵니다.

2월 21일 화

금일은 아버님 제사일이므로 오전 11시에 예선과 동반하여 부모님과 삼봉리 증조부이하 산소에 성묘를 하다. 그리고 보정리 창훈 집에 도착하여 형제 숙질과 일가 친척이 회집하여 하오 11시까지 가뭄 피해 대책과 민생 해결에 토의를 하고, 부친님 제사에 잔을 드리며 선생님과 부모님께 전과 같이 구고함.

2월 22일 수

오전 10시에 예선과 동반하여 민충정공 영환 씨 산소에 참배하며 부모님과 선생님께 구고한 서천맹지문을 올리고 끝으로 아래와 같이 특별히 원도를 하다.

"작년 가뭄 피해로 무고한 농민이 동사 아사 지경이오니 이 사정이 대통령 이하 정부 요로에 전달되어 매상미 350만 석과 경제 원조금 일억이천만 불이 골고루 배급되어서 한 사람도 무고히 죽는 이 없이 사선을 돌파하여 다 건국의 일군이 되게 하여 주시기를 민충정공 영혼전에 간절히 원하고 비옵니다."

구성면장 윤종원 씨 요청에 의하여 12시부터 4시간 가까이 면민대회에 출석하여 가뭄 대책으로 민생 해결을 제안 결의하고, 동 5시에 양덕리 석현 도착하여 예선과 동숙하며 담론하다.

2월 23일 목

오전 수원역전 국방부 수원농장 사무실에서 이만복 씨와 민생 당면 문제 해결은 긴급 가뭄 대책을 세워야 된다는 담화를 하며 오반의 후대를 받다.

정오 12시 차로 상경하여 집에 들어가니 오늘은 장자 장훈 모자의 생일이므로 일가 친척이 모여 석반을 같이 하며, 지방 농촌에는 작년 가뭄 피해로 인하여 생활이 극도로 곤궁하므로 우리나라 주인인 백성의 입들은 보리죽 메밀 풀떼기도 못 먹어서 아사(餓死) 동사(凍死) 지경이 되었다.

그런데 우리 가족 친척은 내 아내의 모자 생일이라서가 아니라 백미 하얀 쌀밥을 먹으니 황송하며 목이 메이며 눈물이 흘러서, 며느리가 아끼고 아끼어서 두었다가 끓여 주는 설 떡국과 흰 쌀밥인데도 맛 없게 먹고 나니, 재종질 관훈 군이 내방하여 하오 11시까지 지방 시찰 정황을 이야기하다. 하오 11시 반에 자리에 누워 가뭄 피해 대책 연구를 하다가 잠이 들었다.

2월 26일 일

오전에는 이시영 부통령을 심방하여 용인 구성면민의 진정서를 전달 보고한 후, 지방에 가뭄 피해 실정을 구전으로 담화하며 가뭄에 대책을 협의하며 신흥대학 교사 처리건을 겸하여 토의하다.

대종교 총본사에서 경배를 보고, 오후에는 삼일혁명동지회에서 지방계몽 강연 연습을 하여 부회장 이재만 씨에 수정을 받다.

〈진정서〉

단기4283년 2월 경기도 용인군 구성면

면장 윤종원, 이규병 외 84명은 면민대회를 열고 한해(旱害) 구제공사 및 식량 요청에 관한 진정서를 농림부와 각 관계 당국에 제출하고 전광적 급속 실시를 바란다.

2월 27일 월

어제 밤 한해 대책과 기민(飢民) 구제를 연구하느라 잠을 이루지 못하고 고생 고생하다 기상하여 내가 부모 생각을 이렇게 하면 효자될 것이라고 한 즉, 아내 말이 거울을 대하며 당신의 얼굴을 자세히 보시며 자신부터 구하라 하기에, 나의 대답은 내 한 몸을 희생하여 기민 다수를 구제하면 국가로 봐서는 손해될 것이 없다 하며 가족이 원만한 협의 담화하며 조반을 하다.

곧 김태원 씨를 심방하고 동반하여 중앙청으로 농림부 장관 윤영선 씨를 면회하여 용인 지방에 한해 사정을 상세히 보고하며, 구성면장 윤종원 이병규외 84명의 진정서를 제시하고 바로 경기도 토지개량과장 이석구군을 심방 담화하다.

오후에는 경기도지사 구자옥 씨를 심방하여 경기도 용인의 한해(旱害) 대책과 기근 사정을 담화하며 구성면에서 한 진정서를 제시하며 전광적 식량 급속 배급 실시를 요청하다.

3월 2일 목

오전에는 김태원 씨와 동반으로 이종형 씨를 심방하여 김(태원)군이 수원 입후보할 준비 공작을 협의한 후 용인의 한해 대책을 토의하고, 용우회장 정원화 씨를 심방하여 용인 민생, 단결, 한해(旱害)

등의 대책 추진 경과를 보고한 후 서울 일은 정(원화)이 봐달라고 부탁하다. 오후에는 도지사에게 용인 민생 한해(旱害) 등 대책의 경과를 보고하고, 부통령에게 금후 용인에 계몽 강연할 일정을 보고하고, 경기도청으로 토지개량과장 이석구를 심방하여 요 구제호수(要救濟戶數) 및 공사비를 조사한 후 강연에 참고 자료를 취득하고, 성구에게 여비 이만 원을 영수하다.

3월 4일 토

오전 8시 출발로 청년 송택진 임초운 이태영, 기자 남상욱과 동반하여 화성군수 민태정 씨를 심방하여 수원 민생 해결 및 국방부 농장, 천천리 농축개량농원 건설 등을 협의하다. 오후에는 남군과 함께 용인 기흥면장을 심방한 후 용인군수 조병준 씨를 심방하여 경과를 보고하며 담화한 후, 역북 낙은 조연행 군을 심방하여 석반의 후대를 받고 동지 조병주 씨 자택에 동숙하여 밤을 보내며 담화하다.

3월 7일 화

오전 7시에서 하오 4시까지 구성면 각 구장 반장 회의에 출석하여 한해(旱害) 대책의 경과를 보고하고 금후 민생의 진행 방법을 설명하여 강연 일자는 오는 3월 11일 하오 1시로 정함

3월 8일 수

오전 9시 출발로 수지면 한 모 씨를 심방하여 민생 해결 한해 대책을 협의한 후 계몽강연 일자는 3월 12일로 정하고 하오 4시 반

까지 모현면소를 심방하여 면장 이병곤 씨와 동숙하며 민정 생활 상태를 조사하며 한해(旱害) 대책으로 민생 문제 해결을 협의하다.

3월 9일 목

오전 9시 출발로 포곡면장 이기복 씨를 심방하여 민간 생활의 실태를 청취하고 국민회 신창휴 씨를 심방하여 민생의 당면 해결책을 담화하며 오반의 후대를 받다. 하오 2시에서 3시 반까지 용인군수 조병준 씨를 심방하여 용인 한해(旱害) 대책과 민생 해결 등 급박한 문제를 토의하고 남리 424번지 정우용 동지를 심방하여 유숙하며 민생단결 등 담화를 하며 밤을 보내다.

3월 10일 금

용인면소를 심방하여 부면장 황원성 씨와 민생 문제는 한해(旱害) 대책을 급속히 실시함에 있음을 토의하고, 곧 기흥면장 김학찬 씨를 심방하여 민생 해결의 긴급을 의논하고 안용구여관에서 유숙함. 연일 동반하던 남상욱 기자는 서울로 직행하다.

3월 11일 토

오전 7시에서 10시 반까지 기흥면소에서 면장 김학찬, 수원사방관리소장 이구현외 여러 명과 용인군내 작년 한해(旱害)로 인하여 (영)세 농가 생활 실태는 10만 인구의 7, 8할이 기아선상에서 헤매이는 현상은 목불인견이며 불가형언임을 담론하고, 기흥에 조림사업으로 노임 일천6백만 원이 멀지않아 산포되어 빈민구제가 될 것을 청취하다. 구성면소에서 예약이 있어서 심방하였으나 면장이 군에 출장으로 인하여 만나지 못하고 보정리 장질 창훈가에서 유숙하면서 한해(旱害) 대책으로 급박한 민생 해결을 담화하다.

3월 12일 일

오전 7시 반에 장질 창훈과 동반하여 (구성)면장 윤종원 씨를 심방하였으나 군에서 돌아오지 않아 만나지 못하다. 독정리 신기촌 이철혁 씨와 풍덕천 심영섭 씨를 심방하여 용인 민생의 진로는 한해(旱害) 대책을 급속히 세우는 데 있는 계몽강연의 원안을 설명하여 오반의 후대를 받고 보정리로 돌아오니, 마침 안형수 동지가 내방하여 경과를 담화하며 경야하다.

용인 계몽 강연 초안

모 씨의 과분한 소개를 받았습니다마는 실상인 즉 이 못난 사람이 용인에서 얻어 먹고 살다가 너무 못나서 일본 사람에게 쫒겨서 만주로 가서 얻어 먹다가 또 소련 사람에게 쫒기어 본국(울나라)으로 돌아와서 경향으로 얻어먹는 부끄러운 한 사람입니다.

본군 군수 영감이 하라는 강제(講題)는 민생 문제와 대동단결이온데 이 문제는 우리나라뿐 아니라 전 세계 인류가 공통으로 어렵게 여기는 문제입니다. 민생을 말하라니 쌀이나 한 10만 석하고 돈이나 한 10억주며 강연을 하라면 아주 간단하고도 쉽겠는데 그저 덮어놓고 하라니 과연 빈입 가지고 말하기는 힘이 들고 어렵습니다. 그러나 인생 8, 90을 넘기 어려운 육신의 의복과 음식은 본 군수가 담당하기로 하고 억천만년 나가며 영원히 살려야만 할 민주 정치의 정신적 양식 의복을 보급하고자 합니다.

이 문제로 들어가기 전에 난관 몇 가지를 말씀하여 양해를 구하며 부탁하겠습니다.

첫째로는 세계적으로 어려움을 내걸고 말함이요.

둘째로는 세살 적 마음 여든까지 간다고 어려서 일충(一忠) 민영환 씨의 정신을 받들며 삼의사(三義士)인 맹(보순)동전, 어(대선)시재, 김(학소)오석 선생의 교훈과 지도를 받았으므로 이 장소에 계신 여러분의 인격과 지식이 모두 '一忠 三義士'로 뵈이니 말하기 어렵습니다. 그러나 '靑出於藍而靑於藍'[1]이요 세 살 먹은 어린아이 말도 귀넘어로 듣지 말라고 하였으니 잘 들으셨다가 잘못된

---

1 靑出於藍而靑於藍 (청출어람이청어람): 푸른 색이 쪽에서 나왔으나 쪽보다 더 푸르다. 제자가 스승보다 나은 것을 비유하는 말이다. 『순자(荀子)』「권학(勸學)」

점을 고쳐주시기 바라오며

셋째로는 '好生惡死는 人之所欲'[2]이라 하였는데 우리의 입장이 남에는 중국 오억만 인구의 피를 쭉 빨아 먹고 누렇게 살진 범, 북에는 피골만 남은 중국인을 통으로 집어 삼키고 우리를 노리는 형상이므로 정신 차리라고 소리치며 공산 자본 병을 예방하며 탐관오리, 간상모리, 정치협잡 등 나라를 좀먹고 백성의 피를 빠는 벌레를 박멸하러 나섰는데,

용인에서 육신의 병고치는 의사를 테러한 일이 있다고 한 즉, 이 정신병 고치는 의사도 충성할 때는 목숨을 다해야 한다고(忠則盡命), 테러를 당할 것을 각오하오니, 만약 테러를 당하거든 이 몸을 땅에 묻지 말고 용인 동포 10만이 달려들어 피 3천만 방울 짜내고 살 3천만 점을 뜯어내서 내 정신, 내 피, 내 살로 3천만 개 환약을 지어서 삼천만 형제자매에게 골고루 분배하여 소비하고,

우리 동포가 남의 덕 남의 원조 바라지 말고, 자기 정신 자기 실력으로 완전 원만한 민주국가를 건설하여 화평 행복한 생활을 하며 전 세계 인류의 공산, 자본 양병을 고쳐주고 다 같이 일하고 다 같이 잘살아 나가며, 내 몸으로 빚어낸 환약은 전 인류가 호상 공포성을 느끼는 원자탄, 수소탄 이상가는 정의 인도탄이 되며 전 인류가 모두 잘살아 나가는 공생환이 될 것입니다.

그리고 용인에 일충 삼의사의 산소가 계신 반면에 매국적 망국노 송병준,[3] 이근택[4] 두 무덤이 있는 것은 용인의 수치이오니

---

[2] 好生惡死는 人之所欲 (호생오사는 인지소욕) 삶을 즐기고 죽음을 피하는 것은 사람들이 바라는 바이다.

[3] 송병준의 묘는 별저를 짓고 살았던 용인 추계리에 있었는데 현재는 파묘된 상태이다.

[4] 이근택의 묘가 용인에 있었는지는 확인이 안됨.

나의 뼈는 거두어 묶어서 이적(李賊) 묘 덜미에 깊이깊이 파고 묻어주시면 지하에서 이 나라에 다시는 역적이 나지 못하도록 감시 경계할테니 그렇게 하여 주시기를 거듭 부탁하옵니다.

내가 40여 년을 걸어오며 한 일을 양심적으로 비판하건데 우리 동포 삼천만에 나를 테러할 아무 이유와 조건 없는데 테러를 당함은 사람의 짓이 아니오, 범의 장난을 그대로 땅에 묻으면 이것은 신성한 대한 강산에 무덤이 아니라 범의 배때기, 범의 창자에 장사를 지내는 것이오니,

아까운 우리 동포 하나라도 더 희생내지 말고 원수 갚는 일을 그만둬서, 나 하나만을 희생내어서 우리 본시 동근생인 혈족혈손으로 싸움 없이 대동단결하여 화평생활을 한다면 이것이 대한국민이 다 같이 잘살게 되는 공생주의를 실시함이며 인류의 공생주의를 발전함입니다.

본 문제로 들어가서 국제적으로 민생, 정치적으로 민생, 경제적으로 민생과 단결을 말하고 결론으로 용인의 민생 문제 해결자는 용인군민 자신이고 급박한 당면 문제는 한해(旱害) 대책을 원만히 세우는 데 있다고 하겠습니다.

국제적으로 민생

국제적 민생 해결은 대개 말하길 38선을 철폐함에 있다고 하는데 이 원수의 선은 우리가 맺은 것은 아니요. 원하여서 된 것도 아니고, 일본이 군정책상 38선 남은 조선 주둔군이 치안을 담당하고 북은 관동군이 담당하기로 정한 것을 열강국 대표가 소련의 유명한 피서지 얄타에서 전후 처리로 협정하되, 남은 미국이 점령하고 북은 소련이 점령하기로 불순한 비밀 협정을 하여

놓고 우리에게 대하여 '國必自伐法'[5]을 실시하여, 두 범이 노리고 있는 것을 우리 대통령 이하 노련한 정치 군략가들이 결자해지법을 써서 두 범의 목을 슬쩍 얽어 놓았더니 두 범이 서로 물고 당기고 있으니,

대한 민중은 정신을 잘 차려서 몽둥이 칼 총 대포 폭탄 등 무기를 준비하고 있다가 38선 끊어지는 바람에 제 각기 나가 자빠지거든 남북에서 각각 쫓아 보내든지, 쏘고 두들겨 잡던지 맘대로 하면 이것이 곧 국제적 우리 민족 문제의 해결이요 대동단결이라고 합니다.

머지않은 장래에 그리될 것을 미리 그려 놓은 것이니 이 그림을 자세히 보시면 짐작하실 것입니다.

정치적으로 민생

우리나라가 단군 이전은 신탁(神託) 정치이고 단군 이후 천년은 교화치탁(敎化治託) 정치이고 고구려 천년은 무화(武化) 정치이고 고려와 조선 천년은 문화(文化) 정치이고 왜제(倭帝)가 침입 이후 40년은 침략 식민지 노예 정치이고 해방 이후 3년은 남북 군정하에서 정당 싸움 전장화(戰場化) 정치라고 할 수 있고,

단기 4281년 8월 15일 대한민국 탄생한 이후는 민주국이라 칭하므로 민국 이전은 주권이 제왕에 있었고, 이후는 주권이 우리 백성에게 있으니 현 정부를 잘 보호 육성 발전시켜야만 장래

---

5 人必自侮 然後人侮之 (인필자모 연후인모지) 사람은 반드시 스스로 업신여긴 후에 남이 업신여기고. 家必自毁 而後人毁之 (가필자훼 이후인훼지) 집안은 반드시 스스로 망가뜨린 후에 남이 망가뜨리며. 國必自伐 而後人伐之 (국필자벌 이후인벌지) 나라는 반드시 스스로 망한 후 남에게 망한다. <孟子>, '이루편(離婁篇)'

행복을 받을 것입니다.

이 나라를 소유한 주인은 민중 자신인데 자신이 주인인줄 모르고 흔히 대통령이 주인이라며 혹은 국회의장이라 하면서, 나라 건설에 협력 아니할 뿐 아니라 기왕 건설을 파괴하는 분자가 왕왕 있었으며 도둑질까지 하니 대단히 걱정입니다.

고대 정치철학가 맹자 말에 '何必曰利냐 上下交征利면 而國이 危矣이라'[6]하였는데 신성한 대한민국에 이로움이 많기 때문에 우리 삼천만 주인이 내보낸 일꾼 198명이 헌법을 잘 제정하고 대통령 이하 정부 각 기관에서 법에 의하여 3천만 식구가 다 같이 일하여 다 같이 잘먹고 잘입도록 살림을 잘 차려 놓았는데, 맹탕 놀고 먹으려는 탐관오리, 간상모리, 정당 협잡군에게 도둑을 맞고 정작 일 잘하는 식구는 못 얻어 먹고 못 얻어 입어서 도탄에 헤매이니 우리 생명 재산에 책임진 경찰 지팡이를 단단이 집고 나가며 리(利)만 취하는 자들 박멸하면 소수의 놀고도 잘 쓰고 잘 먹으며 거들거리는 분자는 자연 청소되고 다수의 일잘하는 식구만이 단합하여 잘 살면 이것이 정치적으로 대동단결인 민생 해결입니다.

경제적 민생

정치 경제는 불가분의 관계를 가졌으며 획득 경제, 생산 경제 양로(兩路)인데 우리는 생산경제로 나가야 되겠습니다. 농본국이니만치 농업을 힘쓰되 농기구와 종자를 개량하여 적은 면적과 적은 노력으로 많은 수확에 힘쓰며 농군(農軍)을 많이 양성하여 농

6 上下交征利면 而國이 危矣(상하교정리 이국 위의) 위 아래가 서로 이로움을 다툰다면 나라가 위태로워진다. <孟子> 梁惠王 上篇

가에서는 농군이요, 국가 유사시에는 국군이 되게 하며,

동서남 3면이 해수이니 어군(漁軍)을 많이 양성하여 무사시에는 고기잡이 군노릇 잘하며 군사훈련을 잘 받아가지고 유사시에는 해군이 되게 하며,

각 생산공장에서는 공군(工軍)을 많이 양성하여 생활 필수품을 다량으로 생산하는 동시에 공군(工軍) 기술자를 고빙하여 무기등 공군(空軍) 필수품을 제작하게 하면 작업시에는 물건 제작하는 공군(工軍)이 되고 유사시에는 국방하는 공군(空軍)이 되게 하여서,

언제든지 국가에서 급속 필요할 시에는 육군 5백만, 해군 일백만, 공군 일백만 총계 7백만까지는 일주일 이내에 동원할 수 있게 될것이니 이것이 경제 빈약한 나라에 일석이삼조격의 대성공법이라 합니다.

광업생산으로 지하자산을 캐내어 쓰게 하며, 임업생산 우리나라는 산림이 전 면적에 7할 3분이나 점령하고 있으니 산림국이라하여도 과언이 아닌데 나무 기근을 당하고 있으니 그 이유는 벌목을 함부로 하고 건축에 목재를 쓰며 연료의 전부가 나무인 까닭이오니 건축은 석재 벽돌 기와 등으로 연료는 전기로만 쓰게 하면 불과 수십년에 대성과를 거둘 것입니다.

축산은 우리나라에 어디를 막론하고 산수와 기후가 적합하므로 잘 되니 나라에서 축산 장려는 물론이고 시골 농촌에서도 가가호호가 농축을 힘써 이상 6대 산업을 주종으로 힘쓰면 이것은 생산경제로 민생 해결이며 대동단결입니다.

결론

대한의 민생 해결과 대동단결은 용인 민중 자신에게 있으며 급박한 당면 문제는 먹어야 만 일을 하고 사는데 작년 가뭄 피해로 인하여 용인의 백성님들은 일만 많이 하고 먹을 것이 없어서 대소동이오니 그 원인을 조사하여 봅시다.

'天不生無祿之人'[7]으로 각 도에는 하늘이 물을 골고로 주어서 농사를 보다 잘하여 먹고 남는 쌀을 밀수출하느라고 분주한데, 경기도에서는 한울님이 다 같이 우수를 주었는데 재빠른 탐관오리, 간상모리, 정당협잡군에게 도둑을 당하고 이로움 하나없는 우리 고을 백성님들은 7~8할이 굶겠다고 앉아서 탄식만 합니다.

정부에서는 일하는 사람에게만 먹일 쌀과 건설 작업하는 데만 쓸 돈을 세웠으니, 龍仁의 10만 주인은 일군(국회의원)만 시키지 말고 총궐기하여 정부에 직접 가서 각기 자기 손으로 쌀도 타고 돈 받아서 호구하며, 나라를 좀먹고 백성의 피를 빠는 탐관오리 간상모리 정권협잡 등 오물부터 박멸하고, 금년에 작농하면 하늘은 스스로 돕는 자를 도와주기 때문에 인생의 구제가 사람 자신이라는 원칙에서 민생 해결과 대동단결의 방법이며, 같이 배우고 다 같이 일을 하여서 같이 잘사는 공생주의의 실천입니다.

[7] 天不生無祿之人 地不長無名之草(천불생무록지인 지부장무명지초) 하늘은 복록이 없는 사람을 낳지 않고, 땅은 이름 없는 풀을 기르지 않는다. <明心寶鑑> 省心篇 上

3월 13일 월

오전 8시 반에 장질 창훈과 동지 안형수 씨와 3인 동반으로 구성 면장 윤종원 씨를 심방하며 한해(旱害) 대책의 민생을 담화한 후, 면 청년단원에 계몽강연 초안을 낭독하는 도중에 무허가 집회를 빙자로 경관에게 중지를 당하다. 면장을 통하여 군수 조병준에게 죄가 삼천에 불효가 크다고 하되[21] 부모 속이고는 용서를 받되, 백성을 속이고는 용서받기 어렵다는 말을 전하고, 서장 김기도에게는 용인의 재해 구제미와 구제 공사비를 놀고 먹으려는 간상모리 탐관오리 정치협잡에 도둑맞지 아니하고 기한(飢寒) 농민에게 입수되도록 감시하여 달라고 부탁을 전하다.

오후에는 수지면소를 심방하여 면직원 일동에게 한해(旱害) 대책의 경과와 방법을 언급한 후 계몽강연의 초안을 낭독한 후 원촌(深谷)[22] 구장 안민수 씨를 심방하여 조상하고 석후에는 민생 문제와 대동단결로 계몽강연을 하다.

3월 19일 일

오전 8시에 안자경 씨가 내방하여 국방부 수원농장 진행 책을 토의하고 이규동 씨를 심방하여 그간 경과를 담화하며 민생에 대하여 토의한 후 대종교 총본사에서 경배를 보고 도형에게 홍범(弘範) 수정과 민생 해결에 대한 담화를 하다. 오후에는 삼일혁명동지회에서

---

[21] 孔子曰, 之屬이 三千이로되 而罪가 莫大於不孝니라.(공자왈, 오형지속 삼천 이죄 막대어불효)
공자 말씀에, 五刑에 속하는 죄가 삼천 가지지만, 그 중에서 불효보다 큰 죄는 없다. <童蒙先習>

[22] 현 수지구 상현동 서원말

민생 문제와 가뭄 대책에 대하여 토의하다.

3월 20일 월

오전에는 용우회 부회장 정기섭, 조기행 양 씨와 민생 문제와 가뭄 대책을 담화한 후 경기도지사 구자옥 씨와 토지개량과장 이석구 군을 심방하여 용인에 민생고를 언급하고, 이시영 부통령을 면회하여 민생 문제를 담화하다.

오후에는 대동신문사에서 이종형 남용안, 어경복 제씨와 합석하여 민중의 당과 대동신문사 보호 육성 발전책을 협의하고, 3시에서 5시까지는 안자경, 고창익, 정용오, 김경렬 제씨와 합석하여 공군본부 기지 22처 농경에 대하여 협의하고, 6시 이후에는 이규동 씨 자택에서 담화하며 석반의 후대를 받다.

3월 21일 화

오전 9시 출발로 성북경찰서에서 신원증명서를 받고 석담사[23]에서 시무하고, 오후에는 안자경, 이규동 제씨와 합석하여 공군본부 후생감실 연락사무소에 대하여 협의하고, 조소앙, 임원순 양 씨를 심방하여 국회의원 입후보에 대하여 토의하다.

3월 27일 월

오전에는 철도승차증 관계로 교통부 장관을 면회하러 김창선 씨와 동반 왕래하고, 오후에는 안자경, 고창익 3인 합석으로 각처 공군 기지에 농군 입식을 협의한 후 김태원 씨를 심방하여 민생 해결

[23] 대동신문 출판 인쇄처.

책을 토의하다. 오후에는 임초운 군이 내방하여 수원에 유축농원 창설에 대하여 협의하다.

3월 29일 수

오전 8시 반 출발로 이종제(姨從弟) 이재산과 동반하여 수원 매산교 대주약방 주인 이득구 씨를 심방하여 대동신문 지사 설치건에 대하여 협의하다. 오후에 국방부 수원농장에 도착하여 금년 작농을 토의한 후 농옥(農屋) 1칸 반을 대금 일만 원에 결정하고 대평동 생질 심준선가에 도착하여 영농에 대하여 협의하다.

4월 10일 월

오전에는 국방부 각 공군기지 비행장 현재 사용치 아니하는 유한지대에는 농군을 입식하여 식량을 증산할 목적으로 용산 육군본부와 시내 을지로 1가 정훈국을 왕래하다. 오후에는 삼일혁명동지회와 석담사에서 시무하고 3시 이후 6시까지는 이동욱 씨 추도식에 참례하다.

4월 11일 화

오전에는 정용오 군과 동반으로 국방부 정훈국장 이선근 씨를 심방하여 각처 공군기지내 현재 유한지에 농군 입식을 협의하다. 오후에는 안자경, 김경열, 정용오 3씨와 함께 호조동맹 사무실로 가서 공군기지에 농군 입식 방침을 토의하다.

4월 15일 토

오전에는 석담사를 경유하여 안자경 씨와 동반으로 경기도 농무과장 최현대 씨를 심방하여 수원농장에 비료를 청구하고 특위판사 김형숙 씨를 방문 담화하고, 국방부 장관에게 보내는 청원서를 국방부 정훈국장 이선근 대령에게 전하다. 오후에는 청원서를 국방부 제3국장 김일환 대령에게도 전하고, 호조동맹 이사장 이규동 씨를 자택으로 심방하였으나 출타하여 만나지 못하고 돌아오다.

4월 16일 일

호조동맹 사무실에서 동지 수십여 명이 모여 동맹 이사장 이규동 씨를 서울특별시 성동갑구에 입후보 시키기로 결정하다.

4월 19일 수

식전에 김기창 씨가 내방하여 그동안 자동차에 부상 경과를 담화한 후 축정국에 밀기울, 등겨 관한 일과 외자총국에 세멘트, 20년 면사, 비료대 교섭 건을 요청하다. 조반 후에는 중앙청내 축정국장 이근태 씨를 심방하여 주축농장 창설 건을 협의한 후 경기도 토지개량과장 이석구, 축정과장 이병재 양 씨를 심방하여 주축농지 적합처를 탐문하며 겸하여 부탁하고 김기창 씨를 방문 담화하며 오찬의 후대를 받다. 오후에는 안자경, 고창익 양 씨를 심방하여 공군기지 농장 건에 대하여 토의하고 삼일혁명동지회에서는 동지 중 입후보에 조력할 것을 협의하다.

4월 20일 목

미국 보스돈 마루손(보스턴 마라톤) 대회에서 우리 청년 함기용 군이 일착, 송길윤 군이 2착 최윤칠 군이 3착으로 국제적 세계에 우승을 하여서 삼천만 국민이 다 같이 반갑고 기뻐하는 바이다. 오후에는 안자경, 고창익, 정용오 제씨의 동의로 국방부 수원농장호를 대표하여 김일환 대령을 자택으로 방문하여 교섭하다.

4월 28일 금

오후에 안자경 정용오 양 씨와 동반하여 용산 국방부 내 제3국장 김일환 대령을 심방하여 국방부 수원농호 처리 문제에 대하여 협의하고 성동갑구 이규동 동지 선거사무소를 심방하여 담화하다. 하오 3시 반 이후는 소격동 61번지 대동신문사 내에서 사원 30여 명이 회합하여 국회의원으로 일오 동지 입후보에 대한 진행 방침을 토의하다.

4월 29일 토

오전 9시에 중앙청 농림부 내 축정국장 이근태 씨를 심방하여 남한에 주축농장 경영을 협의하고 안자경, 정용오 양 씨와 동행하여 양주 구리면 갈매리 안정배 군의 안내로 동구릉 경내 유휴지대에 주축 농경지를 시찰하다. 오후에는 이 태조(太祖) 건원릉에 성묘하고 또 주축 농지를 탐사하며 돌아왔다.

4월 30일 일

오전에 용우회장 정원화 씨를 심방 담화하고, 대종교 총본사에

제7회 교의회에 출석하다. 오후에는 이규동, 지청천 양 씨 선거사무소를 경유하여 안형수 동지를 심방하여 이규동 동지 입후보 후원을 부탁하다.

5월 1일 월 (음 경인 3·15)

생산적인 주축 농장을 경영하기 위해 광주군 대왕면 금토리 농원 40여 정보의 지도를 얻어 가지고 안자경 정용오 양 씨와 농장 경영의 협의를 하다.

어천절 경하식과 대종교 교의식에 출석하여 금후로는 대교에서 공문 거래와 일체 사무 처리에 한글 전용을 결의하다.

5월 2일 월

오전에는 대동신문 인쇄소 석담사에서 이종형 동지와 입후보에 대하여 정선(旌善)으로 이동한 일과, 내가 오전 8시에 신문사 출근 시무하기를 협의 결정하다. 안자경, 정용오 양 씨와 동반하여 주축농장 설계서 초안을 농림부 축정국장 이근태 씨에게 전하고 바로 이규동 씨 선거사무실로 나가서 하오 7시까지 이규동 동지 선거에 대하여 추진 방침을 토의하다.

5월 3일 화

정오에서 2시까지는 이규동 동지 선거사무실에서 호조동맹 이사회를 하고, 하오 4시 반까지는 호조동맹 각마을 대표자회를 열고 이규동 동지가 꼭 당선되도록 운동 추진할 것을 토의하고 안자경 정용오 3인이 동행하여 농림부 축정국에 왕래하다.

5월 5일 금

오전에는 석담사에 출근한 후 중앙청 농림부에 가서 축정국장 이근태 씨를 만나서 동구릉 나갈 약속을 하고 구리면 지도를 찾아다가 안자경 씨에게 전하다. 오후에는 안자경 자택에서 주식회사 동구릉 축산농원 경영 발기회를 하고, 하오 3시 이후는 이규동 동지 선거에 사무를 도와주었다.

5월 6일 토 청

오전에 시공관에서 대한의 최대 난국을 돌파하자는 시국 대강연을 듣고 (강연의 골자는 국회의원에 진정한 애국자를 보내자는 뜻이다), 오후에는 신흥대학 전문부 제2회 졸업식에 축사를 하고 제일관에서 선생과 일반 손님이 신흥대학에 만찬연 후대를 받다. 하오 5시 이후는 정용오 군과 동구릉에 시찰할 준비를 하다.

5월 7일 일 청

오전 9시에 차남 중훈과 축정국장 이근태 씨와 안자경, 정용오, 안장배, 고창익, 이광현 제씨와 동반하여 혹은 집부(짚)차로 혹은 보행으로 동구릉 일대 주축농장 경영할 땅을 시찰하고 하오 5시 반에 돌아오다. 참봉 이필훈 씨도 3정보를 신청함

5월 9일 화

〈일정〉

수요일　수속 완료 인장(印章) 준비

목요일　입식자 결정

금요일 군청 교섭

토요일 현장 결정 분배

일요일 동(同)

월요일 오전 12시 입주식

오전에는 석담사에서 시무한 후, 오후에는 국방부에 가서 수원비행장 농호 50여 호를 적당한 곳으로 이주 입식시켜 달라는 소개서를 국방장관이 농림부 장관에게 하도록 부탁하다. 정용오 씨 자택에서 하오 7시까지 중역 회의를 열고 진행 방침을 토의하다.

5월 10일 수

오전 8시에 대동신문 출판부에서 시무하고 오후에는 동구릉 부국농원 경영 서류를 농림부 축정국장 이근태 씨에게 전하고 바로 국방부에 가서 김일환 대령에게 국방부 장관이 농림부 장관에게 보낸 증거 서류를 아래와 같이 얻고

〈5월 9일부 국방부 발 제993호 농호 입식 의뢰에 관한 건〉

하오 5시 이후는 이규동 동지 선거 사무소에서 시무하다.

5월 14일 일

오전 8시에 이영선, 이예선, 박덕선, 이종훈, 이관훈, 안자경, 고창익, 정용오 8명이 출발하여 12시까지 양주군 구리면 갈매리 안정배 씨 가에 도착하여 부국농원 경영건에 개회 결의를 다음과 같이 하다.

갑지 60정보를 신입주자는 매호 2정보 평균으로 우선 분배하고

을지는 현지 기존 규약에 의하여 갑지 후보지를 제외하고 회사 축장(畜場), 갑지를 제외한 분(分)을 부락민에게 균일분배하기로 함
갑지 지주(持株)는 1정보 단위 30주 이상, 을지 1정보 단위 20주이상으로 함
신입식 농호는 인창리 2곳에 15호, 사노리에는 5호, 갈매리에는 10호 합계 30호로 함
이상으로 결정함

하오 5시 반에 각각 돌아오다.

5월 15일 월

축정국장 이근태 씨를 심방하여 부국농원 경영방침을 협의한 후 정용오, 안정배 양 씨와도 상의하다. 오후에는 성북구 성북동에서 호별 방문하며 조소앙 선생 후원을 요청하고, 하오 8시에서 10시 반까지는 이규동 동지 정견 발표에 찬조 강연을 하다.

5월 18일 목

오전에는 인쇄소에서 시무하며 각 부장급을 집합하고 출근 시간을 엄수하며 사무에 성실히 근무하라는 주의를 주다. 안자경, 정용오 양 씨와 동반하여 농림부 축정국장 안내로 산림국장을 면회하여 동구릉 내 유한지대에 부국농원 창설을 요청한 후 금후 진행 방침을 토의하다.

오후에는 김태원 씨를 심방하여 농림장관 면회 안내를 부탁하고 부국농원 경영자금 관계로 각 주주(株主)를 방문하고, 하오 8시에서 11시 반까지 이규동 씨 정견 발표에 찬조 강연하고 안형수 씨와 같이 자며 담화하다.

5월 20일 토

오전 8시에 석담사로 출근하여 시무한 후 김태원 동지와 같이 농림장관 윤영선 씨와 동 차관 주석균 씨와 산림국장 김성환 씨를 각각 심방하여 동구릉에 부국농원 경영을 제안하고 허가 협력을 요청하다. 오후에는 축정국장 이근태 산림국장 김성환, 부국농원 간부 안자경, 고창익, 정용오 제씨와 비를 무릎쓰고 집부(짚)차 두 대를 타고 동구릉 임야를 시찰하고 하오 5시경 돌아오다. 동 6시에서 8시까지는 이규동 동지 선거 사무소에 나가서 선거의 진행 방침을 토의함

5월 21일 일 청

오전에는 이규동 동지의 입후보 원조를 하기 위하여 안형수 동지와 성동갑구 유권자 가택 방문을 하고, 오후에는 성북구 삼선국민학교에서 입후보자 유화청, 김한천, 유만석, 조병옥, 서성달, 조소앙 제씨의 종합 정견 발표를 청취하고, 성북구에 유권자 박광희 씨가 유력자 6, 7명을 심방하여 조소앙에게 투표를 부탁하다.

5월 24일 수 청

오전에는 신문인쇄소에서 시무한 후 안자경, 정용오 양 씨와 함께 농림장관 윤영선 씨 산림국장 김성환, 축정국장 이근태 제씨와 부국농원 창설을 협의하다. 오후에는 이왕궁내 이왕직 재산관리국장 이병주 씨를 심방하여 부국농원 창설을 토의한 후 김상겸 씨를 심방하여 담화하다.

5월 28일 일

오전 10시에서 하오 3시까지 농림부 장관 윤영선 씨, 산림국장 김성환 씨, 축정국장 이근태 씨, 석유회사 대표 김태원 씨, 안자경, 정용오, 안정배 씨 외 7, 8인과 같이 부국농장을 창설키 위하여 동구릉을 시찰하다. 하오 8시에서 11시까지 이규동 동지 정견 발표에 찬조 강연을 하고 안형수 동지와 유숙하며 담화하다.

5월 30일 화

금일은 5. 30 국회의원 선거일이므로 오전에는 성북구 선거사무소에서 조소앙에게 투표한 후 성북구 각 투표소와 성동 갑구 각 투표소를 시찰하다. 오후에는 조소앙을 자택으로 방문하였다가 외출하였으므로 면회치 못하고 선거사무원에게 특별주의 부탁을 하고 정용오군을 심방하여 부국농원 창설의 진행 방침을 협의하다.

5월 31일 수

오전에는 신문인쇄소에서 시무한 후 정용오, 안정배 양 군과 동반하여 농림부 장관과 축정국장을 심방 면회하여 동구릉에 부국농원을 시급히 창설하여 오십여 호 농민의 생활 해결을 실시하기로 결정하다.

오후에는 이규동 동지가 낙선에 위로를 한 후 성북구 조소앙 동지 당선을 축하고 집에 들어가니, 생질 심준선 군이 자기 일가 청년과 내방하여 화성군 화산능 유한지에 부국농원 창설하기를 협의하다.

6월 1일 목

정용오군과 함께 김태원 씨를 심방하여 부국농원 창설에 대한 담화를 하고 바로 중앙청으로 농림부 차관 주석균 씨와 장관 윤영선 씨를 면회하여 부국농장 창설 추진을 역설하고 또 부통령을 면회하여 그간 경과를 보고하다. 오후에는 김일환 대령을 심방하여 부국농원 창설에 국방부 장관을 통한 협력을 요청하다.

6월 2일 금

오전에는 신문인쇄소에서 시무한 후 부국농원 창설 서류를 국방부 제3국장 김일환 대령을 통하여 국방부장관 신승모 씨에게 전하고, 바로 농림부장관 윤영선 씨를 면회하여 농원 창설 추진을 요청하다. 오후에는 용인에 출마하였던 정기섭 씨가 낙선을 하였다 하므로 위로를 하다.

6월 4일 일

오전 8시 출발로 안자경, 정용오 안정배 3씨와 작반하여 동구릉에 가서 이왕직 재산관리위원장 이병주 씨 이하 직원 10여 명과 함께 구릉에 각 소릉을 참알(參謁)하다.

오후에는 농림부장관을 자택으로 심방하여 경과를 보고하고, 부국농원 급속 창설을 주장한 후 국회 당선된 의원 중 유기수, 신익희 양 씨를 자택으로 심방 축하하다.

6월 10일 토

오전에는 소격동으로 이종형 씨를 심방하여 부국농원 창설 관계로 이대통령께 교섭한 결과를 청취하다. 오후에는 신문인쇄소에서 시무한 후 김백주 대형 댁을 방문하고, 삼일혁명동지회에서 지응진, 맹철호[24], 김홍순 외 십여 동지와 생산으로 민생 해결책을 담화하다.

6월 11일 일

신흥대학을 심방하여 김정열 학생의 입학을 소개하고, 오후에는 정용오 군과 영등포 상도정 221번지의 이병주 씨를 심방하여 양녕대군 위토소작인과 분쟁이 있음을 조정하여 줄 차로 처음부터 분쟁 동기와 일의 경과를 조사하다.

6월 16일 금

오전에는 신문인쇄소에서 시무한 후 정용오 군과 영등포구청장 김교흥 씨를 심방하여 양녕대군 이하 32분상의 위토일체를 언급하고, 오후에는 구왕궁으로 이병주 씨를 심방하여 동구릉내에 부국농원 창설건을 독촉하고, 하오 5시경에 김상겸 씨를 심방하여 부국농원 창설건을 협의하다.

6월 19일 월

신문인쇄소에서 시무한 후 정용오 동지와 구왕궁 재산관리위원장 이병주 씨를 심방하여 부국농원 창설에 긴급을 언급하고 위원회 급속 소집을 부탁하고, 오후에는 김태원 동지를 심방하여 부국

[24] 맹철호(孟喆鎬, 1889~1959) 경기도 용인 출신 독립운동가, 호는 해사(海史). 일명 공유(公有) .

농원 급속 추진의 협력을 청탁하다.

6월 25일 일

오전에는 안자경, 고창익, 정용오 3씨와 동행하여 경무대로 경찰서장을 면회하러 가다가 비상경계[25] 관계로 면회는 못하고, 전화로 동구릉에 수원비행장 농호 입식에 대하여 협력하여 달라는 부탁을 하다. 또 소격동으로 이종형 씨를 심방하여 비상시 대처를 협의하다.

각 신문과 벽보 호외를 통하여 이북군이 38선 옹진에서 강릉까지 월남 침범하므로 군대를 출동시켜 격퇴 응징하는 동시에 시내 비상 경계령을 내려 시민 전체에게 특별 경계 주의를 시키더라.

6월 27일 화

오전 8시에 출근하여 부장 이하 편집부원 일동과 공장 직공 일동을 데리고 하오 5시까지 직장을 잘 지키며 시무하고 귀가함에, 국군과 인민군이 교외 각처에서 연일 연야하여 접전하므로 피난민이 남녀노소가 남부여대하고 연속하여 시내로 들어오더라.

6월 28일 수

오전 5시에 북한 인민군의 대승리로 인민군이 정식으로 질서정연하게 시민에게 피해 없이 입성하므로 좌우에서 시민이 인민군 환영 만세를 부르니, 이로부터 조국의 국토 통일이 완전히 되면 '

[25] 전쟁 발발에 의해 경계 강화

國은 以民爲天이고 民은 以食爲天'인데[26] 의식(衣食)의 생활난으로 인하여 도탄에서 헤매던 우리 인민의 생활문제가 원만히 해결되기를 바라며 믿는 바이다.

[26] 王者 以民爲天(이민위천), 而民 以食爲爲天(이식위천) 왕은 백성을 하늘처럼 여기고, 백성은 먹는 것을 하늘로 여긴다. <史記>

2. 단기 4283년(1950) 7월 3일~12월 31일

서기 1950년[1] 7월 3일 월

오전에는 조소앙 동지를 심방하여 전시하 민생 문제 해결책을 담화하고 신흥대학 현직원 학생 신흥학우단 간부가 연합하여 인민군 환영 행렬에 나가고, 오후에는 삼일혁명간부가 회집하여 조선혁명투사자치위원회를 조직하다.

서기 1950년 7월 4일

오늘은 내가 20세 이후로 독립운동하다가 왜적에게 잡혀서 함흥 감옥에서 고생하다가 25년 전에 해방된 날이다. 오전 오후 삼일혁명동지회를 조선혁명투사자치위원회로 조직하는 데 참가하여 신흥대학에 다녀오고 석담사 인쇄소를 부활시킬 운동을 하다.

7월 7일 금

(조선혁명투사동지회) 금일 행사 출근 시간은 오전 9시로 퇴근 시간은 오후 5시로 결정하고

1. 출퇴근 시간은 엄수할 것
1. 각기 맡은 직무에 충실할 것
1. 회원 각자가 입지를 견확(堅確)히 하고 행동을 민활히 하고 기상

---

[1] 이날부터 연호 표기를 단기에서 서기로 바꿔 기재하기 시작하였다. 서울에 진주한 북한군이 공식적으로 단기 대신 서기를 사용한 것으로 보인다.

을 명랑하게 하며 회의 체면을 유지할 것으로 정하고 각 부서에서 활동을 개시하다.

7월 8일 토

까트리(카톨릭 ?)교 후생부에서 쓰는 찌부차 한 대를 내무서 성북서에서 비상용이라 하며 가져 가다. 금일부터 조석회(朝夕會)를 실행하며 각 부서에서 행한 바 일을 당일 당일 보고를 받기로 하다.

회원 전체는 단결을 하며 놀지 말고 일을 하며 고락생사를 같이 하기로 결정하다. 근일에는 일반적으로 식량 문제로 인하여 대곤란을 겪으므로 타개책을 강구하다.

7월 10일 월

회원 각자가 식량 배급을 받기 위해 가족 남녀 인구수와 직업을 기록하여 각 반장과 통장의 수속을 경유하여 구의 인민위원회와 시 위원회에 제출하고, 조선혁명투사위원회에서 위원장 이하 각 부장급에서 연석회의를 열고 금후 진행 방침을 토의하다.

7월 11일 화

조회 시간에 각 부서를 개편하기로 협의하고 하오 4시 반에서 5시 반까지는 청년부 사무실에서 위원장 이하 각 부처장 회의를 열고 부서 개편하기로 결정하다.

하오 6시 반까지는 위원장 부위원장 2인과 천주교 신부가 합석하여 금후 혁명투사위원회와 천주교회에서 연락을 긴밀히 하며 사업을 진행하기로 토의하다.

7월 12일 수

상오 9시 조회 후에 임시총회를 열고 각 부서를 개편하고 규칙을 수정하여 통과시키고 회장 이하 각 임원의 인사가 있은 후 곧 실천에 옮기기를 결정하고 폐회하다.

오후에는 안자경 씨를 심방하여 안정배 군을 반가히 만나고 주축 농장에 대하여 금후 진행 방침을 토의하고 수원비행장으로부터 온 사람에게 전후 상황을 자세히 청문하다.

7월 13일 목

조회 시간에 우리는 삼일 정신을 계승하여 전후좌우와 동서남북은 물론이고 외세에 의존도 아니하고 어떠한 외세에 덕도 또는 원조도 바라지 아니하고, 오직 조선 사람의 실력, 정신으로 조선 민주주의 완전 자주독립에 투쟁하여 나감을 선언하다.

오후에는 이규동 동지를 심방 담화한 후 오세창 선생을 심방하여 남북의 무혈 통일책을 협의하다.

7월 14일 금

어제는 내무성에서 성모병원을 사용하고, 금일은 경비사령부에서 정동 천주교당 내의 대강당, 여자중학교 강당과 계성중학교를 사용하므로 우리 조선혁명투사위원회에서는 서적판매부와 학생기숙사로 이전하다.

7월 15일 토

김동순[2], 김영숙, 김홍순 3씨를 심방하여 민생 문제 해결책을 토의하고, 오후에는 허영백 씨를 심방하여 식량 해결책을 토의하다.

7월 16일 일

오전 9시에서 11시까지 미기(美機)가 이태원 해방촌과 화약고를 폭격하여 인명과 물질의 피해가 적지 않으며, 화약고 부근에서 부상을 당한 노소남녀가 가구와 의복 보따리를 짊어지고 사방으로 이산(離散)하는 형상은 목불인견이로다. 오전에는 조선혁명투사위원회 사무실과 회의실을 정리 청소하고, 오후에는 대종교 총본사 윤단애 도형과 묵정동으로 이규동 동지를 심방하여 민생 문제 해결책을 협의하다.

7월 17일 월

조선혁명투사위원회 본부와 동 청년자위대 본부까지 사무실을 경비사령부에서 사용한다 하므로 이전할 사무실을 각처로 탐문하고, 부득이 전 삼일혁명동지회 사무실로 이전하다.

7월 18일 화

금일 오전 7시경 상부 지시가 반장을 통하여 지시 내에 방공호를 급속히 설립하라 하므로 오전에는 2통 4반 반원 전체가 공동작업으로 방공호를 파다. 오후에는 농장장 안자경 씨와 족손(族孫) 북구

2 김동순(金東純, 1894년~?) 독립운동가, 함경북도 청진 출신, 북로군정서 가입 군자금을 모집 활동하다 피체.

를 심방하여 식량 대책을 협의하다.

7월 19일 수

의외로 공습 때에 부상자가 나면 성북동 2통 4반에서는 내가 구호의 책임자로 피선되었으므로 금일부터 외출을 피하고 주의하며 '인간 처세학'을 성심으로 습독하다.

미기 삐(B) 29호는 매일 2, 3차례 상공에서 배회하므로 시민은 불안성(심)을 항상 띄우고 지내더라.

7월 20일 목

오전 9시에서 10시까지 한 시간 가량을 미 폭격기 4대가 남산 상공에 3회를 돌며 용산 부근에 또 폭격을 하였다 한다. 오전에는 성북동 2통 4반의 공동작업으로 방공호를 파고, 오후에는 식량이 떨어져서 외종손 심석두에게서 밀 5승과 백미 1승, 장사동 매제에게서 보리쌀 2되를 변통하였다가 다행히 절화(絶火)[3]를 면하다.

7월 25일 화

장남 장훈과 종훈이가 용인 갈래[4] 가서 만 3일 만에 각각 보리쌀 소두(小斗) 3말씩을 운반하여 오느라고 어깨와 가슴이 삼복 중 폭양에 데어 벗겨진 것을 보니 애처로운 생각을 금할 수 없으며 민생고를 추측하여 가히 알게 되다.

7월 1일 이후 식량이 곤란하므로 배추, 호박, 감자, 메밀가루나

---

[3] 아궁이에 불이 끊어진다는 뜻으로, 몹시 가난하여 밥을 짓지 못함을 이르는 말.

[4] 용인시 기흥구 신갈동.

혹은 보리쌀을 섞어서 죽 생활을 20여일 하니까 가족이 모두 허약하여 일을 잘하지 못하며, 또는 모두 설사를 하는 중에 나도 설사에 걸려 작금 양일은 출입을 못하였다. 그런 중에 의용병과 용산, 청량리 등지 공사 출역(出役)으로 매일 2, 3차 반통회를 한다.

7월 27일 목

오전 6시에 성북제일동위원회에서 동내 세대주 전체를 소집하고 각 가정과 동내 청소제와 등화관제에 주의를 주고 서울시에서 오십만 인구를 각 지방으로 소개하게 되었으니(전출) 각종 공업기술자는 북반부로 농업자는 남반부 해방 지구내로 금일 통반장을 통해 각자가 신청하도록 부탁하더라.

오전 10시에는 제1동 위원회 사무실에서 소개당하여 갈 사람의 신고서를 받으며 전출 지도위원과 방공위원을 선정하고, 오후 1시에는 성북인민학교(국민학교) 광장에서 1동 2동 인민 전체를 모아 집합시키고, 서울시위원장 3인이 나와서 시국 강연을 하며 급속히 전출시키는 취지 요령을 다음과 같이 말하다.

첫째, 미기 폭격이 심하니 인명과 재산의 침해를 미연에 방지함이요.

둘째, 남북에 식량은 준비되어 있으나 수송 관계로 운반을 못하니 서울에 식량난을 완화시킴이요.

셋째, 북에는 각 공장이 쉬게 되고 남에는 농장이 많이 묵게 되니 공업 기술자는 북으로 농업 기술자는 남으로 가서 일을 하게 되면 국책에 응하여 생산 증산이 많이 될 것이다.

이외에도 전출의 필요성을 많이 말하다.

7월 28일 금

오전에는 정원화 씨 외 몇몇 동지를 심방하여 식량 대책과 민생 해결책을 토의하고, 오후에는 이규동 씨를 심방하였으나 3일 전에 중구 내무서에서 불러갔다 하므로 만나지 못하다.

오후 4시 반에 근로봉사 동중(洞中) 출역으로 50여 명이 동원되어 성북구위원회지도에 따라서 도보로 청량리역을 경유하여 의정부 부근 산록에서 축성호와 같이 상폭 1메다(m) 반, 하폭 1메다, 깊이 1메다 반. 사람마다 3메다씩 완료하기로 한 책임제인데 성북구내 오백여 명 동원으로 29일 오전 9시 반까지 달하여 작업을 마치고 29일 정오 12시까지 집에 돌아오다. 그동안 작업 중에 기갈(飢渴)이 심하여 부녀자는 작업률이 부족하므로 남자들이 보충 작업을 하다. 전체일에 감독은 인민군이 하다.

7월 29일 토

근로봉사 작업장으로부터 12시 집에 도착하여 수원으로 전출할 이사 준비를 하다. 전출위원의 지시에 의하여 가구 의복 대강을 친척집으로 임치(任置)하다.

7월 31일 월

금일은 성북동 인민위원회에서 원적지인 용인 혹은 수원 지방으로 전출증명서를 받고 일가친척과 대종교 총본사에 인사를 다니다. 하오 5시 반에 가산(家産) 집물을 기록하여 김형국에게 임치하고 바로 떠나서 장사동 매제가에서 유숙하다.

8월 2일 수

오전 5시 출발하여 일반 피란민과 함께 도보로 전진하는 도중에 안형수 씨 일행과 종손 성구 일행을 만나서 동행하여 정오 12시에 용인 풍덕내에 도착하다. 장질부와 차질 종훈이 댁과 질녀가 영접을 나와서 반갑게 맞아주고 피차간 경과를 이야기하며 12시 30분에 무사히 보정리 장질 창훈의 집에 도착하다.

8월 7일 월

오전에 신갈리에서 미기의 폭격으로 평민 사망하고 1명은 중상을 당하여 서울로 치료를 하러 가더라.

8월 10일 목

오늘부터 고추밭에 풀을 뽑는데 사방에서 미기의 폭격이 심하므로 종종 뽕나무 밑에 가서 숨기를 하고, 또 충북서 오는 의용군 70여 명은 서울로 향하며 가는데 오전 11시 가량에 보정리 각 농호에서 피신을 하다가 어둠을 기다려서 서울로 떠나가더라.

8월 11일 금

오전 9시부터 가제골 목화밭에 김을 매다.

12일 오전 4시 반에 청주에서 오는 의용군 5천여 명이 도착하여 마을 각호에 7~8명, 10여 명. 20여 명씩 배당하여 낮에 잠을 자고 밤에는 서울로 계속하여 가더라. (미기의 폭격을 염려하여서)

8월 16일 수

오전 수원시청 농산과장과 주택 농지에 대하여 교섭한 후 화성군 위원과 군 농산과장을 심방하여 수원비행장에서 경작 생활하던 농호 58호에 주택과 농지 알선을 화산 능내로 주선하여 달라는 부탁을 하다. 오후 3시에 떠나서 독바위 이모님을 찾아뵈고, 하오 6시 반에 연원 아우집에 도착함에 차남 중훈이가 의용병에 나간다 하므로 나라 일에 부득이한 사정이나 과거 수년간을 맹장염 늑막염 위장병 등 중병으로 고통을 받던 몸이라 안심이 되지 아니하고 대단히 염려되는 바이다.

8월 25일 금

또 오전 8시 출발로 화성군 인민위원회 농산과장 김 씨를 찾았으나 출장 가서 그저 돌아오지 아니하였으므로 과원 3~4명에게 수원시 비행장 농장 경과를 말하고, 이전 받은 58호 주택과 농지를 부탁한 후, 하오 2시경에 출발하여 수원 동문으로 나오며 관망한 즉 수원역 부근에 폭격이 심하여 큰 건물이 불에 탐으로 역 부근에 연기가 자욱하고 폭탄 터지는 소리가 요란하더라. 도중에 족손 이승구를 만나서 그의 안내로 두릉리[5] 승구의 부친 이필훈 씨를 심방 담화한 후 김원우 씨 댁을 심방하고 성복골로 정자뜰을 경유하여 하오 7시경에 연원 아우집으로 돌아오다.

8월 28일 월 (음 7월 15일)

오전 8시 출발 동 11시 화성군에 도착하여 농산과장 김성려 씨

[5] 현 수원시 이의동의 마을.

에게 화성군 안용면 화산능내에 거주하며 토지를 개척하며 농사 경영할 것을 허락받고, 안용면 인민위원장에게 알선하여 달라는 소개서를 받아가지고 돌아오다. 도중에 산의실 장생질 심흥선에게서 점심을 하고 차생질(次甥姪) 주선과 그의 4촌 심만선이 동행하여 화산능내를 돌아보는 예약을 하고, 하오 5시 반에 보정리 아우의 집으로 도착하다.

8월 30일

오전 8시에 화성군 방면에 폭격이 전보다 심하므로 심준선과 만선은 가지 않고 나 혼자 모험으로 출발하여 안용면 인민위원회를 찾아가니, 면 사무를 용주사 절에서 본다하므로(폭격을 피하여서) 곧 용주사로 찾아가니, 인민군이 가득 차서 또 면사무를 기안리로 이전하였다 하므로 다시 기안리를 찾아가서 안용면 인민위원장 이정봉 씨를 심방하여 능안에 안내와 주택 토지를 알선하여 달라고 하니, 8월 28일 밤으로 인민군 수천 명이 와서 용주사와 밑 재실에 가득 차 있어서 어찌할 도리 방법이 없다 하므로, 이 사실을 화성군 농산과장한테 말하고 화산 능안에 휴간지 개간 복구 사업은 안정 시기를 기다려서 실시하기로 연기하고, 산의실 심흥선에게 와서 흥선, 준선, 만선, 제군 형제와 담화하며 유숙하다.

9월 1일 금

8·15 해방 이후로 크고 작은 일들이 정해진 대로 하였을 뿐이지 생각대로 되는 일이 없으므로 금일부터는 가사나 돌보며 시국이 안정할 때를 기다려 일하기로 결정하고(이것이 가족과 친척 전체의 뜻이다.) 오전

에는 김장 무, 배추 밭을 매고, 오후에는 논에 피잡이(피사리)를 하다. 대저 개인으로는 남의 덕과 원조를 바라지 말며 자기의 힘으로 생활을 하고, 국가로는 외국의 원조와 덕을 바라지 말고 자국의 실력으로만 건국 발전하는 날이 완전한 자주독립이라.

나 자신부터 내가 남을 원조하여 주고 덕을 보여줄지언정, 남의 덕이나 원조는 바라지도 아니하며 또 받지도 아니하고 생활하기로 일평생 결심 실행이다.

9월 9일 토

용인군에서 선전위원이 나와서 오전에는 마을 인민을 집합시키고 이북(북한정부)의 시정 방침과 현재 정치 교육 기타를 선전 강연하다. 오후에는 안형수 씨와 같이 이발을 하다.

9월 12일

오전 10시에 장질 창훈이가 와서 익모초 다린 물을 서체약(暑滯藥)으로 같이 먹고 동행하여 문사선 씨를 심방하여 그동안 격조하였던 담화를 하며 오반의 후대를 받다. 또 문(사선)과 3인이 동행으로 이운필 씨를 심방하여 4, 5인이 좌담을 개시하였는데, 하오 5시에 풍덕내 부근으로부터 구읍내 구성면사무소 앞까지 10리 거리 안에 비행기 7대가 지나며 폭격과 사격을 3지점에 시행하여 인명 사상과 부상이 수십 명 일어났다고 하다. 5시 50분에 떠나서 연원 아우의 집으로 돌아오다.

9월 17일 일

오전 9시부터 아우와 같이 들논에서 피잡이(피사리)일을 하는데 정오 12시부터 하오 5시 반까지 미기 11대가 용인 수지면 구성 기흥면 수원지방 상공에서 폭격과 사격이 심하며 인명과 건물이 적지 않게 상하였다. 보정리 연원에서도 행인 일명은 폭격에 즉사하고 일명은 중상을 당하여서 내무서로 연락을 취하여서 중상당한 사람은 병원으로 보내고 사망한 사람은 매장을 하다.

9월 18일 월

금일에도 오전 10시부터 하오 6시 반까지 들논에서 형제간이 피잡이로 소일하다. 오후에 안형수 동지가 서울에서 떠나 도착하여 대강의 소식을 전하여 주다. 듣는 바에 의하면 인천에서 미군이 9월 16일부터 상륙을 하여 포성이 연속 부절(끊이지 않아)하여 소사벌까지 전쟁을 하며 들어오다가 인민군 응전에 도로 인천과 남양 방면으로 후퇴를 하였다고 한다.

9월 21일 목

오전 5시부터 미기의 폭격과 서북(인천 서울간에) 방면에서 대포와 함포성이 요란하다. 전하여 듣는 바에 의하면 국군과 미군이 합세하여 수원, 안양, 영등포로 해방 진주하였다 한다. 석양에는 대로변의 주민들은 공포심을 느끼며 의복과 가구를 산곡 또는 마골로 이전하느라고 분주하더라.

9월 23일 토

전하는 바에 의하면 서울도 인민군은 후퇴하고 해방되었다 하므로 오전 7시에 형제 숙질간(봉선 아우, 장훈, 족하) 의논하고, 제3차 해방을 기념하는 의미에서 23일 ~25일 합 3일간을 휴업하기로 하고 금후 할 일을 협의하다.

9월 24일 일

금일 역시 기념으로 휴업하며 정세를 관찰하매 각 가정과 시가와 기관에 태극기를 달고 각기 환영하는 의사를 표시하더라.

단기 4283년[6] 9월 25일 월

오전 11시 이후 하오 5시 반까지 땔나무하는 작업을 하다. 용인 구읍내에서 풍덕내로 가는 대로에 기계화부대 탕커차(탱크)와 지부(지프)차가 서울 방면으로 행진하는 것을 보았다.

6월 28일에는 북에서 탕커차가 방포를 하며 서울로 들어오는 것을 보고, 만 3개월 되는 금일에는 남에서 탕커 전차가 발포를 하며 서울로 향하는 것을 보니 동서고금에 역사상 처음 보는 동족 혈전은 감상을 형언하기 어렵다.

9월 26일 화 (음 8월 15일 가배절, 秋夕名節)

해방하는 날이며 전래하는 추석 명절이므로 오전 9시부터 추석 제사를 제1차로 장질 창훈에게서 제2차로 아우 봉선네서 제3차로

[6] 국군이 수복하여 다시 단기로 표기.

재종숙 익근 씨에게 각각 지내고 음복과 조반을 가족 진척이 함께 마치다. 오후에는 아우, 재종숙, 나 3인 동행으로 덕골가서 부모님 이상 선조 산소에 성묘하고, 영덕리 재종제 예선에게서 점심과 주과, 음복을 하며 제1차에서 제3차까지 해방의 역사 담화를 하고 석반 저녁까지 먹은 후 재종숙 익근 씨와 아우 봉선은 보정리 연원으로 돌아가고 나는 재종제 예선과 담화하며 유숙하다.

9월 27일 수

오전 8시 반에 재종제 예선과 동행하여 제미개 5대조 산소에 성묘를 하고, 재종제는 자기 처남 김홍규 이외 폭격을 맞아 사망한 18인의 매장에 참여하러 갈골 안말로 가다.

나는 화성군 수원으로 들어오며 살펴보니 대로에는 미군이 탄 도락구(트럭), 지뿌차가 용인 여주, 이천과 서울, 인천 방면으로 끊이지 않고 수원시 대로변과 팔달문 좌우면에는 유엔사령부 포고문이 붙어있는데 내용은 이러하다.

9월 26일 하오 2시 45분에 서울시는 완전 탈환하고 또 북진 중이며, 남에는 국군과 미군 유엔군이 합하여 조치원까지 쳐내려가며 대구에서 청주까지 쳐들어온다고 하였다. 의미가 심장하도다. 제1차 해방은 양력으로 8월 15일이 되고 제3차 해방은 음력으로 8월 15일이 되니 음양이 합치되며 일월이 원만하고 천지 기후가 화창명랑(和暢明朗)하고 민심이 환영하니 이번 해방이 완전한 해방이 되기를 바라며 믿고 힘쓴다.

10월 1일 일

오전 9시 출발로 수원시에 도착하여 동정을 실펴본 즉 벽보에 이승만 대통령은 9월 29일 하오 9시 맥아다 장군과 무사히 서울에 입성하여 경향 통행도 대강되는 모양이며, 치안과 파괴의 복구도 멀지 않아 잘된다 하며, 곳곳에 국군과 유엔군 환영 만세를 써서 붙이고 국군과 유엔 연합군 차가 연락부절로 서울과 시골대로 통행하더라. 하오 6시 반에 영덕리 재종제 예선가에 도착하여 유숙하며 생로(生路)에 대하여 담화하다.

10월 3일 화

금일은 개천절 경일이라. 오전 5시에 기상하여 경배를 보며 원도와 송도를 하고 이영선 가훈을 암송하다. 오전 8시 반부터 국군과 미군이 합력(合力)하여 연원 부락과 근처 산림에 은익하여 있는 인민군을 대수색하더라.

기계화부대 전차대는 수백 대가 서울 광주 방면으로 진행하고 국군과 미군은 산과 들에 그득하게 널려있어 유숙하며 부산으로 진행하더라.

10월 5일 목

오전 6시 50분부터 출발하여 하오 2시에 서울시 장충동에 도착한 즉 과연 듣던 말과 같이 인명 사상은 그 수가 아직 미상하나 건물은 소화 파괴로 형용도 없는 것이 삼분의 일 이상이라 하는데 처참한 형상은 목불인견이며 불가형언이더라. 하오 3시 반에 성북동 176의 5호 전 살던 집에 도착하니 가옥의 주인 김형국 부인이 오반에 석반겸 하여 줘서 가족이 잘 먹고 잘 유숙하다.

10월 7일 토

오전에는 소격동으로 이종형 씨 댁으로 심방하여 대동신문사원 몇 분을 만나서 신문에 대하여 진행 방침을 토의한 후, 중앙청으로 농림장관을 심방하였으나 부산 출장으로 만나지 못하고, 차관실 서기와 담화하다. 오후에는 안자경 씨를 심방하여 부국농원을 계속하여 경영할 일을 토의하다.

10월 8일 일

반장과 동회를 심방하여 식량 배급을 수속한 후 대종교 총본사에서 경배를 보고 계속하여 간부회의를 열고 신종보국단을 조직하며 대종교 선무반을 조직함에 조사보고, 위문구호, 애국정신 환기 3반을 두기로 부서와 임원을 결정했는데 나는 당국 각 기관 교섭위원으로 피선되다.

하오 3시 이후는 안자경 씨와 동반하여 종로 이남 남대문통 좌우와 삼판동 일대를 시찰한 즉 시가 건물에 대하여 폭격 방화 파괴로 인하여 황폐한 형상은 '桑田碧海須臾改'[7]로 또한 목불인견이고 구불가형언이며 인명사상도 셀 수 없다. 시가 건설은 인공으로 기왕보다 낫게 할 방법이 있거니와 귀중한 인명 사상은 회복할 도리 방법이 없으니 이것이 크게 탄식할 바이로다. 석양에 김일환 대령을 심방하였으나 가옥은 소실되고 사람은 돌아오지 아니하여 만나

[7] 節物風光不相待(절물풍광불상대) 철 따라 나는 문물, 아름다운 경치는 서로 기다리지 않고 桑田碧海須臾改(상전벽해수유개) 뽕나무밭은 잠깐 사이에 푸른 바다로 바뀐다네. 盧照隣의 長安古意 중.

지 못하고 돌아오다.

10월 9일 월

오전에는 신흥대학을 심방하여 부학장 이규창 씨와 금후 할 일을 협의하고 오후에는 대동신문 출판부로 가서 간부와 상의한 후, 정만교 씨와 동반하여 허영백 씨와 이병탁, 김태환 양 씨와 기타 호조동맹 간부와 신흥무관학우단 간부에게 신흥학교로 연락을 취하여 집합하기로 통지하다.

10월 10일 화

오전 10시에서 하오 1시 반까지 신흥대학에서 이영선, 김태환, 전흥원, 정만교 제씨의 회의로 호조동맹과 신흥학우단에서 금후 할 일을 협의하고(당국에 등록 기타),

오후에는 중앙청내 외자청으로 김태원 씨를 심방하였으나 만나지 못하고 이원영 씨와 동반하여 해군본부로 삼남 두훈의 소식을 탐문한 즉 부산 해군에서 근무하고 있다하더라.

10월 14일 토

창경원 앞에서 조병현, 이성규 양 씨를 만나서 3인 동행으로 구국의용군총사령 이종형 씨를 환영하러 시내 시천교당으로 갔으나 아직 돌아오지 않았으므로 대동신문 출판부로 사장 이취성 여사를 반가히 만나서 인사한 후, 대종교 총본사에서 하오 3시부터 또 시국대책위원회를 열고 책임위원을 선정하는데 나도 도형의 추천함에 이의없이 위원으로 피선되다.

10월 22일 일

대종교 총본사에서 경배를 보고, 할 일을 아래에 열기하다.

종군 증명

선무반

반장　신대식

부반장 백남규 이진구

선전대 (서무, 선강, 교섭) 대장 이범영

위구대 (경리, 위호(衛護), 모연(募捐)) 대장 이현익

근로대 (조사, 조무, 수송) 대장 김희백

오후에는 제3국장과 정훈국장을 면회하러 왕래하다.

10월 29일 일

오전 9시에 공보처 국장을 면회하여 또 신문 발행에 교섭을 한 결과 11시에 11월 1일 부로 발행하라는 확답을 듣고 바로 본사에 보고하여 급속히 준비하도록 하다.

오후에는 국방부 제3국장을 면회하여 이용범 공장을(목재와 철공장) 군수공장으로 허가하여 달라는 청탁을 하고, 또 신문을 발행할 종이 배급도 부탁하다. 사장 자택서 강원도 국회의원 12명을 초대하여 국사를 의논하는 좌석에 참석하다.

10월 30일

오전 8시 출발로 소격동 도착하여 민중당 발전책과 대동신문 발행 준비건과 한국반공단 부활건에 대하여 명예 사장과 타협하다. 사장과 동행하여 본사 고문 강병주 목사를 심방하여 전 대한일보

사옥을 현 대동신문 사옥으로 사용하기를 교섭한 후, 부통령을 면회하여 시국 문제와 민생 문제를 담화하고 소격동 사무실로 돌아오다.

11월 1일 수

오전 8시 출근으로 공보국장 박근혁 씨를 면회하여 신문 등록과 발행에 대하여 협의하고, 오후에는 국방부 정훈국에 신문발행 보고차로 왕래하다. 금일 조회와 명예사장 훈사 시간에 각 임원에게 사령서를 교부하고, 나에게는 대한일보 발행 이후로 대동신문 정간시까지 6·25일 이후 9월 28일 해방할 때까지 포연 탄우 전란 중에 신문을 완전히 보관한 공로를 표창하여 상금 10만 원을 주고 신문은 사보로 신문사에 귀중히 보관시켰다.

11월 2일 목

오전 8시 반 출근으로 9시 조회를 보고 11시에 공보국장에 대동신문 계속 발행 허가를 맡아 오다. 오후에는 국방부로 군수국장과 정훈국장을 면회하여 대동신문 속간함을 전달하고, 군수국장 김일환 국장에게 이용범의 일을 특별히 부탁하다.

11월 6일 월

오전 9시로부터 12시까지 아래같이 정훈 강습을 받았다.

1. 20세기에 있어 가진 이념은 유엔 총회와 53개국이 정의를 위하여 투쟁한다.

2. 민주주의에서 살고 민주주의에서 죽자. 자유에서 살고 자유에서 죽자하는 국제적 공존 공영에 있다.
3. 정의를 위하여 싸우고 진리를 위하여 싸우다. 즉 인권을 위하여 나가고 정의를 위하여 나가고 진리를 위하여 나간다.
4. 제3차대전은 사상전이다. 윤리 도덕을 위한 전쟁이다. 즉 종교전이다. 세계적 평화를 위한 투쟁이다. 통일사상과 독립정신이다.

11월 7일 화

10시 35분 단애 도형의 훈련

"훈련을 잘 받아서 정신통일과 행동 통일을 실현하여야 한다.
금후 훈련은 30(세) 전후 청년을 한 단체에서 3인씩을 선출하여 훈련을 시키겠다. 금일까지 선무위원이 되겠다고 이력서를 제출한 이는 59명이다. 선무를 나가고자 하는 이는 목적지를 선정하라. 금후는 목적지, 기간을 정하여 기한이 지나면 선무증명서는 취소되고 성적이 좋은 이는 계속하여 어떤 지역을 물론하고 선무하러 나갈 수 있다."

오후에는 명예사장 이종형 씨, 이사장 최연 씨, 부사장 이영선 3인 동반으로 대동공업주식회사에 가서 부산에서 올라와 도착한 이용범[8] 씨를 심방하여 장래 사업에 대하여 담화하다.

11월 12일 일

오잔 10시부터 하오 3시 반까지 본사의 요원 징병 관계로 후생

[8] 이용범(李龍範, 1903 ~1968) 경상남도 창원군 출생. 해방이 되자 대동공업회사를 설립하여 토건과 하역, 철공, 제재 등의 사업을 하며 미군의 공사를 독점하여 거부가 됨.

국장 임종만 씨와 동반하여 서울지구 병사부 사령관을 면회차로 양차 왕래하며 사원 중 45명의 징집 보류신청서를 접수번호 제23호에 접수시키고 사령관 면회는 하지 못하고, 하오 4시 반에 장사동 매제가에서 만찬을 하다.

11월 14일 화

사원 중 17세 이상 40세 이하 45명의 (군대)징집 보류건으로 오전에는 후생국장 임종만 씨와 동행하여 병사부에 왕래하고, 오후에는 또 임국장과 전무이사 유철 씨와 3인이 동반하여 하오 4시 반에 병사부 사령관 백홍석 씨를 면회하여 요원 징집을 보류하여 주겠다는 확답의 승낙을 받다. 전국 학생총연맹 간부 김기호, 오인섭 외 8, 9명의 주최로 서광신문을 속간하며 만찬회를 열고 명예사장 내외분과 나와 임종만 씨를 초청하여 후대함을 받았다.

11월 17일 금

조회 직후에 국, 차장 이상 간부회를 열고 사내에서 시행할 규약을 축조(逐條) 통과한 후 이취성 사장, 최연 이사장, 임종만 국장, 나 4인이 동반하여 이용범 씨에게 회장으로 선임 사령서와 이묘묵[9] 씨에게 고문으로 추대장을 전정하고, 오후에는 임종만 후생국장과 국방부 제3국장을 면회하러 왕래하다.

---

9 이묘묵(李卯默, 1902~1957) 평안남도 중화 출생. 1922년 연희전문학교를 졸업한 뒤 공주 영명학교교사. 미국 보스턴 대학 철학박사, 연희전문 교수로 부임. 해방 후 미군정 특별보좌관, 주영공사 역임.

11월 20일 월

본사에서 조회후 대종교 총본사에서 선무반원회에 참석하고 단애 도형에게 선무에 관한 서류를 아래와 같이 받다.

① 인권공동선언

② 제1집 대한민국 헌법

③ 제2집 UN이란 무엇인가?

④ 제3집 자유경제 해설

⑤ 제4집 건국도 건국이념과 실천 정신

⑥ 제5집 우리는 북한에서 무엇을 할 것인가?

⑦ 제6집 유엔군은 왜 한국에서 싸우고 있나?

⑧ 민주주의는 이겼다. 제1권

1) 남한의 토지개혁은 북한에 큰 위협을 주었다.

2) UN은 한국사변을 통하여 단호히 나왔으며 단결되었다.

⑨ 민주주의는 이겼다. 제2권

1) 공산주의 침략

2) 공산당의 최후 발악을 보라.

⑩ 민주주의는 이겼다. 제3권

1) 전화위복의 한국, 소련의 침략계획도 깨지다.

2) UN 한위의 자유선거 감시는 정부 성격에 관여하지 않는다.

⑪ 민주주의는 이겼다. 제4권

1) 야수적 숙청만이 공산당의 역사였다.

2)소련 외교전은 김일성과 함께 패하다.

⑫ 민주주의는 이겼다. 제5권

1) 괴뢰군은 남한에서 애국자를 대량 학살하였다.

2) 유엔은 한국 난민구제와 경제부흥을 약속하였다.

⑬ 민주주의는 이겼다. 제6권

1) 괴뢰군 포로들은 극히 우대를 받고 있다.

2) 테러는 공산당의 상투적 수단이다.

이상 13권을 단애 도형에게 접수하다.

11월 21일 화

상오 11시에서 하오 2시까지 대종교 총본사에서 선무반원회에 출석하고 선무에 관한 서류를 신대식에게서 아래와 같이 수령하다.

대통령 이승만 박사 약전 5권
인권공동체선언 10권
문화운동원의 참고자료 1, 2 각 5권

합계 25권을 영수하여 오고, 오후에는 사장이 병으로 인하여 시무치 못하므로 사장을 대리하여 시무하다.

11월 22일 수

11시에서 하오 1시까지는 대종교 총본사에서 선무반원회에 참석하였고, 대동신문사에서는 이철원,[10] 이묘묵 양 고문 선생을 청하여 조선호텔에서 오찬을 접대하여 신문사 발전을 협의하였다.

[10] 이철원(李哲源 1900~1979) 호는 추강(秋江). 충남 보령 출생. 3·1운동에 참여. 흥업구락부 사건과 조선어학회 사건으로 피체, 1948년 정부 수립 후 국회 사무총장, 공보처장 등을 역임.

11월 24일 금

조회 후 대종교, 대동신문, 정훈국 3기관 사명을 띠고 경기 지방 선무를 하며 대동 지사, 지국 설립차로 사원 이관훈과 동반하여 영등포에서 복잡한 화물차를 타고, 3시 반에 안양에 도착하다. 대한청년 군단 부단장 안봉준 씨를 심방하여 선무의 준비를 협의한 후, 안의 안내로 안양의 유지 조준구, 이석표, 권중석 제씨를 심방하여 협의 담화하고 조준구 씨 댁에서 유숙하며 선무 방법을 토의하다.

11월 25일 토

오전 10시 권중석 씨 안내로 안양군수와 경찰서장을 심방하여 선무의 용무를 언급한 후 시흥남면을 12시 정각에 도착하여 면장 양재호 씨를 심방하여 담화한 후 오찬의 후대를 받다.

하오 2시에서 5시까지 군포국민학교에서 시국대책 강연을 하여 제1차 박영래 씨 2차로 이영선이가 내외정세와 국민의 대동단결이라는 연제로 하였는데 대성황을 이루었다.

11월 27일 월

12시 정각에 시작하여 하오 3시 반까지 치안대장 박영래, 정훈국 선무원 이영선, 시흥 국회의원 이재형, 군수 고주현, 경찰서장 김연화 5씨가 시국 강연하는데, 나는 인사말을 한 후 선무 취지를 설명하고 45분간을 국내외 정세와 정신통일의 방법을 말하고 경찰서 지뿌차로 시흥군 안양 도착하여 나와 관훈은 권중석 씨 댁에서 담화하며 유숙하다.

11월 28일 화

오전 9시 반에 시국대책위원장 박영래, 국회의원 이재형, 군수 고주현, 서장 김연화, 선무대원 이영선, 신문사원 이관훈 이상 6 씨가 함께 서의 지뿌차를 타고 11시 반 신동면 신중국민학교에 도착하여 부면장 김홍규 씨 이하 면 및 교직원과 인사 후, 하오 3시 반까지 5인 연사가 각각 30분씩 시국 강연을 하고 6인 외 운전수까지 7명이 노량진에 도착하여 이 의원의 오찬 대접을 받고 하오 8시 반에 집에 들어가다.

12월 4일 월

오전에는 요원 보류 관계로 후생국장 임종만 씨, 전무이사 유철 씨와 동반하여 서울 병사부에 왕래하고, 오후에는 농림장관 공진항 씨를 면회하여 유축농업으로 국가증산 대책을 토의하다.

12월 8일 금

오전에는 송의순 씨가 민중의 당 정당원 명부를 휴대하고 내방 담화함. 오후에는 부산 백대진 씨가 민중당에 정당원 수속을 하고 석후에는 종매부 박광락이가 부산으로 임시 전임함을 결정하다.

12월 9일 토

오전에는 국방부 정훈국 보도과에 박석교 대위를 심방하여 대동 신문 기자의 보도 요원증을 부탁하고, 오후에는 관훈군이 시흥군 각면에 선무 결과를 대종교 단애 도형에게 보고하고 용우회장 정원화 씨를 심방하여 시국 관계로 용인을 채 가지 못하고 도중 안양에서 돌아왔다고 하다.

12월 10일 일

오후에 국방부 수원농장장 안자경 씨가 내방하여 시국담화를 한 후 부국농원 경영방침을 토의하다.

12월 12일 화

오전에는 농림부로 축정국장 이근태 씨와 차관 주석균 씨를 면회하여 증산 정책에 의하여 주축농장 경영을 협의하다. 오후에는 용우회장 정원화 씨를 심방하였으나 부재로 면회치 못하고 수원 생질 심준선 군과 외종질 김진영 군이 내방하여 가족 남하의 대책을 협의하다.

12월 13일 수

공보처에서 각 신문 통신 사장 회의에 참석하니 토의사항은 아래와 같음

1. 언론 대책에 관한 건
   1) 각 신문 통신사에서 중요한 인원을 확보건
   2) 최소한도로 인원을 확보하여 사업을 운영할 것
   3) 군과 8군단에 교섭하여 수송할 발침
2. 요구건
   1) 전부가 이동될 경우에는 즉시로 알려서 동일한 행동을 취할 것
   2) 인적자원을 확보하기 위하여 중요한 문화인을 우선으로 수송할 것
   3) 서울에 있는 윤전기 4대(서울, 경향, 연합, 조선)을 이전시켜 줄 것 등

3. 실행성

1) 사람 일백 명 가량 수송

2) 될 수 있으면 윤전기 1대는 운반 계획인데 (추력 30대가 든다)

4. 기타 신문 등

1) 신문용지 배급을 요구

2) 신문 인쇄 자재를 운반하여 달라고 공보처에 요구하다.

12월 16일 토

조회 후에 대종교 총본사 윤단애 도형이 명함에 편지를 써서 보내왔는데 "시국 대책에 국민이 층 궐기하기 위하여 애국 단체 연합으로 2백2명이 남한 일대에 총 출동하기로 된 경과와 대종교로서도 10명이 출동키로 결정됨을 담화하시고 이영선 인체[11]도 그 중 1인으로 선정되어 사람을 보내 통지하였다" 하시다.

12월 17일 일

본사에서 조회후 대종교 총본사에서 경배를 보고 지방 순회 강연할 연사 회의를 한 결과 나는 충청남도로 선정되다.

12월 21일 목

오전에는 본사의 요원 보류관계로 병사부 징집과에 수속하러 왕래하고, 오후에는 승리완수 총궐기 지방행사 순회대원 회의에 출석하여 중요항목을 청취하니 아래와 같다.

---

[11] 대종교(大倧教)에서 인체(仁棣)는 제자(弟子)를 사랑스럽게 부르는 호칭.

5항목

1. 전쟁의 목적
2. 필승의 신념
3. 전후 우리 희망
4. 후방 국민의 협력을 요청
5. 성동구에서 2만 명 지원병이 자진 출발(유지 임흥순)
6. 국민병이 통과하는 지방마다 성심성의껏 환송할 것 등

12월 22일 금

오전에는 본사 요원 보류 관계로 서울지구 병사부에 왕래하고, 오후에는 하오 1시에서 3시 반까지는 조선민주당 본부와 대종교 본사에서 충남에 출발할 준비(순회 강연차)를 하고, 동 50분에서 5시까지 국방부 정훈국에서 각 신문 사장 회의에 출석 협의하다. (전시하 신문 운영 방법)

12월 23일 토

충남으로 순회강연하는 신임장과 3개월간 순회하는 증명서를 정훈국으로부터 전래하여 대종교 김용표 인체로부터 접수하다.

12월 25일 월

본사 명예사장 명함과 국회의원 이종형 씨의 요청 서간을 가지고 임종만 씨와 동반하여 병사부 사령관 백홍석 대령을 면회하여 요원 보류증 교부를 요청한 결과 56명 내에 37명만을 발급하겠다는 허락을 받다. 참모장 조리섭 씨의 결재로 하오 7시까지 37명의 보

류증을 받아 가지고 오다.

12월 28일 목

오전 8시 출발하여 군용로를 통과치 못하므로 인천 도로로 돌아서 하오 4시 반에 수원 도착하여 재종질 이경훈에게서 유숙하며 일부 가족과 일가 친척 수십 명이 회집하여 난국 극복을 의논하다.

12월 29일 금

오전 7시 반 출발하였으나 화차 자동차편을 다 얻지 못하고 차남 중훈과 부자가 도보로 겨우 수원 오산역에 도착 또 승차치 못하고 수 시간을 허비하고 동지 유응진 씨 댁에서 유숙하며 담화하다.

12월 30일 토

서북풍의 일기가 심한(甚寒)한데 홍대위 군인 가족이 대구로 이전하는 추럭(트럭)에 교섭하여 올라타기는 하였으나, 군 수송로 관계로 이리저리로 돌아 온양 온천을 경유하여 하오 4시 반에 천안에 도착하여, 노약자가 한랭을 감당치 못하므로 더 전진치 못하고 천안 삼정병원 앞 임현상 여관에서 유숙하다.

12월 31일 일

상오 8시 출발하여 부산행 화물열차에 간신히 올라서 하오 2시에 대전 도착하여 만주약방 김춘강을 심방하여 잠시 담화하고, 바로 대전 충남도청으로 총무과장과 공보과장 임지호 씨를 면회하여 내방하는 공무를 말하고, 파견되어온 송성헌 씨와 연사 최강득 씨와 동반하여 충남의 정훈대장을 심방 금후 진행하는 방침을 협의하고 하오 5시경에 만주약방에 돌아오다.

5장 단기 4284년(1951)~4288년(1955)

1. 단기 4284년(1951)

1월 1일 월 (舊曆 11월 24일)

과거의 잘못된 모든 일과 불안 공포에 쌓인 전세(戰勢)의 염려를 전해와 함께 보내고, 금년 1월 원단에는 새 결심으로 전 국민이 총궐기하여 승리 완수의 남북이 원만 통일하여 3천만 동포가 화평 행복한 생활을 하며 세계 인류 중에서 고통을 받는 사람은 구해내서 대동 공생을 실현하기에 맹서하고 진심 성의로 헌신 노력하겠다.

조반 후 서울에서 충남 순회 반장 김두환 씨가 와서 부(副)대장 송성헌 동지와 도청에 지사를 심방하였으나 신년 1월 1일 공휴인 관계로 면회치 못하고 여관에 돌아와서 5인(이영선, 송성헌, 김두환, 최강득, 이중훈) 합석으로 진행 방침을 협의하고 만주약방으로 돌아오다.

1월 2일 화 (11월 25일 구력)

오전 11시에서 하오 3시 반까지 부대장 송성헌, 반장 김두환, 강사 이영선, 조덕윤, 최강득, 기자 이중훈 제씨와 대전시장 손영도 씨 연석 회의로 시장실에서 진행 방법을 협의하고 조덕윤 씨 안내로 동화여관에 이주하다.

1월 3일 수

천안에서 이성구 강사 한 분이 더 와서 전일 하던 5, 6명과 합의하여 계엄민사부 사령관과 충남 내무국장을 심방하여 진행 방침을 협의하다. 오후에는 여관에서 대, 반장 강사 기자간 긴급 연석회의를 열고 진행 방침을 토의하다.

1월 4일 목 (구력 11월 27일)

부대장 반장 강사 연석 회의에 정부 이전과 시국 관계로 승리 완수 총궐기 지방행사에 대전만은 당분간 보류하고, 임시 해산하여 개인행동을 하다가 1월 15일 대구 시청내 공보과로 집합하자는 결정을 하다.

1월 5일 금

대전 정훈 대대에서 정훈국장 준장 이선근 씨를 만나 협의한 결과 승리 완수 총궐기 충남지방 사업은 중지하기로 결정하다. 도청으로 공보과장과 충남도지사 이영진 씨를 심방하여 충남 순회사업 정지 통고하고 정차장에 나가서 예방주사를 맞고 남진할 준비를 하다.

1월 6일 토

당국으로부터 대구와 부산행 자동차와 기차를 금지하고 호남으로 돌아서 가라 하므로 남진을 실시하지 못하고 부득이 만주약방에 계속 유숙하다.

1월 7일 일

2일간 조반은 이경조 씨 댁에서하고 김춘강과 금후 작전 계획을 약속하고 오전 9시 출발로 대전역에서 대구 부산행 승차를 교섭하였으나 얻지 못하고 도보로 가다가 대전 남으로 15리 지점에서 화물차 미군 전용차에 의지하여 근근히 왜관까지 나가서 8일 새벽 군경은 물론하고 한인 남녀노소가 쫓겨나서 밤을 보내다.

지나간 6, 7개월간 건실한 나라를 만들지 못한 약소 민족의 설움은 말로 표현 못하겠으나 완전 자주 독립을 못하면 목숨을 끊어 죽는 이만 같지 못하도다. 있는 힘, 있는 정신, 있는 생명을 모두 바쳐 자유 찾기에 노력할 뿐이다.

1월 9일 화

오전 9시 출발로 도보하여 11시에 대구시 도착하여 달성공원 앞 중앙양복점에서 은재표 씨를 만나서 달성공원 내로 애국연합회 대구지부와 대종교 시교당을 탐문하고, 경북도청 공보과와 국방부 정훈국을 심방중 국민회 대구 본부에서 이활 외 서너 동지를 반가히 만나서 지나온 경과를 듣다.

다시 정훈국으로 이선근 준장을 심방하다가 국 정문 앞에서 총무국장 김태일, 이사 임종만 양 씨를 만나 그동안 본사 경과를 대강 듣고 3인 동반하여 정훈국 보도과와 계엄사령부에 차량 운행 교섭을 하고 날이 저물어 남용안 씨 댁에서 숙식 담화하다.

1월 13일 토

군복착용증 관계로 남용안 씨와 동반하여 헌병대 제2과장을 면회한 후 국방부 정훈국으로 섭외대장 원갑연, 보도대장 박석교, 보도과장 고순덕 3씨를 각각 면회하여 부산에 차량운행을 교섭하다. 오후에는 남령향교로 대종교 시교당을 심방하였으나 교내 전부를 통역장교 훈련소로 사용하고 시교당과 유도회는 옮긴 주소를 몰라서 교인은 한 사람도 만나지 못하고 돌아오다.

1월 15일 월

충청남도 선무대원 부대장, 반장, 강사가 금일 오전 11시에 대구 도청 공보과와 정훈국 섭외과로 집합하기로 하였으므로, 오전에 두 곳을 다 가보아도 도착한 사람이 없으므로 돌아와서 감기와 체기(滯氣) 재발하여 출입을 못하고 치료하다.

1월 18일 목

몇 일째 병이 낫지 않아 '감기야 올테면 오너라 체증아 너도 올테면 오너라, 백 가지 병이 오더라도 다 겁내지 않고 오직 나 갈길 내가 가고 나 할일 내가 하기로 결심하였노라.' 부산행 할 준비를 하다.

1월 19일 금

남용안 동지 댁에서 10일간 후대에 감사한 인사를 하고 오전 9시 부자 출발하여 대구역에서 도착하다.

한인 역원에게는 교섭이 잘되어 승차하였으나 미군이 정복군경 이외는 총을 발사하며 억제하므로 3차나 하차하였다가 하오 7시에 해질 무렵을 이용하여 승차하여 차중에서 삭풍을 무릅쓰고 밤을 보내다. 20일 오전 9시에 청도 도착하여 덮개도 없는 차내에서 조반하고 10시에 출발하여 밀양을 경유하여 하오 2시에 삼랑진 도착하여 풍한(風寒)이 심하므로 역전 김덕 씨 집에서 숙박하다.

1월 21일 일

금일이 대한이라 하는데 일기가 이번 겨울 들어 제일 춥고 바람이 분다. 오전 4시 반 기상으로 6시 20분에 출발하여 7시 5분에 승차하고 10시에 부산 도착하여 12까지 건국대학[1]을 심방하여 사원 제동지는 반가히 만나다. 하오 2시까지 장훈, 종훈은 외출하여 만나지 못하고 사방으로 연락을 취하도록 힘을 써서, 하오 5시에 완월동 1가 1번지 신봉섭 가에서 장훈, 종훈 종형제를 반가히 만나고 동가 2층 종매부 박광락 방에서 유숙함에 의외 임승호 동지를 반가히 만나서 함께 유숙하며 담론하다.

1월 22일 월

오전에는 국로양조장내에서 본사 비서실장 이하 사원을 심방한 후 농림부장관 공진항 씨와 축정국장 이근태 씨를 심방하여 유축농업으로 증산계획을 토의한 결과, 금후 15일 이내로 적당한 지대를 선택하기로 이 국장과 언약하고, 오후에는 하오 1시에서 3시까지 국로양조장내에 사원이 집합하여 금후 할 일을 의론하고 명예사장 이종형의 시국담화가 있었다.

1월 23일 화

오전에는 감기 치료를 하고 하오 1시에서 2시까지는 국로양조장에서 각 사원에게 연락을 취하도록 하고 명예사장, 이사장 이하 간

[1] 건국대학은 대한일보 부산지국을 담당했던 송경영을 중심으로 건국대학기성회를 조직하여 1949년 2월 초부터 부평동1가 건국학회 내에 법정과 야간부를 설치하고 학생을 모집하였다. 9월부터는 신흥대학 부산분교로 발족하였다고 하면서 예술과를 증설하고 학생을 모집하였다.

부가 신문 속간할 협의를 하다. 오후에는 국제시장에서 고창익 씨를 만나 안자경 씨에게 연락을 취하도록 하다.

1월 24일 수

오전에는 외자관리청으로 김태원, 이원영 양 씨를 심방하였으나 사면(辭免)하고 시무치 아니하므로 만나지 못하고 해군본부 군수국으로 정동호 소령을 심방하였으나 외출하여 면회치 못하다. 오후에 숙소로 돌아오니 이경훈이 와서 수원에 남은 가족과 관훈이와 덕선, 의평 남매와 임훈, 정훈 종형제 5인 동행이 회덕에 머물고 있다는 소식을 듣다.

1월 25일 목

오전 9시 출발로 해군본부 군수조달과장 정동호 소령을 심방하여 3남 두훈이가 진해만에 있다는 소식을 듣다. 부산 영주동 서울여관으로 김태원 국장을 심방하였으나 외출하여 그의 장남 김홍균 군에게 연락을 취하기로 하다.

농림부를 경유하여 돌아와서 국로양조장안에서 사원이 집합하여 명예사장 이종형 씨의 시국 담화를 듣고, 시로부터 지출하는 반찬대 중훈이 것을 합하여 5일분으로 5백 원을 영수하다. 미군 8군단 요청에 의하여 피란민은 전부 거제도와 제주도 기타 적당한 지방으로 1월말 이내 소개하기로 결정됨을 선포하다.

1월 26일 금

오전 9시 출발로 농림부를 가는 길에 요행으로 도중에 안자경 씨를 만나 동반하여 서울여관으로 김태원 동지 심방하여 인쇄소건과 외자 원조물품을 부탁하고, 바로 농림부 축산국장 이근태 씨를 심방하여 부국농원 증산지대를 부탁하다. 오후에는 경상남도청 내로 치안국 주택계장 정용오 동지를 심방하여 부국농원 경영 방침을 토의하다.

1월 28일 일

오전에는 농림부 축정국장 이근태 씨를 심방하여 부국농원 경영에 대하여 협의하고, 오후에는 국로양조장 내 본사 사원 예회에 출석하다.

1월 30일 화

오전에는 안자경 씨와 동반으로 농림부 축정국을 심방하여 유축농원 경영건을 문의하다. 오후에는 국로에서 간부 회의를 한 후에 이사장 최연 씨와 동반하여 상공부 상역국장 조범행 씨를 면회하여 대동공업주식회사에서 일본에 무역 목적으로 여행하는 일과 우리 대동신문사에서 윤전기와 기타 신문에 필요한 물품을 구입차로 일본에 가는 일을 문의하다.

1월 31일 수

오전에는 서울여관으로 김태원 씨를 심방하여 금후 할 일을 의논하여 경비 융통을 부탁하고 농림부장관 공진항 씨를 면회하여 유축농업으로 증산하여 민생 문제 해결책을 협의하다. 오후에는 정용오와 동반으로 축정국장 이근태 씨를 면회하여 주축농원 적지와 경영방침을 문의하다.

2월 1일 목

오전에는 경남도청내 치안국 경찰원호회에 주택계장 정용오 씨를 심방하여 주축농장 경영안을 토의하다. 오후에는 자유시장내로 대동공업주식회사 부산출장소에 이용범 씨를 심방하여 담화하다.

2월 4일 일

오전에는 상공부 상역국장 조범행 씨를 심방하여 담화하고, 오후에는 농림부 축정국장 이근태 씨를 면회하여 제주도에 농축안을 토의한 후, 해군본부 군수과장 정동호 동지를 심방하여 전시하 일반생활 상태를 협의하고 현금 1만 원을 1개월 한으로 빌리다.

2월 5일 월

오전에는 김태원 씨를 심방하여 농축으로 생산 증산하여 민생 문제 해결을 협의한 후, 농림부 축정국장 이근태 씨를 면회하여 주축농장 경영 방침을 토의하다. 오후에는 치안국으로 정용오 씨를 심방 농원안을 급속 작성토록 독촉하다.

2월 12일 월

음력 정월 초 7일은 즉 장훈 모자의 생일이다. 우리 국군과 우리를 원조한다는 유엔군이 서울 입성을 하고 해병대가 인천에서 상륙하였다 하므로 생일에 입성 축하를 겸하는 뜻으로 조반하다.

2월 15일 목

안자경 씨가 내방하여 주축부국농원 계속 경영을 토의하다. 나는 과거 현재 장래를 통하여 농군은 각종 농장에서 공군은 중경(重輕) 각종 공장에서, 해군은 동서남 3면이 물이라 각 어장에서 양성하면 국가 군사 경제상 일거양득이요 육군 백만, 해군 백만, 공군 백만, 상비병 삼백만은 무난히 양성하고, 농군으로 예비병 이백만은 영원히 계속 양성할 수 있다고 주장한다.

2월 19일

금일 병세가 많이 감하여서 오후에는 기동하여 치안국 원호분실에 정용오 씨를 심방하여 농원 추진건을 협의한 후, 경남도청 공보과장을 면회하여 애국단체연합회 주최로 승리완수 총궐기대회 상황을 탐문하고 돌아오니 김경열 동지가 주축농장 경영 취지와 규칙 초안을 가지고 와서 진행 방침을 협의하다.

3월 5일 월

단기 4284년 2월 23일 이후부터 3월 4일까지 일기는 분실하였음.

이유는 전화 있는 집을 찾아서 농림장관 공진항 씨에게 연락을 취하다가 부재하여 전화하지 못하고 일기 한 수첩만 잃어버렸다.

그동안 병석에 누워서 동지들이 오고 가며 한 일은 부국농원 경영(주축(主畜) 농업으로 증산 계획), 대동신문 속간, 대한노인의용대 등 사업이다.

또 증산 계획을 세우고 부국농원으로 유축(有畜) 농장, 피란민 귀농, 대한농민단 창설 등이다.

실천에 옮기자면 다년 농업을 경영하는 동지와 협의하여 동의한다면 나 자신은 과거 체험을 가지고 선두에 나서 농민의 거름이 되며 농우(農牛)가 되어서 농민이 부리는 대로 농민이 원하는 대로 일하겠다고 마음을 정하다.

오늘 장남 장훈, 차남 중훈에게 3가지 부탁을 하다.

3남 두훈을 너희들 형제가 10년 안으로 잘 가르쳐서 장래에 3형제가 완전 원만한 인격을 이루어서 대한 민족과 세계 인류에 유익한 일을 하라.

가훈 오계(五戒)를 실행하는데 있어서 제3조문 술과 담배는 3계를 엄수하라.

내가 하는 사업을 너희들이 계승하여 (실행)하되 특히 농산, 교육사업에 힘쓰라.

※ 가훈에는

1. 내가 말하는 삼강오륜을 철저히 알 것.
   - 삼강(三綱)은 '父母爲子女綱(부모위자녀강)', '民爲國綱(민위국강)', '長爲幼綱(장위유강)'이고
   - 오륜은 '父母子女有親(부모자녀유친)'하며 '人民有義(인민유의)'하며 '夫婦有愛(부부유애)'하며 '長幼有序(장유유서)'하며 '朋友有信(붕우유신)'이다.
2. 자가(自家)를 자력(自力), 자조(自助)하여 자립(自立), 자생(自生)하며 모범이 될만한 벗과 깊이 사귈 것.
3. 술과 담배는 3계를 엄수할 것 (마음의 경계, 몸의 경계, 일의 경계)
4. 비용은 항상 절약할 것 (허비하여 쓰는 것은 항상 절약을 할 것)
5. 생산사업에 진심 성의로 진력하여 반드시 성공을 기할 것 (생산 사업은 농산업, 공산업, 광산업, 임산업, 축산업, 수산업 기타 인류의 필요

유익한 사업이니 참맘, 정성어린 뜻으로 진력하여 반드시 성공을 기약할지니라.)

3월 7일 수

오전 1시에서 7시까지는 장남 장훈과 가사(家事), 국사(國事), 세계사업(世界 事業) 등에 대하여 금후 할 일과 방법을 협의하며, 가사는 장남 장훈이가 맡아 보고, 국사 및 세계 사업은 차남 중훈이가 맡아 보고, 군사는 육, 해, 공 중에 해군부를 3남 두훈이가 맡아 보라고 부탁하다.

이유
동양의 윤리 도덕은 역사가 있은 후 끊임없이 지켜오며 가훈 5계에 '父母子女有親'을 첫째로 썼으므로 가사는 장남에게 맡기고, 대한민국은 농림국이며 농은 천하대본이라 하였고 차남 중훈 자신이 농림대학 출신이므로 대한의 농민과 전세계 농사 전문가와 손을 잡고 일하라고 조국을 정성으로 떠받들고 민중을 충심으로 사랑하고 보호하며 특히 대한 농민을 위하여 세계 농민을 위하여 일하며 한 걸음 더 나가서 전 세계 인류 중에 고통을 받는 사람은 구해내서 다같이 행복한 생활을 하라고 국사는 차남에게 맡기고, 대한민국은 북쪽 일면만이 연륙지이지 동서남 3면은 해수이므로 장래 외세 침범할 염려가 육면보다 해면이 더 크고 3남(두훈) 자신이 해군에 입대한 일이 있으므로 해군은 3남에게 맡기다.

9시 10분까지 대동신문사에서 시무하고 10시까지 김경열 동지와 함께 농림부에 생산 증산을 장관 공진항, 국장 이근태 양 씨와 협의하고 정오까지는 국회의장 신익희 씨를 면회 담화하다. 담화

골자는 아래와 같다.

애국단체연합회 강사의 직을 가지고 남한 일대 순회 강연한 경과 (승리완수총궐기 지방행사순회강연)

1. 전쟁 승리, 남북통일, 민생 문제 해결 방안을 문답

나의 복안은 3월 20일 까지 순회강연을 마치고 증산 생산 사업에 종사를 하겠다. 1년 미만에 국민이 두 번씩이나 전란을 당하여 피난하느라고 농산국으로서 농민이 농사를 짓지 못하고 주려 굶어 죽는 지경에 이른다면 우리 국회, 정부에 큰 문제이요 대외적으로도 수치이다.

국회와 정부에서 아무 대책이 없다면 나 자신이 민주국가인 이 나라 주인의 일분자로서 농민에 거름이 되며 농우(農牛)가 되어서 농민이 부리는 대로 또는 원하는 대로 일을 할 생각이다.

의장 각하의 의사는 어떠하냐고 물은 즉 그 답변이 강연을 하든지 농사를 짓던지 자유로 하라 하므로, 다시 말하기를 이 전란을 당하여 국민이 대부분 생로를 찾지 못하여 헤매는 이 때에 당신이 국민 대표기관의 의장임으로 나는 3천만 민의를 대표하여 묻는 말이니 신중히 대답하여 달라고 한 즉, 또 그 답이 걱정말고 자유로 마음대로 하라 하며 회의에 시간이 바쁘다고 하기에 그러면 내가 신중히 생각하여 일을 하겠다고 하고 악수로 작별하며 이번은 특별히 시간을 많이 주어 감사하고 만족하다고 하였다.

3월 11일 일

피란민 귀농 경작에 대하여 종자는 농림부에서 무료로 배급하겠

다고 하고 그 다음으로 걱정하는 비료와 농우는 나 자신이 농민에게 정신적으로 거름과 밭가는 소가 되어서 농민의 손을 굳게 잡고 선두에 서서 나가며 일을 하여 대한민국 생산 증산 사업에 노력하겠다고 내심에 안을 정하고(농군에게 계몽을 하여 남의 원조바라지 말고 자작자급하도록), 하오 3시 반까지 농림부장관 공진항 씨를 심방 면회하여 부국농원을 경영하여 증산을 협의한 결과 제주도에 출장한 축정국장 이근태 씨가 돌아오기를 기다려서 상의 결정하기로 함.

3시간 이후 안자경 씨가 내방하여 증산에 대한 협의를 하다. 다음날 오전 5시까지 부국농원으로 증산하여 민생 해결과 소, 중, 대학교에 원만한 교육을 실시하여 민중의 문명 부강을 연구하다.

3월 13일 화

국방부 정훈국 부산실장 김건 씨를 심방하여 국내 유휴민(遊休民)을 총동원하여 귀농 증산에 필요를 담화하다.

오후에는 수원비행장의 농장장 안자경 씨와 동반으로 김춘강을 심방하여 유휴민 귀농과 농군양성 방법을 토의하다. 하오 5시 이후에는 최영학 씨가 김해의 과수원 도면을 가지고 와서 주축(主畜) 모범농원 경영을 토의하다.

3월 22일 목

농림부 축정국장 이근태 씨를 면회하여 김해에 주축(主畜) 농장 경영건을 협의한 결과 종계와 사료는 알선하여 준다고 하다. 신개발 농장을 충남 경남북 제주도에 한하여 자금을 대부하고 그 외 타도는 금년 계획에 들지 아니하였다고 함.

3월 23일 금

본사에 사임하는 사임사 초안을 아래와 같이 작성하고 부국농민단 창립 취지서를 작성하여 정용오 군에게 주고 수속 결성을 부탁하다.

※ 별기 사임사(辭任辭)(대동을 물러가며) 이영선

대동아 나는 간다. 중절모 벗어 걸고 농군모 지어 쓰고 신사복 벗어버리고 농민복 걸쳐 입고 생산 작업장으로 농사일하러 간다.

나는 본래 문인이 아니다. 대한의 빈곤한 농가에 태어나서 장성한 농민이요, 만주 신흥무관의 훈련을 받은 군인이니 세상에 속일 수 없는 농군이다. 천지 부모께 타고난 직업인 농군이 하는 일에 복무하겠다.

대동아 너는 이 세상에 나올 때 우리 부통령 각하께서 주신 사명 '대동출세(大同出世), 거족일치(擧族一致), 궁행실천(躬行實踐)'이니 현재 일선에 나가지 아니한 후방의 유휴(遊休) 국민을 총동원시켜 생산 작업장으로 출동하여 먹을 것을 만들고 농한기에는 무력을 훈련 함양해서 유사시에는 불의를 쳐부시어 동포 3천만이 다툼 말고 합심 친목하여 행복한 생활을 하고 전세계 인류가 전쟁없이 공존공영할 때까지 꾸준히 노력하라. 이상

3월 24일 토

전 농림장관 윤영선 씨를 만나서 부국농민단 조직의 취지를 설명하고 수원(水原) 농호 50인호 이주 영농에 대하여 후원하여 달라고 부탁하다.

국회로 이종형 씨를 면회하여 부국농민단 조직 취지를 설명하고 앞으로 진행 방법을 토의하다.

김경열 동지가 내방하여 농민단 조직에 신정회원[2]과 정용오와 상의하여 진행하기로 하다.

3월 25일 일

농림부 축정국장 이근태 씨를 면회하여 금후 김해에 주축(主畜) 부국농원 경영은 차남 중훈을 상대(종계, 종돈, 종우, 사료, 등 일체)로 하여 진행하기로 약속하다.

서울여관으로 김태원 씨를 심방하여 부국농민단 조직 건으로 협의하고 김태원 동지를 통하여 이종형 씨에게 부국농민단 조직에 관한 서류를 봐달라고 한 즉, 현재는 마작을 하며 시간을 낼 수 없다고 한다고 하므로, 나는 김태원 동지에게 말하기를 10만 민중을 대표하여 일을 하는 국회의원으로서 이 국난을 당하여 불철주야로 국사를 연구하여 전란을 극복하고 풍정랑식(風定浪息)한 후 국사에 책임이 없을 때 할 일이지 이 난중(亂中)에 할 일은 못된 즉, 이의원이 마작을 정지아니하면 나는 30년 사귄 친구를 끊겠다고 한 즉, 김 동지 말이 국사에 지장은 없을 것이니 참으라 하므로 마작한다는 본인은 찾아 대하지 아니하고 일기에만 써서 둔다. (국회의원의 한 시간 허송하는 것이 즉 평민의 10만 시간을 허송하는 것이다.)

3월 26일 월

본사 편집부와 사무소를 다녀서 12시에 국회로 이종형 의원을

---

2 신정회(新政會) 1946년 이범석에 의해 구성된 우익청년단체인 민족청년단을 기초로 1948년 제헌국회에는 청구회가 구성되었다. 그 후 족청의 해체와 일민구락부 탄생으로 인한 소속 의원들의 이탈을 계기로 1949년 5월 7일 청구회는 해산하고, '대중적 정치단체'를 표방한 '신정회'로 개편되었다.

심방하여 부국농민단 취지서를 제시하여 일독한 후 동의 찬성을 받고 겸하여 발기인 승낙을 받다.

기다리던 전 대한일보 부산지사장 최영학 씨가 김해에서 와서 축산 농원 경영을 의논하고 곧 차남 중훈이가 축정국장 이근태 씨에게 면회차로 왕래하다.

3월 27일 화

부국농민단규 초안을 작성하여 임봉규 씨에게 수정을 부탁하고 이유탁 씨에게 부국농민단 발기인 승낙을 받다.

농림부 축정국장 이근태 씨와 농림장관 공진항 씨를 면회하여 김해에 유축농원(부국농원) 경영과 부국농민단 조직에 대하여 동의 찬성을 받고, 김해 부국농원 경영의 소요의 자금은 축정국장 이근태 씨와 협의 진행하기로 하다.

3월 28일 수

본사에서 시무한 후 향초당 2층 이유탁 씨 자택에서 임봉규 씨에게 부국농민단 조직의 경과를 대강만 이야기하고 장래 할 일을 의논하다.

임봉규 씨와 함께 경남도청 내 치안국 분실로 정용오군을 심방하였으나 국회에 나갔다 하므로 만나지 못하다.

12시에 완월동 1가 1번지 박광락군 방에서 임봉규 씨와 계속하여 부국농민단으로서 할일을 의논하다.

금일 정오까지에 정용오 군이 농민단 사무실을 장만하고 발기인회를 하자고 약속하였는데 하오 3시가 되도록 아무 연락이 없으므로 나 자신이 병(허리와 우편 가슴에 담이 결리는 증)으로 인하여 활발히 움직이지 못함을 탄식하며 하늘을 부르짖어 통곡하고 스스로 원하기를 "하느님(天主) 이 몸이 질병으로 인하여 사업(부국농민단을 조직하여 생산 증강 사업을 완성하는 백년대계)을 성공 못할 인물이거든 곧 죽음을 주시고 이 몸이 인류 생활에 만분의 일이라도 도움이 있을 인물이거든 속히 건강하게 회복하여 일을 하게 하소사" 하며 통곡이 저절로 날때, 차남 중훈이와 동지 김경열 씨가 위로하며 대기(大器)는 만성(晩成)이니 참고 치료를 잘하라고 하므로 진심으로 내가 하는 일은 나 하나만 책임이 아니라 3천만이 공동 책임이 있는 일이니 동지들은 협조 노력하여 성공을 기하자고 하다.

3월 29일 목

국난을 근심하고 기미 3월 이후 계속하여 천지 부모 선생(孟東田 선생) 신령께 꿇어 엎드려 원도를 드리다.

> 하느님 땅임 아바님 어마님 선생님. 이영선의 모든 죄악을 다 용서하시고 이영선에게 큰 덕, 큰 지혜, 큰 힘을 주시와 이영선으로 하여금 큰 사업을 성공하여, 그 덕으로 가족 전체가 행복하게 살게 하여 한 걸음 더 나아가 대한 사람 전체를 지도향상 시켜 다 같이 행복한 생활을 하게 하고, 또한 한 걸음 더 나가서 전 세계 인류 중에 고통을 받은 사람은 구해내서 다 같이 잘살게 하여 주옵소서. 천지 부모 선생님 영혼께 정성으로 원도하옵니다.

또 누워 근심하기를 만약 농사를 실기(失期)하여 잘못 지으면 다음 해 봄에 3천만 동포가 기근을 면치 못할 것이며 특히 영세한 농민은 더 곤란을 당할 염려가 되어 잠을 이루지 못하다가, 4280년(1947)

1월 1일 서울 소격동 61번지 당시 대한일보 사장 이종형 댁 사원 80여 명이 모인 자리에서 선언하기를 "나는 기축생(己丑生)인 소로 태어나서 처음에 시골 농군에게 부려질 때는 성적이 잘 나고 대우를 잘 받았더니, 중년에 도시에 들어와서 애국자 정치가 시민 상인 이 집 저집 끌려다니며 천대만 받았지 아무 성적을 내지 못하여 부끄럽다. 지금 이후로는 다시 시골 농우(農牛)가 되어 농군이 부리게 하라."고 한 일이 명백히 생각난다.

또 단기 4284년(1951) 3월 11일 하오 3시 농림부 장관실에서 공진항 씨와 담화에서 종자는 있고 비료는 미국에서 오는데 농우가 걱정이라고 하기에, 그 말의 답으로 내가 농우(農牛)로 되어 있으니 농군에게 내주어 부리게 하라고 한 일이 생각난다.

'농우의 탄식'이라고 제목을 붙여서 나는 부르고 차남 중훈은 받아 써서 오후 9시 반에 대동신문사 심현 기자에게 급속히 내라고 부탁하다. 전문이 아래와 같다.

> 농우의 탄식
> 농경기가 임박하였는데 주인은 소를 아끼어서 외양간에 매어 두고 자기 혼자 괭이로 논, 밭을 파느라고 애를 쓰니, 근처 농가에서는 그 소는 농경에 부리지 못하고 먹기만 하는 소인 줄 알고 찾는 이가 없으므로, 남한의 전답을 농경기에 갈지 않고 있는데 다 갈 자신이 만만한 농우는 누구의 전답을 먼저 가는지 알지 못하며 누어서 탄식만 하더라.

3월 20일 금

본사에 나가서 시무한 후 이영선, 임봉규, 김경열 3인이 향초당 2층 이유탁 씨 자택에서 합석 의논한 결과 부국농민단 발기인회를

3월 31일 하오 2시 이유탁 씨 자택에서 하기로 결정하다. 김경열, 정용오 양 씨가 예약한 시간에 와서 농민단 발기인회 준비 건에 관하여 토의하다.

※ 부국농민단 창립취지서

취지서

농산업, 임산업, 공산업, 광산업, 축산업, 수산업 등 기본 산업은 우리 국민 생활의 기초 요소인데도 불구하고 해방 이후 각기 직장을 버리고 엽관, 모리 등에 급급하여 도시로 집중 직업을 전환하는 자가 다(多)함은 심히 통탄할 바이었다.

더욱 6·25사변 또는 중공군 침략 이래 남하 피난민과 38선 이북으로부터 새로 월남한 피난민 다수도 무위도식으로 가두에 방황하지 않고 각자가 자력갱생의 정신으로 이 기본 산업의 개척에 의존하도록 지도하는 것이 최선의 명안(名案)으로 사료하는 바이다.

국회에서는 백만 장병을 방위 전선에 출정케 기도하고 있거니와 농림당국으로서도 전 인구의 7할 이상 농업 중에서 일선 용사를 제외하고 노동가능자 남녀를 물론하고 농, 림, 어업 등의 증산개발에 총 출동케하여 그래서 모름지기 국가 총동원 태세에 도달하여야 할 것이다.

국민중 일인이라도 무위도식없이 응분 노력하여 전투력과 생산력이 익익증강(益益增强)하도록 전 국민이 분골쇄신 몸과 마음을 다하는 것이 지금 초미의 긴급을 요하는 바이다.

이에 기미 3월 1일 운동 이후 만주 하얼빈 봉천 부근 동변도 등지 농촌개발에 풍부한 경험을 가지고 해방 귀국 후에도 수원비행장 부지 등을 개척하여 수많은 귀환 동포를 구제한 농림증산 어촌지도에 권위자 제씨가 상의하여 이번 부국농민단을 조직하고 국내 유휴지를 개발하여 농림업 등에 축산을 겸한 농장을 창설하여 미력이나마 생산보국으로 공헌코저 하오니 각계 유지는 분기찬동을 절망하나이다.

단기 4284년 3월 31일

발기인 이영선 이종형 김태원 이유탁 최영학 김무림 안자경 고창익 임봉규

4월 9일

기미년 3월 1일부터는 대한민국 파종기요, 단기 4284년 3월 31일부터는 대한민국 결실 완성기다.

천궁(天宮)에 7차 왕래하고 국조단군 명령으로 부활(죽었다가 다시 살아남)[3]

4월 10일

1. 단장 이하 직원이 집회하여 결정한 일
   1) 조직 및 선전 김경렬
   2) 재정책임 정용오
   3) 비서 임봉규 조역 이중훈
   4) 수종원 이두훈
   5) 총무 임봉규 겸임
   6) 경비 정용오 조달
   7) 사무실은 임시 이유탁 씨 자택으로 결정
      농우(農牛, 이영선)를 총지도자로 결정
      김해 부국농원 연락은 최영학 및 그의 차남
   8) 경비 2백만 원은 정용오가 준비 중
   9) 농지는 시가 5천만 원 대 과수원을 최영학 씨 제공(김해 소재)
   10) 이유탁 씨 석방건
   11) 농우의 탄식을 신문에 선전

[3] 이영선은 3월 20일 이후 건강상 문제가 생겨 일기를 작성하지 못하고 있는데, 4월 6일부터 조금씩 기력을 되찾기 시작한 것으로 보인다.

1. 증식(增殖) 5개년 계획

 1) 농우 30만 두를 가지고 930만 두

 2) 양돈 50만 두를 1,550만 두

 3) 양계 2백만 마리를 6천2백만 마리

1. 농군 양성법 (10년)

 1) 육군 만 명을 1,023만(농림업을 주)

 2) 해군 5천 명을 5백11만5천(어업을 주)

 3) 공군 5천 명을 5백11만 5천 명(중경공업을 주)

1. 구(舊) 백농(白儂)은 사무를 신(新) 농우(農牛)에게 하라

4월 11일

단군귀일회 안이 부국농민단 사무실이다.

4월 27일 금

김경열 씨 내방하여 농장 사항을 보고하였음.

입주 농호에 대해서는 신곡(新穀)날 때 까지 배급 및 일제 생활 보장을 생산 증산 강화 등 국책에 의하여 정부에서 담당한다 함.

4월 28일 토

금년 완전히 농사지을 수 있는 지역은 충청남도, 전라남북도, 경상남북도, 제주도이고 기타 경기, 강원, 황해는 부분적이다.

5월 1일 화

오전 3시에 국조단군 명령

농우는 대한농민의 농우 이영선이다. 오월 1일부터 대한에 선포하여 세계에 다 알게 한다.

오광선으로 국방장관을 시키고, 대한 농민의 농우 이영선 현 부국농민단장으로 고문이 되게 하면 대한의 국방은 큰 염려 없으리라.

〈이유〉 오광선은 군인이며 3년 농군으로 농업 생산에 체험이 있고, 이영선은 30년 산전 육전 수전에 전문가로서 그동안 군문에 일년간 입대한 체험이 있으며[4], 이 양인의 동심이면 대한에 농군 양성은 원만하리라.

5월 11일 금

중훈 정구 의평은 오전 7시부터 이삿짐을 묶으며 한편으로는 자동차(추력)을 교섭하러 경남 원호분실로 분주히 다녀오다. 상오 10시에서 11시까지 (대동신문) 비서실 차장 이정록 씨가 내방하여 대동신문사일과 부국농민단일에 대하여 긴요한 협의를 하다.

하오 1시에 정용오 씨 일행과 자동차가 내도하여 이사짐을 싣고 농우 이영선 내외와 중훈 정구 의평 오인이 타고(추력), 하오 4시 반경에 김해군 장유면 농장 사무실에 도착하여, 나는 사무실에서 허리로 인하여 쉬고 중훈 정구 의평은 임시 거주할 집으로 이사짐을 져서 나르다. 김해군 주촌면 양동리 645번지 정문숙 씨네 농사(農舍) 2칸에로 이사하여 임시 거주하다.

4 오광선 – 1942년 출옥 후 하얼빈 근교 농업 경영, 이영선 – 1919년 신흥무관학교 입학 군사 훈련.

5월 17일 목

오전에 김경열 동지의 가족이 우리 집 동편 첫 집으로 이사오다. 정구와 의평은 경복과 정복의 홍역에 약을 한다고 가재 열 마리를 잡아가지고 부산으로 출발하다.

5월 23일 수

오전에는 최영학, 정용오, 최재성, 홍준모 제씨와 회합하여 유축농원 발전과 경비(經費)에 대하여 협의하다.

6월 9일 토

금일은 단오일이다. 조반에 본동 양동리 고효원 씨의 초대를 받았었고, 9시경에는 고동수 박영근 양 씨가 내방 담화하다. 정오에는 주축(主畜) 농원에 초청을 받아서 씨름 창가 등 오락을 하며 농축원 전체와 냉정 양동, 마을 유지가 원만히 단합하여 놀며 나에게 유익한 말과 창가를 하라고 요청하므로 나가서 다음 말을 하고 창가를 하였다.

첫째는 농축원 일동이 신체 강건하고 정신이 공고하시니 개인의 행복이며 국가의 보배요.

둘째는 우리뿐 아니라 세계 사람이 다 금(金)을 좋아하는데 우리가 국책에 순응하여 김해(金海)에다가 농축원을 시작하였으니 장래에 우리의 생산으로 우리 국가에서 쓰고 남은 생산물은 세계 사람에게 바닷물을 퍼서 주듯이 요구에 의하여 원조하여 줄 것이요.

셋째로는 시작을 장유면 내에 하였으니 임시 또는 일시적이 아니요. 해수가 장류(長流)하듯이 우리의 생산 사업이 천억만년 내려가며 길이 길이 장구(長久)하게 일 것이오.
창가는 전 신흥무관학교가를 불렀다.

6월 17일 일

가뭄이 심하여 전곡의 싹이 잘 발육치 못하다. 농축원 원장이 오늘 아침에 취임하여 조회 시에 약 한 시간 취임사가 있었다. (원장은 송의용)

6월 19일 화

오전에는 농축원 사무실을 경유하여 작업장으로 나가서 새로 부임한 농축원장 송의용 씨를 방문 인사 후 국책상 생산 증산으로 농축 발전 방법을 토의하다.
집에 와서 차남 중훈의 요청으로 짚신을 삼으며 45년 만에 다시 하는 일이라 잊어버린 바도 있고 도구가 준비되지 않아 잘 되지를 아니하여 가족과 내왕하는 손님에게 조소를 받아가며 한 켤레를 엮어 놓았다.

6월 27일 수

농축원에 대하여 의외로 농림부서 벌목 개간 중지령이 왔으므로 농축 간부 임봉규, 김무림(경렬), 최재성 3씨가 석반 후에 내방하여 해결 방법을 협의하다.

7월 8일 일

오전에는 가정에서 치료 수양을 하고 오후에는 의외로 하오 1시 반경에 농원 천막안에서 경비대원 김종규 순경이 장난하다가 장총에 손영환 청년 순경이 즉사하고 김순경 하나는 양다리를 맞아서 넓적다리 하나는 절골되었으므로 놀라워 부상한 망인과 상처 치료하러 부산으로 도락구를 타고 가는 것을 현장으로 가서 위문, 위로를 하고 하오 7시 반에 비를 맞으며 회가하다.

8월 6일 월

문 앞과 이웃 통행도로 수리를 시작하고 김무림 씨가 부산으로 돌아와서 장남 장훈의 무고한 소식과 개성 정전회담의 경과를 대강 담화로 전하여 오다.

8월 13일 월

한기(旱氣)가 너무 심하여 인심이 소동(騷動)되며 불안 공포심을 느끼다. 전(田), 화곡(禾穀, 벼)이 포태(胞胎, 이삭 생길 때)하는 시기인데 백곡이 천수를 바라는 곳은 다 마르고 타므로 식생활에 대하여 일반적으로 근심하고 걱정들 하더라. 석양에 말라가는 호박 포기에 성의껏 물을 주었다.

8월 15일 수

금일은 해방 제6회 기념일이다. 우리 대한은 해방한 지 6년이나 되어도 국가와 민족적으로 아무 된 것은 없고 청장년이 무수히 살해되고 건물 가옥이 대량으로 파괴되었으니 국민으로서 통탄함을 금하기 어렵도다. 기왕은 할 수 없거니와 앞일은 우리 부국농민단에서 일 잘하여 내년 이날은 전 국민이 화합하고 통쾌하게 기념하기로 결심 노력한다.

8월 17일 금

금일은 음력 7월 15일 전래로 칠월 백중이라한다. 냉정에는 원근 부녀들이 모여서 유쾌하 놀고 나는 농축원의 초청을 받아서 오찬의 대접을 후히 받고 수박도 많이 먹었으며 가정에까지 보내서 가족과 인근에 까지 나눠먹다. 오후에 치안국 부산분실장 장재익 씨가 와서 인사관계를 말하고 농축원을 시찰하고 농축원 농군을 집합하여 훈시가 있었다.

8월 23일 목

오전에 정한주 씨가 내방하여 농축원의 장래를 말하고, 장유, 주촌, 진례 3면이 합력하면 중등학교 정도로 학원을 창설이 가능하다고 협의하다.

8월 24일 금

김무림(김경렬 씨 호이다.)이 내방하여 농축원 발전과 부국농민단의 발전 강화와 학원 창립건에 대하여 협의하다.

9월 18일 화

송의용 원장은 김해 농축원으로 출발하고 나는 김무림 동지와 함께 김일환 국방차관을 면회하여 부국농민단 취지를 설명하여 찬성 후원한다는 승낙을 받고, 김해 농축원에서 송의용 원장이 대구 철도국으로 원대 복귀하라는 명령을 받고 부산으로 다시 돌아오다.

10월 17일 수

농축원의 농무원과 축산부원과 경비대원 중 대부분이 철도경비대원으로 혹은 다른 곳으로 전임하여 농축원에서 송별회를 하는데 나는 초청을 받아서 가서 참석하여 송별사를 하고 오찬회가 끝나고 여흥 시간에 나는 돌아오다.

11월 1일 목

음10월 3일 즉 개천 건국기원절이다.

전국적으로 식은 양력 10월 3일에 거행하고 지금 음 10월 3일은 관습에 의하여 각 가정에서 기념을 하다.

11월 18일 일

오전에는 계사 벽재료 참대를 베서 가져 오고, 오후에는 계사 지붕 이을 삼(麻) 겨릅대[5]와 밀집으로 이엉을 엮었다. 작업중에 임봉규 씨가 와서 앞으로 생활에 대한 담화를 하다.

11월 22일 목

앞 남산에 가서 닭집 지붕을 이을 풀을 중훈이가 베는 데 도와주고 오후에는 닭집 산자[6]를 엮는 데 도와 주다. 임봉규 씨가 부산에서 돌아와서 대동신문사 여사장 이취성 부인이 난산으로 인하여 세상을 떠났다고 놀라운 부고를 전하여 오다.

---

5 껍질을 벗긴 삼의 줄기.

6 산자는 서까래 위에 깔아서 기와 밑에 올리는 흙을 받치는 구실을 한다. 산자를 고정시키는 작업을 산자엮기라고 하는데, 산자로는 장작처럼 쪼갠 나무나 수수깡, 저릅대[麻骨]·싸리나무 등을 주로 쓰며 간혹 가는 대나무도 쓴다.

12월 9일 일

오전 9시 기동하여 부산진 국방부에 차관 김일환과 군사자문회 송의순 씨를 각각 면회하여 대한이 장래 부강하여 완전한 독립국가의 지위를 차지하자면 거국적으로 농군(農軍)을 양성하여야만 된다는 이유를 설명하다.

바로 농림부와 내무부로 가서 각 국, 과장을 찾아 만나보고 또 대한에 농군 양성책 실시가 급함을 상세히 설명하고 바로 대동신문 사장 이종형 씨와 대동공업주식회사 부사장 최연 씨를 찾아가 농군 양성 정책 실시를 협의하다.

12월 10일 월

오전 7시에 이유탁 씨 안내로 대한군경원호회 총무과장 김용표 씨를 자택으로 심방하여 역시 농군(農軍) 정책 실시를 협의한 후, 김용표 씨와 동반으로 경상남도청내 대한군경원호회 부회장 정준, 이사 이성학, 사업부장 박상영 제씨와 농군 양성책을 협의하고, 농림부내 축정과 및 계장을 각각 심방하여 주축농업 실시를 협의한 후 경남도 축정과장을 심방하여 우선 김해군에 주축농업 실시를 협정하고 하오 1시 버스로 돌아오다.

12월 11일 화

오전에는 김해 농축원 사무실로 관리주임 정용오 군을 심방하여 농축업으로 생산 증산할 일과 냉정리, 양동리 두 마을에 모범 축산(畜産) 부락 창설을 실시하기로 협의하고 집으로 돌아가다.

12월 19일 수

금일은 감기를 치료하며 여러날 읽어오던 『중국민족해방운동사(中國民族解放運動史)』를 완독하고 칼 막스가 저술한 『혁명(革命)과 반혁명(反革命)』을 읽기 시작하다.

12월 23일 일 (陰11월 25일 冬至日)

오전에 이 마을 뒤 산림을 수호한다는 고효영 씨를 심방하여 국가보안림으로 산림보호에 대하여 담화하고 돈사와 돼지 밥구유할 재료를 교섭하다. 축산사업으로 농업 확장 생산 또는 증산하기 위하여 나 자신과 임봉규, 정한주 외 2인이 부국축산계를 발기하고 임, 정 양 씨는 계원을 모집하러 양동리 각 마을을 순회하다.

12월 28일 금

오전 9시 출발로 정한주 씨와 동반하여 농림부 축정과장 신현복 씨를 심방하여 축산계 취지와 진행 방침을 설명하고, 바로 중도동 2가 이근태 축정국장을 심방하여 문병 위로한 후 역시 축산계 취지와 서류 일체를 김해군수에게 접수시킨 경과와 금후 진행 방책을 설명하고, 바로 경상남도 축정계장 이우수 씨를 면회하여 축산계 창설에 동의와 찬성을 얻다.

2. 단기 4285년(1952년)

1월 1일 화

농림부 축정국 과장, 계장급을 면회한 후 농림차관 원용석 씨를 심방 면회하여 부국농민단과 부국축산계 취지를 설명하여 진행 발전책을 협의하고, 축정국장 이근태 씨를 자택으로 방문하여 축산계 진행책을 협의하다.

1월 4일 금

국방부차관 김일환 씨에게 김해군 경비대대의 부국농민단을 특히 원조하라는 소개장을 받았다. 이영선, 이유탁, 김무림 3인이 동행하여 동래 온천장에 전 부통령[1] 이시영 선생을 면회하여 부국농민단 취지와 부국축산계 취지를 설명한 후 경과 상황을 보고하고 단과 계의 고문이 되심을 승락받고 이규창 씨와 신흥대학 운영방침을 협의하고 3인이 동반하여 온천약수에 목욕하고 10시에 돌아오다.

1월 24일 목

생질 심준선과 화성군수 김용석, 경기도 내무국 서무과장 겸 공보과장 김대근, 경기도지사 이해익 3씨를 각각 면회하여 농군 양성과 주축농업으로 생산 증산 정책을 협의하여 경기도내 민생 제반

1 대한민국 초대 부통령인 이시영은 1951년 5월 9일 국민방위군사건에 대한 이승만 대통령에 항의 표시로 사임하였다.

실정을 탐문 청취하다. 용인군 수지면 이의리[2] 장생질 심흥선가에 도착하여 유숙하여 민간 사정의 생활 상태를 탐지하다.

1월 30일 수

오전에는 수원비행장을 중심으로 한 부근 구장과 농촌 유지가 회합하여 피해 농호 5백여 호의 생활 방책을 토의하는 데 출석하다. 오후에는 농과대학을 심방하여 교육 상황과 제반 실정을 청취하고 축산에 대하여 문의하다.

종축(種畜)의 우량을 택할 것

사료를 확보할 것

배양에 주의할 것 등이다.

생질 심준선 집에 유숙하면서 장래 농업축산 등 할 사업을 협의하다.

2월 14일 목(음 정월 19일)

오전에는 차남 중훈이가 김해 농축원에서 돼지 새끼 암수(2마리)를 사오고 좋아하며 돈사를 잘 꾸며주고, 오후에는 지게를 하나 구해 와서 등받이와 멜끈를 틀며 밤까지 일을 하며 기분 좋아하는 것을 보고 이러한 생각이 났다.

우리나라 농민이 모두 고명한 농리를 연구하여 농구와 종자를 개량하고, 우리 아들도 농학의 전문대학을 졸업한 사람으로 신발명한 기계를 내놓고 좋아서 하여야만 되겠는데 조상 때를 면치 못하여 등에 지는 지게를 벼르고 별러서 하나 장만하여 가지고 와서 큰

[2] 이의리는 1973년 수원시에 편입되어 현재는 수원시 영통구 이의동.

성공이나 한 모양으로 좋아하니 실상은 가슴이 절로 아프도다. 하루바삐 농촌을 계몽시켜서 앞으로 남자는 지게 대신 추럭(트럭) 화물자동차, 지프 등 자동차를 들들 굴리고, 여자는 수차 펌프 등을 사용하도록 하루바삐 건설하여야 되겠도다.

2월 20일 수

경남 농지과장 정기용 씨를 면회하여 김해 양동리 저수지 설정을 협의하고 중앙축정국장 이근태 씨에게 고문 추대장을 전달하고, 대한군경원호부회장 정준 씨를 면회하여 사업 운영 방침을 청취하고 이유탁 씨와 함께 불교총회에서 유숙하다

2월 21일 목

전 부통령 이시영 씨의 비서 이정우 씨가 내방하여 국사를 의논하다. 12시에 이유탁 씨와 동행하여 동래 호텔에 전 부통령 이시영 씨를 면회하여 부국축산계 고문 추대장을 진정(進程)하고 계의 경과 상황과 전남북, 충남북, 경기도 순회 시찰을 보고한 후, 이시영 선생의 장남 규창 씨와 신흥대학 운영 방침을 협의하고 부산 도착하여 또 불교 교무원에서 유숙하다.

2월 23일 토

국방부 차관 김일환 장군을 면회하여 전남북, 충남북, 경기 각도에 순회하여 경남지방 주민에게 위안한 일을 구두로 보고하고, 차관의 지시로 정훈국 부국장 임대순 대령에게 충남북 및 각 도에 또 순회 강연을 잘하여 농군을 계몽하여 군농(軍農) 합작을 꼭 실현시

켜 달라는 부탁을 받고 강사의 신임장을 단기 4285(1952)년 2월 18일로 고쳐 받다.

2월 25일 월

오전 8시 반 출발하여 김해군수 손찬조 씨를 면회하여 그동안 경과를(전남북, 충남북, 경기도, 서울특별시 순회한 일) 보고한 후 부국축산계 발전책과 산림 10여정보 벌채 허가와 저수지 설정 등 사업을 적극 추진하기로 협의하다.

경찰서장 김두진 씨를 심방하여 군수와 협의한 사업 전부의 취지 설명하여 찬성을 듣고 오후 남선버스로 귀환하여 부계장 정한주, 주사 임봉규 양 씨와 앞으로 할 일을 협의하다.

3월 1일 토

오전 9시에서 하오 1시까지 장유국민학교에서 교직원 학생 일동과 면민이 집합하여 3·1절 기념식을 엄숙 또는 성대히 거행하는 데 참례하여 나는 기념사를 담당하다.

식을 마친 뒤에 주을선, 김공찬 양 씨와 동행하여 부국농민단 사무실에 와서 저수지 창설기성회 준비를 (이영선 임봉규 정한주 주을선 김공찬 5씨)하다.

3월 10일 월

저수지 일과 부국축산계 일을 보기 위하여 오전 8시에 주사 임봉규 씨와 함께 본면에 도착하여 지서 주임을 면회한 후 면장 김동환 씨와 3인 동행으로 김해군수 손찬조 씨에게 저수지에 관한 서류를 접수하다. 또 도청으로 진달(進達)하는 군수의 의견서를 첨부하여, 군수까지 4인이 부산 경남도청에 도착하여 농지과장 정기용 씨를 면회하여 서류 일체를 접수케 하고, 양동리 저수지에 대하여 조속한 시일 내에 조사하여 창설에 착수하겠다는 승낙을 받은 후, 도 축정과 계장을 각각 면회하여 사료용 미강(쌀겨) 150가마를 주겠다는 승낙을 얻고, 저녁에는 도청 농지과장 정기용 씨와 군 주촌면 출신 현 국회의원 이종수 씨를 만찬 접대하고 영주동 경도여관에서 유숙하다.

3월 11일 화

이영선, 임봉규, 김동환 3씨 동행으로 또 도청에 가서 농지과 계장을 면회하여 양동 저수지는 김해군에서 기술자를 동원하여 측량 설계하기로 하고, 도 축산계장 조정래, 축정계장 이우수 양 씨를 면회하여 쌀겨 150가마 대금을 부산 한국은행 지불하고 물품을 영수하기로 내정하고, 버스로 김해 도착하여 군수 손찬조 씨와 양동 저수지에 기술자를 파견하여 조속한 기간에 측량 설계하기로 결정하고 돌아오다.

3월 14일 금

양동리 저수지를 창설(創設)에 착공키 위하여 가곡 구장 손영민 씨 자택에서 간부 및 유지 수십 명이 회의하는데, 나는 고문의 한 사람으로 초청받고 본 마을 유지 임봉규, 정한주 양 씨와 동반 참석하여, 남의 힘과 남의 원조를 바라지 말고 본동에 거주민이 자력을 믿고 자신 있게 자가일을 각각 자력으로 자조하여 성공하자고 정신적 계몽을 하고 참고로 수십 분간 강연을 하고, 다시 3인과 함께 귀환하다.

3월 28일 금(음 3월 3일 名節)

오전에는 약초 당귀밭에 제초를 하고, 오후에는 구장 박칠진 주최로 고효영 씨 댁에서 계몽강연을 하는데 내가 강사로 피선되어 연제는 '자력 자생하다'이다.

1. 대한민국의 체제와 주권
1. 현 시국은 싸움판
1. 주축농업으로 생산 증산에 성공하여 자력으로 살자

위와 같이 2시간 강연한 후에 주인 고효영 씨가 동민남녀 50여 명에게 주반으로 점심을 접대하였다.

3월 29일 토

오전에는 중훈이가 채전 울타리 하는데 도와주고, 오후에는 양동 저수지를 창설키 위하여 도 군 지시에 의하여 김해수리조합 기사장 김용범 씨가 측량 설계하는 데 조력하며 성원하고, 면장 김동환 자택에서 측량기사와 숙식하면서 주축농업에 토지개량으로 양곡을 생산 증산과 수리사업 확장 강화 등으로 담화하다.

3월 31일 월

금일은 부국농민단 창립1주년 기념일이다. 작년 3월에는 부산에서 동지 8, 9인과 단을 조직 건립하기에 바빴고 금년 3월에는 김해군 주촌면 양동리와 농군(農軍) 30여 명과 동심 합력하여 부국축산계를 창설하여 주축농업에 힘을 쓰며 저수지 기성사업에 성공하기 위하여 김해군으로 부산 도청으로 중앙 농림부까지 교섭하러 왕래하기에 대단히 바쁘게 지냈었다.

오전에 정문숙, 도경집 양 씨를 심방하여 주축농업 실시를 담화하고, 오후에는 주을선, 이영상 양 씨가 내방하여 양동저수지 기성회에서 내가 회장으로 피선되었다고 전달하고 장래에 할 일을 의논하다.

4월 2일 수

토성동 묘심사 내에 국회의원 이종욱 씨를 심방하여 농지개량비 급속 결정과 전선(戰線)에서 농군은 돌려보내고 도회지의 유휴민을 동원하기로 제안하다.

4월 3일 목

금일은 나의 64주년 생일이다. 만 20세로 오늘까지 일을 한다고 바쁘게 지냈으나 가정이나 사회국가에 큰 업적 없으니 지나간 일을 회억(回憶)컨대 부끄럽기 짝이 없다.

회갑날 결심하고 성명한 바 그대로 전국 농군에게 정신적으로 소와 거름이 되어서 농군이 모는 대로 또는 끄는 대로 바른길을 선택하여 나가며 생산 증산 사업에 전력하기로 하고 실천할 목적으로 작년과 올해 두 해를 부국농민단 부국축산계를 창설하여 실시에 힘을 쓴다

4월 6일 일

오전에는 병아리 기르는 닭의 둥지를 완성하고, 오후에는 고동수 씨가 자기 집마당에 동중(洞中) 남녀노소를 집합시키고 계몽 강연을 요청하므로 약 한시간 강연을 하고 끝으로 애국가, 신흥교가, 부국농가를 불러주다.

4월 11일 금

오전 8시에 출발하여 장유면 내덕동 최영학 씨 심방하여 부국축산계에 가입 허가됨을 통지하여 주고, 망덕리 농소 마을에서 면의원 출마 7명이 종합 정견 발표함을 청취한 후, 나는 계몽 강연으로 '상고(上古) 국조단군이 건국하시며 바로 농관(農官) 고질(高秩)을 시키어서 농사법을 실시하였으므로 농업국으로 전래함과, 현 대한에서는 주축농업으로 생산 또는 증산에 성공할 것과 부녀자에 대우와 농군 양성과 국민 각계각층에 직장 훈련 등'으로 30분간을 강연하고 하오 7시에 비를 맞으며 돌아오다.

4월 19일 토

양동저수지 기성회를 해산하고 부국수리조합 창립을 승인받기 위하여 주촌면 양동리, 장유면 유하리 몽리자(蒙利者) 총회를 가곡마을 손영문 자택에서 열고, 회무를 진행하며 경과보고 역원개선, 경비 조달 등을 하오 7시까지 시무하다. 창립위원장에 이영선, 부위원장에 이영상, 최현길 양 씨가 피선되다.

4월 25일 금

금일은 전국적으로 면의원에게 투표일이므로 우리 가족도 유권자 전부가 주촌면 국민학교에 가서 투표를 하였다.

5월 5일 월

오전 김용범 씨와 동반으로 도청 토지기술과 윤경진 계장에게 양동저수지 허가 신청서류 일체와 중앙청에 진달(進達)하는 서류까지 접수시키고 김용범 씨는 김해로 돌아가고, 나는 도 축정과를 심방하여 축산 발전을 협의하다.

농지과장 정기용 씨를 면회하여 양동 수리조합 조속 허가를 부탁한 후 국회의장 신익희 씨를 면회하여 농업정책으로 증산 생산을 담화하며 양동수리조합 완성에 원조를 부탁하고 버스로 집에 돌아오다.

5월 12일 월

오전에는 식량 구하기 위하여 인근 동리 몇집을 찾아간 결과 백미 매승(每升) 일만천 원에 1두 2승을 매수하다. 춘궁을 당하여 지난 곡식은 이미 떨어지고 새 곡식은 아직 도착하지 않아 일반적으로 곤란 처지에 곡가가 이처럼 고귀(高貴)하니 생활이 정말로 곤란하도다.

5월 18일 일

오전 국방부차관 김일환 씨를 면회하여 국군(國軍)과 농군(農軍)의 정신합작은 농민이 생산 증산하는 데 실지로 조력함이 지름길임을 언명하여, 김해 공병학교장에게 특별히 원조하라는 소개서를 얻다. 부산 대종교 시교당에서 10여 교형제가 회집하여 경배를 보고 '弘益人間 理化世化'로 발전을 협의하다.

5월 23일 금

오전 8시 출동으로 김해수리조합에 도착하여 김용범 씨와 양동저수지에 대하여 할 일을 협의하고 10시 출발로 도청에 도착하니 시민이 민중대회 명칭으로 도청을 전부 농성하고 국회의원 중 14명을 소환시키라고 강요하며, 금지하는 경관과 격투를 하여 경찰 80여 명이 부상당하고 시민이 100여 명 부상하다.[3]

간신히 틈을 비여집고 들어가서 윤경진 기장과 이수걸 기좌(技佐)를 면회하여 양동저수지에 시급히 시찰을 요청하고 국회의원 이종형 씨를 면회하여 역시 저수지 사업에 원조를 부탁하고 돌아와서 은하여관에서 유숙하면서 장남 장훈과 가정과 국가일을 의논하다.

5월 30일 금

토지개량기술과 기좌 이수걸 씨를 심방하여 양동수리조합 인가를 독촉하고 도 축정계장 이우수, 축산계장 조정래를 각각 면회하여 사료를 부탁하다.

오후에는 도 농지과장과 산업국장을 각각 심방하여 수리조합 인가와 사료에 대하여 완전한 방법을 협의하고, 내무부 고문관 최연 씨를 심방하여 농군 양성이 급함을 역설하고 하오 7시경에 정성률

[3] 부산정치파동으로 이승만이 재집권하기 위해 대통령 직전제 개헌을 추진하며 발생한 정치 혼란상태를 말한다.

군 가에서 유숙하다. 국회의원 이종욱 씨와 중앙축정국장 이근태 씨도 각 심방하여 저수지 일과 축산농업을 협의하다.

5월 31일 토

오전 8시 출동으로 부산진 국방부에 김일환 차관을 면회하여 우선 김해군에 부국농민단 주최로 농군(農軍)을 현지에서 농한기를 이용하여 훈련을 시켜서 장래 국군으로 충용하면 한편으로 생산 증산이 되며 전면적으로 국방과 치안에 큰 효력을 발생할 것을 협의하고, 김차관의 소개로 국방부 본부 제4국장 박승훈을 면회하여 구체적 의논을 하고 김해군수 및 유지와 협의하여 급속히 안을 작성하기로 하다.

오후에는 내무장관 이범석을 심방하였으나 국무회의에 출석하고 부재이므로 만나지 못하다

7월 13일 일

국방부차관 김일환 씨를 면회하여 김해에 주축농업 발전과 농군 양성의 실천과 상이군인 귀농문제 등을 협의한 후 제4국 제4과 박형필 대위와 현지 답사를 토의하다. 경남도 농지과 기술 기좌 이수걸 씨를 심방하여 양동수리조합 허가 건에 문의한 결과 늦어도 7월 말경에는 허가되리라 하며 15일에 현지를 답사하기로 약속하다.

7월 14일 월

김해 도착하는 도중에 김해평야 농작물을 시찰하니 가뭄에 소금기로 인하여 7, 8할이 실패에 돌아가 이 농민들의 근심하는 형상

은 목불인견이더라. 김해군수를 면회하여 명일에 양동 마을 시찰하는 예약을 하고 김해수리조합에서 농민대표들이 집합하여 한해(旱害) 대책회의를 참관하고 버스로 집에 와서 15일 오는 손님 접대 준비를 시키다.

7월 15일 화

오전 8시 반까지 김해군청에 도착하여 군수와 협의한 결과 군 산업과장 농지계장 도농지개량과장겸 기좌 이수걸 씨 외 수리조합 직원 23명과 읍의원 문 씨를 합하여 8명이 삼륜차 2대에 동승하고 양동저수지 예정지 일대를 시찰하며, 이수걸, 최수경 양 씨는 농민대표 수십 명에게 생산증산으로 국민부강케하여 달라는 지도 격려의 말이 있은 후, 냉정 마을에 와서 우리 집에서 오반을 하고 손님은 전체 김해군으로 돌아가고, 나는 농민대표 이영상, 최현길, 정한주, 김동환, 박칠진 제씨와 오반을 하며 앞으로 양동저수지에 대하여 할 일을 상의하다.

7월 21일 월

오전 7시 반 출발하여 국방부 제4국 제4과 원호과장 이두성 씨를 면회하여 상이군인 귀농문제를 협의하고, 그 다음으로 국방차관 김일환 준장을 면화하여 역시 상이군인 귀농을 토의한 후 김중화 대위를 심방하여 주축농업의 발전과 상이군인 귀농방법을 의논하다.

오후에는 농림부로 농지개량과 기장 윤경진, 농지개량과장 정기용 양 씨를 면회하여 양동수리조합 허가건을 부탁하다. 오후 농림부 차관 원용석 씨를 면회히여 저수지 수리사업의 긴급함을 논의

하다. (양동리 수리조합의 완성이 긴급 또 필요함을 포함함)

7월 28일 월

오전 7시 반 출발로 국방차관을 심방하였더니 부재하므로 면회하지 못하고 제4국 원호과의 박형필 대위를 면회하여 상이군인 귀농문제와 양동 모범부락에 축산 확장을 협의하고, 도 축정국에 사료신청서를 제출하고 농지개량과장 정기용, 기좌 이수걸 양 씨를 심방하여 양동 수리조합의 급속 인가 주선을 부탁하다.

오후에는 대동신문사에서 대통령에는 이시영 선생, 부통령에는 임영신 여사를 선거하기로 결의하고 대종교 시교당에서는 대통령 선거 사무 진행 방침을 협의하고, 임영신 여사 선거 중앙사무소에서는 부통령 선거 방법을 토의하다.

7월 29일 화

오전 7시50분에 정성률 군과 동차하여 도 농지개량과 기좌 이수걸 씨를 면회하여 양동 수리조합 인가 착공의 급속 추진을 협의하다.

상오 11시에 대종교 간부를 대표한 이영선, 신대식, 박중무 3인이 동래온천으로 이시영 선생을 면회하여 대통령 선거에 대하여 의견을 청취하고, 오후에는 임영신 여사 선거 중앙사무실에서 간부 일동과 지방 운동에 대하여 협의하고 임 여사의 의사 발표를 상세히 청취하다.

8월 20일 수

오전 7시 50분 출발로 국방차관을 심방하였으나 출장 부재로 면회하지 못하고 제2국 부국장 임대순 대령을 면회하여 농군 양성과 상이군인 귀농에 대하여 언급하고, 제4국 제4과 계장 한계태 소령을 면회하여 부국축산계 취지와 농군양성과 상이군인 귀농에 대하여 설명하다.

하오 2시경에 귀가하니 즉 국방차관 김일환 씨가 대령 이상급 10여 명을 영솔하고 내방하여 김해 농축원 만을 시찰하고 내가 부재 관계로 농축을 대규모로 경영하는 양동리 일대를 시찰못한 것이 크게 유감으로 생각한다.

8월 21일 목

국방부에 도착하여 국방차관 김일환, 국방본부 제4국장 박승훈, 원호과장 이두성 3씨를 차관실에서 연합회의한 결과 김해군 주촌 장유 진례 3면에 부국농민단과 부국축산계를 발전시키고 상이군인을 다수 귀농시키기로 결정하다.

8월 26일 화

오전 6시50분 출동으로 이수걸 기좌를 자택에 심방하여 양동수리조합 결성을 협의하고 도청 농지개량과로 정기용 과장과 윤경진 씨에게 각각 조합 결성에 동의를 받고 11시에서 하오 2시까지 국회에서 정무요인과 중석불[4]에 대하여 질의 문답(재무, 농림, 법무, 내무, 교통

[4] 중석불(重石弗) 사건 - 부산 지역이 임시 수도였던 1952년 6월 정부가 중석(重石)[텅스텐]을 수출해 벌어들인 달러로 부당 이익을 챙긴 사건. 이 사건은 이후 한국 정재

장관, 국무총리)을 방청하다.

또 도 축정국으로 축산계장 조정래 씨를 면회하여 가축사료 수수겨 4, 5백 가마를 특배해 주겠다는 승낙을 받고, 오후에는 수리조합에서 쌀봉투를 매입하고 귀소하여 석반 후에 정성률 군과 수리조합 결성 일자를 내 9월 3일 수요일로 의정하다.

9월 4일 목

비 때문에 하루 연기하여 오전 11시부터 양동수리조합 창립총회를 가곡의 송전에서 개최하였다.

경과보고는 내가 하고 임시의장에도 내가 피선되고 역원선거에 조합장 이영선과 평의원 15인 선정하고 이사와 서기는 보류.

내빈은 도에서 농지개량과 서무계장 이원세, 기술기좌 이수걸, 군에서 군수와 각과 계의 대리로 1명 김해수리조합 대표로 김용범, 주촌면 지서주임, 장유면장 그 외 다수 참석하에 회를 성대히 거행하였다.

9월 23일 화

동래 온천장으로 이시영 선생을 면회한 후 그의 장남 이규채(규봉) 씨와 신흥대학 강화책을 협의하다.

10월 2일 목

동래온천으로 이시영 선생을 심방 면회하여 명일 3경(개천, 건국, 가경절)의 기념행사와 신흥대학 운영에 대하여 담화하다.

계의 뿌리 깊은 정경 유착과 부정부패의 시작을 예고한 사건이었다.

10월 3일 금

금일은 개천,기원 가경(추석) 3합 경절일이다. 오전 5시 기상하여 대종교 주문으로 3차 암송하고 묵념한 후 애국가, (신흥학교)교가, (부국농민단)농가를 독창하다.

경남도 경지개량과 이수걸 기좌, 윤경진 계장을 각각 자택으로 심방하여 양동수리조합건을 문의하고 돌아와 조반하고, 12시까지 김해 도착하여 김용범 기사장 자택을 심방하여 양동수리조합 서류를 급속히 도로 전달하라고 부탁하고 군청에서 군수와 산업과장과 내무과장을 각각 면회 담화하고 하오 2시에 트럭으로 집에 도착하다.

10월 5일 일

12시경에 국방차관 농림부차관 대한군경원호회부회장 내무장관 재무장관 치안국장 이하 10여 명이 김해농축원과 부국축산계 실지(현지)를 답사하고 우리 집에까지 일부 방문하였으나 시간 관계로 점심도 하지 못하고 섭섭히 귀환하다.

10월 7일 화

동래온천에 전 부통령 이시영 선생 부자를 연석 면회하여 신흥대학에 대하여 앞으로 할 일을 약속하고, 돌아오다 영도 국사관으로 김일용 군(신흥대학생)을 심방하여 신흥대학에 후원을 협의 결정하고 돌아오다.

10월 12일

동래온천으로 부통령 이시영 선생 부자와 (장남 규창) 신흥대학 중흥책을 협의한 후, 앞으로 나는 신흥학우단장 겸 학교후원회장으로 신흥대학 학생대표 2, 3명과 연락하여 학교를 원조하기로 결정하다.

10월 15일 수

금일은 전 대학장 이규창 씨와 신흥대학 경영에 대하여 협의 연구하며 항재 이규창 씨가 수년간 전심하여 쓴 『강민 사명 이념(强民使命 理念)』 원고를 보다.

10월 16일 목

2일간 전 부통령 성재 선생 댁에서 유숙하면서 신흥대학의 장래를 강구 협의하고, 금일은 오전 8시에 성재 선생과 신흥대학의 처리 및 운영을 문의 결정하고, 전 학장 이규창 씨와 동반하여 문교부 장관을 심방하였더니 부재로 만나지 못하고, 국장 이하 관계 직원에게 신흥대학 일을 선처 부탁하고 숙소로 돌아와 김일용 군과 신흥대학 일을 의논하다.

10월 17일 금

오전에는 문교부 장관을 심방하였더니 국무회에 나가고 부재로 대학관리과장을 면회하여 신흥대학 일을 협의하다. 오후에는 도청으로 축산계장 조정래, 과장 홍찬오 양 씨를 심방하여 축산사료 다량 특배를 부탁하고 농지개량과장 정기용, 기술기좌 이수걸 양 씨를 면회한 후 서무계원과 양동수리조합 인가에 대하여 문의하고, 오후에는 김일용, 김봉호 양 씨와 신흥대학 일을 논의하다.

10월 18일 토

오전 7시에 문교부에서 이영래 씨가 내방하여 신흥대학 건을 아래와 같이 전언하다.

1. 대학교육과장 이근칠 씨가 말하기를 이규창 씨와 조영식(현 학교 운영자)이 합작 운영이 좋은 일이라 하고 일반공론은 전 신흥 출신(학우단)이 운영할 수 있다함
1. 이윤영 씨가 들어오면 정치적 원조로 일반이 본다하고
1. 이연재 씨가 들어오면 재정적 원조로 일반이 본다함

영도(影島) 한국운수공사 연락소의 2층 애국동지원호회 상무 정이형[5] 씨와 허영백, 박명진 양 씨에게 연락을 취하기로 하다.

조반 후에는 정성률 군을 심방하여 양동수리조합일을 상의하고, 오후에는 동래로 성재(省齋) 선생 부자를 심방하여 경과를 보고하고 신흥대학에 대하여 앞으로 할 일을 결의하고, 하오 6시 반경에 영도 숙소로 돌아오다.

10월 19일 일

신흥대학교 내용(현황)

一. 학교

[5] 정이형(鄭伊衡, 1879~1956) 독립운동가, 평안북도 의주 출신, 일명 원흠(元欽), 호는 쌍공.

1. 학장 공석, 부학장 조영식

2. 이사장 이년재

3. 이사 이규갑[6] 김인선 이춘기 조영식 이규창 이윤영

二. 학생수

1. 약 300명(부산, 청주, 군산)

2. 현재 4학년생이 있음

三. 졸업생수와 졸업회수

1. 전문부 2회(500명)

2. 체육부 2회(50명)

四. 학교 재정 (시가 20억)

1. 충북 영동 산림 158정보

2. 교사(校舍) 태고사에 3동

3. 백운장(임대계약) 이사장 이규현 명

4. 예산에 토지 20만 평

전 이사 이규창 이규현 조성집 이규왕 이춘기

오전에는 국의원 이종형 씨를 심방하여 신흥대학 원조를 협의하고, 정성률 군을 심방하여 도 농지개량과 교섭 결과를 청취하다. 이규창 학장, 단장 이영선, 졸업생 대표 김일용 3인 합석 결의로 신흥대학 운영방법을 정하고, 대종교 시교당에서 경배를 보고 오후에는 도청 축산과를 심방하다.

10월 20일 월

오전에는 7시경에 문교부에서 이영래 씨가 내방하여 신흥대학

[6] 이규갑(李奎甲, 1888~1970) 호는 운호(雲湖), 충무공 이순신의 9대손, 독립운동가, 2대 국회의원 역임.

일을 협의하는 중에 이규창 씨가 와서 참석하여 4, 5인의 합석을 학교에 대하여 할 일을 결정하다.

나, 이영래, 김일용 3인이 동반하여 대학 교육과장 이근칠 씨를 면회하여 학교 연혁을 언급한 후 선처를 부탁하다.

오후에는 이영선, 이규창, 김일용 3명이 함께 문교부장관 백락준 씨를 심방 면회하여 신흥대학 재인가 승낙을 받고 이, 김 양 씨는 건국대학으로 가고 나는 도 축산과를 경유하여 양정과에서 가축사료 배급 전표를 받아가지고 영도 숙소로 돌아오다.

10월 21일 화

오전에는 7시 출동으로 시 영도 출장소 산업계장을 자택으로 심방하여 양동수리조합 경비를 부탁하고 국의원 이종형 씨를 심방하여 신흥대학 후원을 협의하다.

오후에는 건국대학 학장 송경영, 사무국장 권박영 씨 이하 간부와 신흥대학 학장 이규창, 학우단장 이영선, 졸업생 대표 김일용 이상이 연석 회의한 결과 양 대학의 취지와 이념이 같으므로 무조건 합하여 신흥대학으로 운영하기를 결정하다.

10월 27일 월

오후에는 국사관에서 신흥학우단 간부회를 열고 앞으로 할 사업을 토의하니 출석 인원과 할 일의 제목은 여하함

※ 출석 인원

이영선, 허영백, 박명진, 홍종린, 신대식, 박중무, 김무림, 김일용, 이규창

※ 할 일

입단금 일만 원씩

월연금 이천 원씩

집회 개최시 국민 의례 (학우 중 사망 전사에 추도회 거행)

단 규칙 개정위원은 허영백, 김무림

1. 회의 장소

1. 집회 일시 (11월 6일 오전 11시) 이상

하오 6시 반에 폐회

10월 28일 화

오전에는 농림부 경남농지개량과장 정기용 씨와 기술기좌 이수걸 씨를 심방하여 양동수리조합에 급속 인가를 부탁하다.

오후에는 이영선, 김무림, 김일용 3인 동행으로 건국대학에 송경영, 권박영 양 씨와 합석하여 신흥대학과 건국대학의 합작 운영을 토의하다.

10월 29일 수

오전 7시 출발로 동래 성재 선생을 심방하여 신흥대학과 건국대학의 합동 취지를 설명 보고하여 합동의 승인을 얻고, 최연 씨를 심방한 후 도청 농지개량과를 심방하였더니 서무계원 전부가 출장 부재로 면회치 못하다.

오후에는 건국대학에서 이규창, 이영선, 김무림, 김일용, 송경영, 권박영 제씨가 양 대학 합동 각서를 기초함.

10월 29일 하오 3시에 건국대학 학장실에서

※신흥대학과 건국대학을 합동한 전문

각서

성재학원설립자 이시영

신흥대학장 이규창

재단법인 건국학회 설립자 및 건국대학장 송경영

위 당사자간에 양 대학 병합에 관한 약정을 체결키 위하여 좌기 내용으로써 양자 각서를 교환함

제1조 양 대학은 성재 선생을 봉대하여 그 정신을 영원히 계승하는 동시에 강력한 학원 건설을 목적으로 함

제2조 건국대학은 병합과 동시에 재단법인 건국학회를 해산하여 그 재단 및 이사를 성재학원에 편입하고 교명을 신흥대학으로 함

제3조 성재학원은 전기 제1조, 제2조를 존중하여 영구히 부산에서 단과대학을 설치할 목적으로 병합하고 종합대학이 설립되는 동시에 부산 신흥대학은 건국대학 설립자 송경영 씨에게 위탁 경영을 인정함

제4조 성재학원은 환도 시까지 종합대학 승격에 책임을 부담함

제5조 종합대학 승격 시 총장은 무조건 이규창 씨로 추대함. 단 종합대학 승격 이전은 이규창 씨를 학장으로 추대함.

제6조 승격 후 성재학원 이사회 전원의 의결 일치가 없는 한 여하한 이유일지라도 전기(前記) 제3조를 침해할 수 없음.

제7조 성재학원 및 신흥대학(종합대학 승격 시에 한함) 본부를 서울특별시에 치(置)함

제8조 위 각 항은 현 신흥대학의 교내 정비가 완료되는 동시에 발효함

상기 각 사항을 확인하기 위하여 각기 서명 날인하여 각 일통씩 보존함

단기 4285년 10월 29일

이시영 이규창 송경영

입회인 이영선 권박영 김무림 김일용

위와 같이 성립하니 하오 7시 반이라 석반 후 각기 귀가하다.

10월 30일 목

오전에는 이규창, 이영선, 김무림, 김일용, 송경영, 권박영, 제씨가 건국대학 학장실에서 시무하고, 오후에는 신대(新大) 간부 4인이 동반 동래 도착하여 성재 선생에게 경과를 보고하고 연석회의한 결과 각서를 약간 수정하기로 하고 나는 성재 선생 댁에서 유숙하다.

10월 31일 금

오전 건대에서 신대(新大) 간부와 연석하여 회의한 바 각서 수정은 연기하고, 현 대학의 조영식과 교섭을 하기로 하고 각각 주소로 돌아가다. (우선 김무림 씨가 맡아서 교섭하기로 함)

11월 6일 목

오전 김일환 국방차관을 자택으로 심방 면회하여 나, 차관, 차남 중훈 3인이 조반하며 주축농업의 모범촌 건설과 상이군인 귀농에 대하여 합의하고 영도 국사관에서 신흥학우단총회를 개최하다.

역원에는 단장 이영선, 부단장 박명진, 총무부장 신대식, 문화부장 김무림, 사업부장 박구, 감사부장 홍종린, 서기 김일용 7 씨가 피선되다.

11월 8일 토

오전에는 이영선 김일용 김무림 3인 동반으로 현 신흥대학 부학장 조영식을 심방하여 대학 운영에 대하여 과거 현재와 장래 할 일을 토의하다.

하오 2시 이후는 애국동지원호회에서 신흥학우단 임원회를 개최하고 회의한 결과 신흥학우단 임시사무소를 제성률 씨 댁에 정하고 학우단과 신흥대학 일을 보기로 결정하고 영도에서 숙박하다.

11월 9일 일

오후 신흥학우단 임원회를 열고 단에서 할 일과 신흥대학에 대하여 후원할 일 토의하고, 동 5시까지 단장 이영선, 부단장 박명진, 문화부장 김무림, 감사부장 홍종린, 서기 김일용 이상이 사업부장 박구 씨를 남시장(南市場)으로 심방하여 단에서 할 일을 협의하며 만찬을 하고 산회하다.

11월 10일 월

신흥대학우단 사무실에서 단장 이영선, 부단장 박명진, 총무부장 신대식, 문화부장 김무림, 부단장 허영백(고문자격) 제씨가 합석하여 단으로서 할 일을 협의하다. 오후에는 신흥대학 일을 위하여 온천으로 이시영 선생 부자를 심방하고 유숙하면서 학교 운영에 대하여 토의하다.

11월 11일 화

오전에는 전 부통령 이시영 씨, 전 신흥대학장 이규창, 현 신흥학우단장 이영선 합석 협의로 신흥대학 장래 운영 방침을 결정하다. 오후에는 대종교 래선시교당에서 이규창 씨와 신대에 대하여 앞으로 할 일을 상의하고 영도 숙소에서 정성률 군과 양동수리조합에 대하여 할 일 상의하다.

11월 12일 수

오후에 신흥학우단 사무실로 허영백, 안우석 양 씨가 내방하여 신흥대학 경영방침과 이사진 편성에 대하여 협의하다. 협의 요령은 아래와 같다.

이사진 편성
성재편 1명 ┐
학우단 1명 합 3인
안우석 1명 ┘
조영식 편 - 2인
50억 이상 재단 확립
교사(校舍) 건축
교사 진영 강화
1. 교육 당국에 교섭(전 이사진을 보충 또는 재편성 등)

11월 14일 금

오전에는 신흥학우단과 애국동지원호회에서 시무하고, 오후에는 농림부 차관을 면회하여 부국농민단과 부국축산계 취지를 설명하고 양정국에서 관리하는 가축사료 일체는 축정국으로 넘겨달라고 부탁을 하다. 후에 현 이범석 내무장관을 면회하여 양곡 증산생산에 긴급을 언급한 결과, 그 답이 농림부와 협력하여 부국농민단에서 하는 일 즉, 토지개량 수리사업 주축농업 등을 국책으로 실시하도록 하겠다는 내락을 듣고, 농지개량과 기좌 이수걸 씨를 심방하여 양동수리조합 인가 급속을 또 부탁하고 영도 숙소로 돌아오다.

11월 15일 토

오전에는 축정국장 이근태 씨를 심방 면회하여 저간 농림부차관 정재설 씨와 내부부장관 진헌식 씨에게 교섭한 전말을 언급하며 주축농업 실시 시책을 협의한 후 도 산업계장 조정래 씨와 양정국 사무관 서석지 씨를 각각 면회하여 가축 사료 특배를 부탁하다. 오후에는 학우단 사무실에서 이규창, 이영선, 박명진, 신대식, 김무림, 제성률 제씨가 합석하여 신대 운영을 토의하고 또 애국동지원호회에서 신흥학우단 간부와 안우석이 합석하여 신흥대학 경영방침을 토의하다.

11월 16일 일

오전에는 대종교 래선시교당에서 경배를 보고 김백주 대형과 장야은 대형의 추도식을 음 10월 3일에 거행하기로 결정하다. 오후에는 신흥대학 건축기지를 탐사하러 이영선, 박명진, 신대식, 김무림, 이중훈 5인이 범천동 북산 일대를 시찰하고돌아오다.

12월 1일

양동수리조합 허가가 경상남도로부터 나오다. 허가번호 311호.

12월 7일 일

대동신문사 사장 겸 국의원 이종형 씨를 심방하여 신흥대학 경영

방침을 토의하고 농림부 축정국장 이근태 씨를 면회하여 가축사료에 관한 농림부장관에게 보내는 진정서를 접수시키다.

경상남도 축정과장 홍찬오 씨를 면회하여 김해 장유면 부곡리에 축산 모범 농촌 건설을 협의하고 도 농지개량과장 정기용, 기좌 이수걸, 서무계장 이원세 3씨를 각각 면회하여 양동수리조합 허가하도록 하여준 데 감사한 인사를 하다.

정오에 대종교 시교당에서 경배를 보고 오후에는 동래온천으로 이시영 선생 부자를 심방하여 신흥대학 운영을 협의하고 하오 7시경 영도 숙소로 돌아오다.

3. 단기 4286년(1953)

1월 1일 목

오늘 아침에 계획을 아래와 같이 세우다.
가정으로는 차남 중훈의 결혼을 할 것
국가사회사업으로는 양동저수지를 완성하여 생산 증산을 할 것
교육사업으로는 신흥대학을 재건 확립하여 인재를 양성할 것

1월 20일 화

대종교 내선 시교당에서 신대식, 김무림 양 씨와 신흥대학에 대하여 협의하다.

1월 22일 목

오전 8시 출발로 국회의원 이종형 씨를 심방하여 신흥대학 건을 협의하고, 신대식, 김무림 3인 동행으로 신흥대학 화재에 대하여 위문을 하다.

1월 23일 금

오전 7시 출발로 김일환 국방차관을 자택으로 면회하여 양동수리공사에 원조하는 김해 공병대에 소개서를 맡은 후, 동래온천 이시영 선생댁에서 신대식, 김무림 외 2인 5인 합석으로 신흥대학 일을 협의하다.

1월 27일 화

기채인가 신청서
국고 피조(被助) 신청서
예산 편성철
정원 인가 신청서
공사 직영 승인 신청서

오전 7시 출발 김해수리조합에 도착 김용범, 기사장 정성률, 조합장(이영선) 3인 합석 합의로 정치적 부면(部面)은 조합장이, 경제적 부면은 정성률, 기술적 부면은 김용범, 사무적 부면은 임봉규, 농민동원 지도 부면은 이중훈이 각각 담임하고 곧 기공 준비를 하기로 결정하고, 정(鄭)과 동행하여 조합인(組合印) 대중소 3개 대금 10만 원을 지불하고 삼인당에 맞추고 집에 오던 길에 군청과 공병대를 다녀오다.

2월 3일 화

대동신문사장 이종형 씨를 심방하여 국제자유시장 소화(燒火)하는 바람에 신문사 전체와 출판인쇄소 역시 소실한 위문을 하고, 신흥대학 일을 하기 위하여 동반하여 부국여관으로 해인대학장 최범술,[1] 동흥중학교장 이경대 양 씨를 심방하여 신흥대학 일을 협의하다.

양동수리조합에 관한 서류 3건을 도농지개량과에 제출시키다.

오후에는 신흥학우단에서 학장 이규창, 단의 총무 신대식 양 씨

1 최범술(崔凡述, 1904~1979) 독립운동가, 불교 승려이며 제헌의원을 지낸 정치인, 1952년에 해인사에 해인대학을 설립하고 이사장 및 학장에 취임.

와 신흥대학 일을 논의하고, 다시 이규창 씨와 동반하여 또 부국여관으로 최범술, 이경대 제씨와 합석으로 신흥대학 재건 발전책을 협의하고, 규창 씨는 집으로 돌아가고 나는 신흥학우단 사무소에서 부단장 박명진, 총무 신대식, 문화부장 김무림 제씨의 합석으로 신흥대학에 대하여 앞으로 할 일을 협의하다.

2월 5일 목

대종교 래선(萊善) 시교당에서 신흥학우단 단장 이영선, 부단장 박명진, 총무 신대식, 문화부장 김무림, 학장 이규창 제씨의 합석으로 신흥대학 재건을 협의하다.

2월 14일 토 (음력 정월 1월 1일)

오전 1시 닭 우는 소리에 기상하여 원도(願禱)를 하고 일기를 쓰고 신문을 보고 일과로 가훈과 애국가, 신흥학교 교가, 부국농민단 농가를 읽고 부르고 마음을 깨끗이 하고 몸을 깨끗이 하고 일을 명백히 하는 뜻으로 전신 목욕을 하고, 국조 단군 이하 역대 태조(太祖) 초상에게 참알(參謁) 배견(拜見)하며 원도를 하다.

2월 20일 금

오후에 장유금융조합에 가서 구원(舊圓) 45만 원을 신환(新圜) 4천5백 환으로 교환하여 오다.

3월 1일 일

금일은 35년 전 오늘에 대한 민족 전체가 독립운동을 하며 만세를 부른 의미가 심장한 날이다. 오전 5시에 기상하여 목욕하여 심신을 깨끗이 하고 대교 주문과 가훈과 공맹의 요언과 애국가, 신흥학교 교가, 부국농민단 농가를 1차로 성독하고, 조반 후에 차남 중훈과 동행하여 장유국민학교 3·1기념식에 참례하다.

3월 13일 금

부산 신흥학우단 연락사무소에 도착하여 신대식, 박명진, 제성률, 김무림, 홍금오, 권상박 제씨와 신흥대학 일을 토의하다.

3월 14일 토

오전 국회의원 이종형 씨를 심방하여 신흥대학 일을 상의하고, 오후에는 신흥학우단에서 단 간부와 학장 이규창 씨와 건국대학 이사 권상박 제 씨 연석회의로 앞으로 할 일을 의결하고, 총무부장 신대식, 부단장 박명진, 문화부장 김무림과 함께 문교부장관을 심방하였으나 부재로 만나지 못하고 고등교육과장을 면회하여 신흥대학 일에 선처를 부탁하고 오다.

3월 15일 일

박영훈 씨와 함께 국방차관 김일환 씨를 자택으로 심방하여 양동수리조합 공사에 김해공병대를 동원하여 원조하여 달라고 완곡하게 부탁을 하다. 오후에는 신흥학우단장 이영선, 부단장 박명진, 문화부장 김무림, 연락부장 박중무 제씨가 신흥대학 일을 협의하고 단장, 부단장, 문화부장 3인이 문교부 장관을 심방하였으나 출타로 만나지 못하고 명일 오후로 연기하고 각각 돌아가다.

3월 16일 월

동래온천을 가서 이시영 선생을 심방 면회하여 신흥대학에 대하여 토의하고, 오후에 단 총무부장 신대식, 문화부장 김무림 양 씨와 동행하여 문교부 장관을 심방 면회하여 신흥대학 분규사건의 선처를 부탁하다.

3월 17일 화

김일환 국방차관을 자택으로 심방하여 양동수리조합 공사에서 김해공병대를 동원 원조하는 일과 신흥대학 후원을 요청하다.

3월 18일 수

오전 7시 반에 출동하여 국의원 이종형 씨를 심방하여 신흥대학 일을 상의하고, 신흥학우단 사무소에서 제성률 씨에게 이사진 편성안을 언급하다.

3월 23일 월

버스로 부산 신흥대학 연락사무소에 도착하여 박명진 부단장, 신대식 총무, 이규창 학장, 권박영 이사와 신흥대학에서 할 일을 상의하다.

3월 25일 수

신흥대학 일로 몇일 간 신흥학우단 간부와 이규창, 권박영 외 몇몇 동지 연석 회의를 하다.

3월 26일 목

국회의원 이종형 씨를 심방하여 신흥대학 일을 협의하고 최창규 동지와 동반하여 부산진 국방부로 김일환 차관을 심방하였으나 부재로 면회하지 못하고 병무국 이사관 문명호 씨를 만나서 신흥대 입학생의 전시수첩 재학생증명서 건의 부탁을 하다.

돌아오며 신흥학우단 사무실에서 간부(이영선, 박명진, 신대식) 일동과 학장 이규창 씨 등 몇 사람이 합석하여 신흥대학 일을 협의하고 정원화 씨에게 (순금지환과 가락지) 8전중(錢重) 일만5천9백 환을 지불하고 찾아서 신도무역주식회사로 최연 씨를 심방하였으나 부재로 만나지 못하다.

하오 6시경에 최창규 씨 댁에서 석반을 하고 최 씨와 동반하여 김일환 차관을 자택으로 심방하여 최동지를 소개하고 나와서 안병억 군가에서 유숙하다.

3월 27일 금

국방부 차관을 자택 심방하여 양동 수리조합에 공사 원조를 또 부탁하고. 조반 후에는 국방부 병무과장과 동원과장을 면회하여, 양동수리조합에 인원 보류[2]의 수속 절차를 문의하며 겸하여 신흥대 입학생의 전시 학생증을 부탁하다.

오후에는 김해 도착하여 공병대장 조성근 씨를 심방하였으나 면회치 못하고 김해수리조합 기사장 김용범 씨 자택에 유숙하면서 양동수리조합 공사에 대하여 상의하다.

[2] 징집 보류.

4월 8일 수

오전 6시 반 출발하여 동래온천 성재 선생을 자택으로 면회하여 신흥대학 운영을 문의한 결과 신흥학우단에서 추대한다면 성재 선생 자신이 학장직을 수락 취임하시겠다고 말씀하시다.

조반은 이규창 씨와 같이 하며 앞으로 신흥대학에 대해 할 일을 논의하다.

부산시 초량 출장소 보건계장 정성률 군을 심방하여 양동수리조합 공사에 대하여 상의한 결과 경남도 농지개량과 방침에 의하여 경쟁 입찰에 붙이기로 결정하고, 2시 반까지 신흥학우단 간부회를 개하고 신대 운영 방침을 토의 결정하다.

4월 9일 목

신흥대학 부학장 조영식에게 받아서 성재 선생에게 전달하여드린 서류

1. 이매자[3] 위임서 1통
1. 가족회 결의문 1통
1. 증명서 1통
1. 재산 관리인 본적 주소 성명 1통
1. 사진 1매

---

[3] 이매자(李梅子)는 이규완(李圭完, 1862~1946)의 부인.
이규완은 박영효의 식객이 되었다가 갑신정변에 참여하고 일본으로 도피. 일본에서 나카무라 우메코(中村 梅子)와 결혼하여 부인은 남편의 성을 따르는 일본 풍습에 따라 한국식 성과 이름을 따서 이매자(李梅子)로 바꿈. 이매자는 캐나다인 친어머니 마가렛 고츠로부터 2억 달러를 유산으로 상속받았고 이규완 내외는 해방 이후 이 자금을 국내로 반입하려 했으나 실패했다고 전해진다.

1. 목록 1통
1. 위 등본은 호적 원본과 상위가 없음을 인증함
단기 4282년 6월 16일
춘천 부윤 홍창섭

조반은 성재 선생 댁에서 하며 선생과 신흥대학 운영을 토의하고, 국방부로 김일환 차관을 심방하였으나 부재로 면회치 못하다. 신흥학우단 사무실에서 간부 이영선, 신대식, 박명진, 허영백 등 몇 사람이 신대 운영에 대하여 협의하고, 나와 허영백 두 사람이 학우단 대표로 현 신흥대학에 조영식 부학장을 심방하여 그동안 피차간의 오해를 일소하고 신대 발전을 위하여 앞으로 일하자는 약속을 하고 성재 이시영 선생이 부탁한 서류 7통을 조에게서 찾아서 하오 7시까지 성재 선생에게 직접 전하여 드리고, 안병억 군 집에 유숙하면서 안형수 동지와 담화하다.

4월 10일 금

김일환 차관을 자택으로 심방하여 양동수리조합공사 기간 중 농군의 징집 보류와 신흥학생 제2차 모집자에게 전시 학생증 발부와 민병제(民兵制) 급속 실천(전국민으로 직장에서 군사훈련제) 할 것 등을 협의하며 강조하다. 조반을 한 후 세계평론사에서 임종만 씨에게 내가 국산장려회 이사를 승낙하고 12시까지 신흥학우단 사무실에서 신흥대학에 대하여 앞으로 할 일을 의논하다.

4월 18일 토

오후에는 온천장으로 전 부통령 이시영 선생 영전에 조곡(弔哭)을 하며 아래와 같아 조사를 함

"선생님 선생이 이 세상을 영원히 떠나심에 못다 하시고 못다 보시고 가실 때 한되시는 일을 잘 아옵니다.

1. 대한의 완전 자주독립

1. 국민 전체를 지도(指導) 향상시키어서 다같이 행복스럽게 사는 일

1. 전세계 인류 중에 고통을 받는 사람은 구제하여 내서 다 같이 행복 원만하게 사는

이상 못 다하신 일은 저희 죽지 아니하고 남아 있는 동지들이 정성을 바치고 힘을 합하여 불원한 장래에 달성할테오니 선생은 안심하시고 가시옵소서.

저 세상에서 길이길이 행복받으시길 원도하옵니다."

이상으로 조상을 마치고 하오 6시에 숙소로 귀환하다.

4월 19일

오전 영도에서 국회의원 이종형 씨를 심방하여 성재 선생의 장례 호상하는 일을 협의하고, 정성률 군을 자택으로 찾아가서 양동 수리조합에 착공일을 협의하다.

11시 대종교 래선시교당에서 성재 도형의 조천(朝天)하신 의례에 대하여 협의하고, 동래 온천장에서 신익희, 지청천, 이인 3씨 외에 10여 명이 합석하여 성재 선생 처음부터 끝까지 장례의식을 대략 협의하고 숙소로 돌아오다.

4월 22일 수

오늘은 나의 65회 생일(음 3월 9일)이다. 노처와 장남 장훈, 자부 종옥 내외와 차남 중훈이가 나서서 근처 노인을 초청하여 조반 주효를 접대한다고 하나, 나는 반대하기를 완전 자주독립하는 날이 부모 조선(祖先)의 제사를 차려 지내는 날이요, 나의 생일도 그대로 하고 언급라고 일체 생일차리는 것을 중지시켰더니, 아침에 임봉규가 농주 2병을 가져와서 근처 사는 사람을 초대하여 조반을 접대하다.

오후에는 성재 선생 장례에 호송 참례 차로 서울 갈 준비를 하다. (신흥무관학우단, 대동신문사, 부국농산계, 대종교 내선시교당, 중국귀환동포호조동맹 5개 단체 대표로 참례함)

4월 24일

동래 성재 선생 댁에 도착하여 오반은 남용안 씨에게 접대를 받고 운구와 영결을 마치고 식장에서 바로 동래역에 도착하여 7시 정각에 승차(특별열차 3대, 운구차 1대)하고, 중요 역에서 분향과 조문을 받으며 25일 오전 8시에 서울역에 도착하다.

4월 25일

오전 8시에 대합실과 식당에서 휴식하고 서울역 광장에서 각 관공리와 국민에게 분향을 받고 영구차와 일반 승객은 버스, 집뿌차(지프차), 닥구시차(택시) 등으로 정릉 산지까지 도착하고, 나는 돈의동과 장사동을 거쳐 12시까지 정릉 산지에 도착하여 하오 2시에 하관을 하며 불교 승려는 나무아미타불을 부르고, 상주 이하 가족 친족과 정부 국회 대표한 각 요인과 애국단체 대표는 통곡을 하다.

5월 4일 월

래선 시교당에서 제승률 씨에게 서울 다녀온 경과를 말하고 신흥대학 일을 학우단 일동에게 부탁하여 달라고 말을 전하다.

5월 16일 금

대종교 래선 시교당내 신흥학우단 연락사무소에서 간부 단장 이영선, 부단장 박명진, 총부 신대식, 문화부장 김무림, 허영백, 제승률 제씨가 합석하여 신흥대학 운영 발전에 대하여 협의하다.

6월 27일 토

금일은 양동수리 공사 기공식일이다. 큰비가 내려 도청, 군청, 경찰서와 각처에 초청한 손님이 아직 도착하지 않고, 시간은 다가오므로 30분을 연기하여 10시 반에 개토식(開土式) 고사를 드리며 치성하고 기공식을 거행하였으며, 아래와 같이 개식사를 하였다.

식사 공사다망한 때 큰 비에도 불고(不顧)하고 각 관계 당국과 조합원 일동이 광림(光臨)하여 주시니 감사하고 감격합니다. 기공식의 목적은 저수지를 완전히 창설하여 증산 생산을 하여서 한재(旱災)가 들더라도 염려없이 농사를 잘 지어서 그의 공로로 비생산자까지도 배부르고 등 따뜻하게 잘사는 것입니다. 우리는 공산주의를 공격하는 데 힘을 쓰지 말고 우리 농산(農産)주의를 실시하는 데 힘을 쓰고, 또는 자본주의를 따라가려고 애를 쓰지 말고 농본(農本)주의를 실천하기에 애만 쓰면 우리 국내에는 자연히 공산 자본 양대주의가 물러가고 우리 주의가 발전되며 우리 식량과 축산만 풍부하여 놓으면 세계에 배고픈 사람은 밥을 구하러 올 것이요. 식량 부족한 국가는 양곡을 사러 오도록 하는 것이 공산과 자본 양대주의를 이기는 양책(良策)이라고 하옵니다. 이 농산주의와 농본주의는 사람이 양곡을 먹지 아니하고 사는 시대가 오기 전에는 억천만 년 가도 썩지 않고 변치 않을 것이며 전세계 인류가 공생 공영하는 주의(主義)오니 나 자신은 우리나라 농군(農軍) 2,250만 명 즉 500만 농호에 대하여 정신적으로 농우(農牛)가 되고 거름(土肥)이 되어서 일할 것은 물론이거니와 양동 저수에 몽리자 133호가 전국에 모범적 농가 농군이 되어주시기를 간절히 바라고 원하옵니다. 이상

다음으로 양동수리조합 창립 이래 경과보고를 하고 순서에 따라 12시까지 식을 마치고 나니 도청, 군청, 경찰서, 김해수리조합, 경원수리조합, 신문기자단 연합 30여 명이 버스를 전용(專用)하여 타고 왔으므로 식의 경과를 보고하니, 조합 당국과 청부자끼리만 식을 거행하면 무슨 의미로 군, 도, 중앙과 각 사회단체를 청하였느냐고 질문을 하기에 아래와 같이 답하다.

1. 우리나라 사람이 시간 관념이 부족하므로 시간을 엄수함이요.(시간은 사람의 생명이요 사업의 원동이다.)
2. 식은 형식에 불과하고 국(國)은 이민위천(以民爲天)하고 민(民)은 이식위천(以食爲天)인 즉 정작 식(食)이 위주되므로 형식적 식(式)은 정성을 다해 정한 시간에 마치고 도시락과 술과 반찬 안주류 등 먹을 것은 내빈(來賓)을 접대하려고 잘 봉하여 두었다.
3. 나는 만족하다고 생각한다. 수리조합 저수지하는 목적은 물을 쓰자는 것인데 식(式) 시간과 이날에 천우가 풍부히 내려와서 농군이 이앙(移秧)에 바쁘게 일을 하므로 올해는 풍년에 길조가 보이는 것이다.

식을 거행하며 한시 한 구절 지으니

去年此日淚汗水(거년차일루한수)러니,	가는 해는 땀과 눈물의 날이더니
今歲是時雨豊流(금세시시우풍류)라	지금 이때 풍년비가 내리고 있도다.

이상과 같이 답을 말과 글로 하니,내빈 일동이 옳다고 하고, 다시 승합차에 본 면장(面長)까지 함께 앉아 김해 제일여관 윗층에 좌석(座席)을 베풀고 오찬과 음주를 하며, 또 식사(式辭)를 한 후에 농산주의와 농본주의를 실천하여 농업정책에 생산주의로 세계평화를 실현하여 전 인류가 공생 공영하자고 약속을 하고 동 5시 버스로 집에 오다.

7월 22일

오후에는 양동수리조합 사무실에서 평의원회를 열고 나는 조합장을 사직(辭職)하고 정윤고가 조합장 후임되고, 보조 기채는 수속 신청하기로 하고 설계 변경을 진정(陳情) 신청하기로 하고, 공사 감독은 당분간 보류하기로 결정하고 폐회하다.

7월 27일

오전 김해군청에 도착하여 군수와 산업과장 농지계장을 각각 면회하여 나의 사직과 정윤고 씨의 선임 인사 소개를 하고, 양동 수리조합을 위하여 후원을 많이 하여 달라고 부탁하고 배정일 군과 식사하다. 오후에 부산 도착하니 휴전협정에 조인은 상오 10시 7분에 하고 전투 정지는 하오 10시에 한다고 벽보도 붙고 각 신문에도 발표가 되다.

8월 10일

산중에 채소밭을 둘러보러 올라가니 이틀 전부터 밭둑에 베어 말려놓은 풀을 남이 지고 갔더라. 혼자 탄식하기를 내가 이곳에 온 지만 3년여에 모범 농촌을 설치하여 민가에게 복리를 주자고 진심으로 진력(盡力)하여 부국축산계, 양동수리조합 등을 창설하고 전무(專務)를 하나 사업은 발전이 잘 안되고 채소밭 몇 평하는데 밭 울타리를 뜯어가고 밭머리에 화목을 깔아놓으면 지고 가고, 감자를 심어놓으면 채 알이 굵기 전에 캐어 가고, 풀을 쳐서 말리면 채 다 마르기 전에 지고 가니, 모범 농촌 건설에 힘이 들 뿐 아니라 자신의 덕이 부족함이 부끄럽기 짝이 없도다. 모범 동리를 완성하자면 먼저 농민 아동을 계몽 향상시켜야만 되겠도다.

9월 14일

오전에는 배정일 군을 심방하여 양동수리조합 공사 경과 상황을 청취하고 안병억 군을 심방하여 서울로 돌아가는 데 대해 상의하고 농지개량과장 정기용, 서무계장 이원세, 기술기좌 이수걸, 계장 윤경진 씨를 심방 각각 면회하여 국고 보조와 기채금(起債金)을 신속히 지불하여 공사에 지장 없게 하여 달라고 부탁하고 축정과원을 심방하여 가축 사료에 대하여 신가격으로 배급하여 달라고 부탁하다.

오후에는 생활비로 장남 장훈에게 6,500환, 차남 중훈에게 2,600환 합계 9,100환을 영수하여 100환짜리 3,600환은 의복 주머니에 넣고, 10환짜리 5,500환은 부피가 커서 내의에 넣지 못하고 장훈이가 보따리 의복 속에다가 단단히 잘 넣고 보(褓)를 회색 또는 백광목보 2중으로 싸줘서, 하오 1시 남선버스에 올라 앉아서 차

떠나기를 기다리며 신문을 열독하는 찰나에, 신사 모양으로 차린 4명이 오르며 차가 흔들리니 노인이 후방에 앉아 가기는 곤란하여 앞으로 앉아 가라고 권고하므로, 그 말을 고맙다고 하며 마침 앞에 빈자리가 있어서 옮겨 앉으며 가방과 보(褓)를 잘 봐달라고 부탁까지 하니, 그 사람의 답이 염려 말라고 하므로 안심을 하고 신문만 보다가 다 본 후에 살펴 보니 사람을 간 곳 없고 가방을 이리저리 찢어놓고 갔으므로 깜작 놀라서 가방과 보를 조사하여 보니, 보를 사방으로 찢어놓고 목욕 수건과 양복 바지를 찢어놓고 금전 현금만 꺼내 갔다.

이 광경을 본 승객 노소남녀가 놀라며 양복 신사 쓰리라고 하며 "벼락을 맞아라", "죄를 받아라" 또는 "곧 내려서 헌병대에 교섭을 하라." 의논이 분분하더라. 나는 이렇게 말했다. "이 생활이 곤란한 때에 자식 형제가 잘 입지도 못하고, 배를 주려가며 부모와 처자 가족이 생활을 하여 추석 명절을 지내라고 준 돈을 부주의한 탓으로 실수를 하였으니 앞으로 자식과 가족을 볼 면목이 없도다. 그러나 그 쓰리가 나에게는 손해를 주었지만 그 돈을 가져다가 긴하게 쓰고 이후 타인에게 손해를 보이지 않으면 좋겠다. 현금(現今)의 관공리(官公吏) 봉급 제도를 보면 경관이 도적을 잡는 것이 원칙이나, 경찰관 자신이 도적질하며 또는 도적할 연구를 할 만큼 되었으니 이 나라의 주인된 우리 백성이(국민) 정치를 바로 세워 이런 일이 없고 국민 전체가 다 같이 근면 노력 생산하여 행복 생활로 공존공영을 하도록 하자"고 한 즉 이구동성으로 그 말이 옳다고 하더라.

집에 들어가 석반을 한 후에 노처와 장자부와 어린 손녀들 가족이 단합한 자리에서 서울에 왕래와 쓰리맞은 일체 경과를 언급하고 금후 가일층 경비를 절약하며 분투 생활을 하여서 모범적 가정을 재건하자고 약속을 하다.

9월 30일

추석 전에 넷구타이(넥타이) 맨 신사 양복 짜리(차림)에게 쓰리를 당하여 앞으로는 모양 잘 내고 옷 잘 입고 놀며 쓰리, 사기, 횡령, 도적질 할 생각을 버리고 우리 국민 전체가 육신이나 정신적으로 노동을 하여 자력으로 생활하는 사회국가를 건설하기 위하여 넷구타이를 끊어서 지게 밀삐를 만들고, 양복의 내의(상하복)를 뜯어서 지게 등태를 만들어 지고 생활에 중요한 시량(柴粮, 땔나무와 식량)의 일부인 불땔 나무 하기를 시작하였다.

10월 3일

금일은 개천절에 겸하여 건국기원절이다. 오전 9시에 김해군 주촌면 국민학교에 도착하여 개천절 기념식에 축사를 하다.

10월 7일

오전에 장유면 냉정 마을 삼거리 이헌장 씨네 마당에서 주민과 오고가는 상민(商民)에게 대하여 계몽강연을 약 한 시간(우리나라는 농업으로 생산 증산에 힘을 쓰며 농산주의를 실시하자는 뜻으로)하고 양동 수리공사의 현장을 시찰하다.

10월 23일

오전 6시 출발하여 동래온천에 이규창 씨를 찾아갔으나 서울로 가서 만나지 못하고 조반을 먹으며 이규창 부인에게 신흥대학에 관한 일을 대강 전하고 성재 선생 고연에 참배를 하고, 선생 영혼 전에 선생이 못다 한 일을 우리 다 맡아 하고 못다 보신 일을 다 잘 보겠다고 서고하고 부산으로 돌아오다.

10월 27일

오후 8시 반 정각발 12열차로 상경하는데 부산과 대전 간에서 인물 선거 서류, 부국축산계, 양동수리조합, 부국농민단, 제48호 일기 수첩과 각 서류와 세면도구, 양복 카라, 각인에게 받은 명함, 나의 신문사와 농민단 기타 일체 서류가 든 가방을 도난당하다.

그중 인물 선거 서류는 임봉규 씨의 성열(誠烈)로 150여 명 실함(實函)을 받은 것인데 잃어버리고 보니 임(林) 이외 여러 농우에게 미안 천만이요 죄송하다. 나를 숨은 인물이라 하고 여러 동지가 선거한 것인데 나의 부주의로 잃어버렸으니 반성하고 각성을 하여 이 몸이 다하도록 나라를 위하고 백성을 사랑하여 일기로 맹서한다.

10월 30일 금

김태원 씨를 심방하여 양주군 구리면 교문리에서 과수원과 축산사업 할 일을 협의하고, 이규창 씨를 심방하여 신흥대학일을 협의하고 함께 성북구 성북동 176의 5호 집을 둘러 본 후 이규창 씨는 역으로 향하고, 나는 돈암동 박광희 씨를 심방하여 수시간 담화를 하다.

11월 1일 일

오전에 이규창 씨를 심방하여 신흥대학 일을 협의하고 강제(姜濟) 씨를 심방하여 담화한 후 대종교 총본사에서 여러 교형제 자매와 경배를 보고, 이규창 씨 동반으로 윤단애 도형을 면회하여 대종교 발전과 신흥대학 재건을 의논하다. 오후에는 이규창, 신대식, 박명진, 신성균 나까지 5인 동행으로 성재 선생 산소에 성묘하고 정릉에 참배하다.

11월 2일

오전 8시 출발하여 양주군 구리면 교문리 이문 마을 유지 권동호 씨를 찾아가서 또 유지 김덕진 씨와 3인 합석으로 이상촌 건설을 협의하고 3인이 동행하여 전 이천수가 창설한 이전(梨田, 배밭)과 권동호, 박명진 양 씨가 경영하여 운영하는 자두밭을 시찰하다. 오후에는 생산, 증산의 목적으로 김덕진 씨의 안내로 이문 앞들 방수 제방 지대와 저수지 수리 공사할 장소를 답사하고 하오 7시경에 숙소 장사동 매제가에 도착하여 유숙하다.

11월 4일 수

김해에서 유지들이 농우 이영선을 추천한다고 쓴 서류를 등본하다(베끼다). 저녁 이규창 씨를 심방하여 신흥대학 일을 협의하다.

11월 9일

오전 4시 반 기상하여 각사와 원도와 가훈 일과를 한 후 8시 반 대종교 총본사에서 단군 국조천진앞에서 천제(선의식을 거행)지내고 12시에 김태원 동지와 동행 시무하다가 나 혼자 임원훈 군 모자를 심방하여 가사와 국사, 농업 생산 과수원 축산 등을 계속적으로 경영 성공을 언급하다.

오반 후에는 성북동 176의 5호 전에 살던 주택을 살펴보고, 농림부로 차관 정재설, 축정국장 이근태, 농지관리국장 배철세, 국원 이인수 씨를 각각 심방하여 구리면 교문리에 수리, 농지개량, 과수원 경영에 적극 원조를 청탁하다. 국회의원 이종형 씨를 심방하여 앞으로 할 일(용인에 계몽운동, 양주에 농,축 과수업) 협의하고 대종교 총본사를 경유하여 장사동으로 돌아오다.

11월 10일

오전에 공신장원(共信醬園) 김영진(金永珍) 동지를 심방하여 농업 공업으로 생산 사업을 협의하며 서울 청소 작업에 대하여 협의하다. 조반 후 돈암동 안자경 자택에서 안 씨, 고창익 3인 합석으로 양주군 구리면 교문리와 기타 서너군데에 농, 축, 과원 등 생산 증산 기지를 선택하기로 약속하다,

11월 28일

오전 10시 창훈과 동반하여 서울특별시 중앙청 앞 인물선거함에 181명 인사가 선거한 서류 1통을 신실(信實)히 넣고, 중앙청 국회를 경유하여 경기도청 내 농지개량과장 이석구 군을 심방하여 양주군 구리면에 수리 사업을 협의한 결과 사업 설계를 서류로 진정(陳情)하여 달라는 승낙을 받다.

11월 29일

창훈과 함께 영주군 구리면 교문리 김덕진 씨와 권동호 씨를 심방하여 구리면 내에 이상촌 건설을 협의하고, 인창국민학교장 김

윤업 씨와 4, 5인이 동행하여 이문리장 신경식 씨를 심방하여 접대를 받다. 구리면장 정준섭 씨와 지서주임과 각 동리장과 유지 다수 참석하여 모범부락 이상촌 건설과 산업 교육 등의 사업을 협의하고 김덕진 씨 안내로 사업 지대 이문앞 전평(全坪) 너비 5, 6리, 길이 10리를 답사 관찰하고 장사동으로 돌아오다.

12월 9일 목

안병억 군 부자 심방하여 증산 생산의 목적으로 양주군 구리면 교문리에 배밭과 자두밭 살 계획과, 용인에 각면 각동 강습소 설치와 국회의원 선거 협의하고 또 안형수 씨와 3인 동행으로 한중협회에 김동순 씨를 찾아 담화하다.

12월 11일 금

구리면소로 면장 정중섭 씨를 심방하여 구리면내에 이상촌 건설을 협의하고, 교문리 김덕진 씨를 심방하여 사업 진행 방침을 토의하다.

12월 12일

국회의원 이종형 씨와 합동신문사 사장 임종만 씨를 찾았으나 부재로 만나지 못하고, 국산장려회를 경유하여 대동신문사에서 용인 지국 설치를 협의하고 한중협회를 경유하여 돈의동 성구의 집으로 종중인 이준용 씨가 찾아와서 임봉규 씨와 창훈과 함께 모범농촌 설치와 증산 생산의 수리 과원 축산기지를 구리면 교문리로 정하여 사업을 추진하기로 결의하다.

12월 13일

김태원 동지를 방문하여 우리는 농산주의(農産主義)를 실천하여 농민을 지도하고 향상시켜서 대한(大韓)의 농민이 정체(正體)가 되어서 우익, 좌익을 잘 부리며 남북통일을 하고 한 걸음 더 나아가 대한이 전 세계인의 정체가 되어 대전(大戰)을 미연에 방지하고 평화 행복하게 살도록 하자고 약속하다.

대종교 총본사에 나가서 경배를 보고 또 우리 대한이 정체가 되어 좌우의 싸움을 말리고 우리가 남북통일을 하며 세계평화를 실현하는 방법을 담론하고 저녁 김일환 씨를 방문하고 장사동으로 돌아오다.

12월 14일

오후에는 허영백 씨를 찾아가서 양주군 구리면 교문리에 신흥모범촌 건설하기를 약속하다.

12월 16일

김태원 동지를 찾아가서 부국농민단, 부국축산계 각 서류 1부와 수원비행장 경작자 명부, 동구릉의 부국농원 서류를 찾아오고 안자경 씨를 찾아가서 모범농촌 건설에 협력을 부탁하고, 수원농장 경작자 명부를 1통 쓰고 장사동 숙소로 와서 서류를 매제를 통해 창훈에게 전해달라고 부탁하다.

12월 17일

농림부 축정국장 이근태 씨와 경리과장 정기용 씨를 각각 찾아가서 축산과 수리사업 등 모범촌 건설의 취지를 설명하며 협력을 부탁하고, 경기도 농지개량과장 이석구, 내무부 건설국 회계계장 장국진 양 씨를 심방하여 또 양주군 구리면 교문리 수리사업과 모범촌 창설에 원조를 부탁하다. 허영백 씨를 찾아보고 신흥학우단 발전책을 상의하고 국산장려회에 들리다.

12월 21일

대구 문화예식장 앞 삼덕동 572호에 문창호 씨를 방문하여 신흥학우단 발전에 대하여 담화하며 동지 팥죽으로 조식하고, 문 씨의 안내로 권계환[4] 동지를 심방하여 신흥학우단의 기금 모집 방법을 토의한 결과 오는 1월 15일에 서울에서 몇몇 동지가 회합하여 구체적 방안을 결정하기로 약속하다.

육군본부로 육군소장 김일환 씨를 찾아가 면회하여 민병대 보급 발전과 농림 축산업 등의 증산 생산책을 협의하다.

12월 25일

정한주군과 국내외 정세와 부국축산계 발전과 주축농업으로 양곡(糧穀) 증산과 이상촌 모범 농촌 건설 등을 담화하다.

12월 30일

치통을 치료하며 『사상계』를 읽다.

---

4 권계환(權啓煥) 신흥무관학교 출신으로 서로군정서 활동, 반민족행위특별조사위원회 경북 조사관 역임.

4. 단기 4287년(1954)~4288년(1955) 10월 29일

단기 4287년(1954)

1월 1일

오전에는 장유국민학교에서 신년 예식을 거행하여 신년사를 학생과 일반에게 대하여 아래와 같이 하다.

"신년을 맞이하면 의식을 거행하는 것은 새해 새 정신으로 새 일하는 것이 목적이니, 우리 금년 새해에는 새 일로 각 개인 각 가정 사회단체에서 우리 국어와 국문을 열심히 배우고 가르쳐서 명년 이날에는 우리나라에 무식한 사람이 없도록 하고, 우리 국민 농민이 정체(正體)가 되어 좌, 우익(左右翼) 당파를 잘 부려서 남북통일을 실현하고 우리 국민 3천만이 전 세계 정체가 되어 세계 좌우 싸움을 말리고 전 인류가 자유 평화 행복한 생활을 할, 새 사업을 하기로 약속하자."

3월 5일

오전 박명진 동지를 심방하여 교문리 과수원 경영과 모범촌 건설에 논의를 하고, 지청천 국회의원을 심방하여 국내 국제 정세를 담화한 후 교문리에 모범 이상촌 건설을 협의하다. 오후에는 김태원 동지를 심방하여 또 교문리 이문에 과수원 매수사(買受事)와 이상촌 건설에 대하여 장시간 토의하고 오후에는 동대문내 청계천변 시장 일대를 시찰하다.

3월 14일

김태원 씨를 심방하여 교문리에 과수원 공동매수에 의논하고 돈의동에서 권동호, 박명진, 이창훈 3씨는 교문리의 과수원 매매 계약을 작성하여 앞으로 할 사업을 설계하다.

나는 장남 장훈과 5인 공동 사업의 계약 작성과 사업 설계와 진행 방법을 협의하고, 오후에는 이영선, 권동호, 박명진, 이창훈 4인이 김태원 씨를 자택으로 심방하여 사업 진행방법을 협의하고 과수원 매매 계약과 5인 동업 계약에 조인을 하다.

3월 25일

오전에는 이사 준비를 하고, 오후에는 부국축산계 부계장 정한주, 간사 주을선 등에게 부국축산계 기금 서류 등 사무 일체를 인계하고 사례금으로 2,625환을 영수하다.

3월 27일

어제부터 양동수리조합, 주촌면소와 지서, 국민학교에 이사 통지를 하고 최영학 동지와 동유숙하고 장유국민학교와 중학교, 한약국 주인, 장유지서, 장유면장과 직원, 우체국 등에 각각 심방하여 인사하고 부국축산계와 양동수리조합의 육성 발전시킴을 부탁하고 집에 오다.

오후에 부산 신흥대학생 이영우 군이 내방하여 신흥대학 발전 향상을 협의하고 전 부학장 이규현 씨에게 소개서를 써서 주고 이사 준비를 하다.

3월 29일

김해공병대에서 화물자동차 1대를 가지고 와서 가산(家産) 기구(器具)를 다 싣고 김해를 경유하여 국도로 대구까지 무사히 득달(得達)하여, 대구 헌병검문소에서 민간인은 승용치 못한다 하여 통행을 금지하므로 헌병본부 66부대에 가서 교섭한 결과 (대한민국 전체에 농군과 국군의 정신을 합작(合作)시키는 순회 강사로 피선된), 국방부 신임장을 제시하며 대한민국에서는 인적으로나 법적으로서 나의 통행 금지할 이유와 조건이 없다고 설명을 충분히하여 금지가 해제되어 출발하다.

대구 출발하여 김천, 대전을 경유하여 대덕군 유성면 온천동 충명여관에 10시에 도착하였다.

3월 30일

오전 8시 출발로 조치원과 천안, 수원을 경유하여 하오 2시에 성북동 전 주택 176의 5호에 무사 도착하여 가기(家器) 일부를 부리고 오반 후 양주군 구리면 교문리 권동호 씨 자택에 도착하여 살림 가구를 다 부리고 권 씨가에서 접대를 받고 군인들은 차와 돌려 보내다.

4월 4일

대종교 총본사에서 경배를 보고 단애(檀崖) 도형(道兄)에게
尙教 李英善 大一閣員을 補任함
開天 4411年 3月 8日
大倧教 總典教 尹世復
임명장을 받다.

4월 6일

오전 8시 출발하여 정릉(貞陵) 도착하여 고 성재(省齋) 선생 산소에 성묘하고 신흥학우회에서 사초를 하고, 신흥학우회(동창회) 대표 유길보, 신흥학우단 대표 이영선, 추도회 준비위원대표 박창화 3단체 대표로 고유(告由)하며 한식(寒食) 제사를 지내고 음복한 후 돌아오는 길에 조가연 동지댁과 안자경 씨댁을 방문하고 집에 오다.

4월 15일

김태원 부단장과 동행하여 부국농민단 총회소 신당동 236의 53 안병억 자택에 도착하다.

오전 부국농축산계 창립총회를 함에 계장 이영선, 부계장 권동호, 서기 겸 회계 이창훈, 총무 박명진, 감사 김태원, 안형수 등이 피선되고 오후에 부국농민단 3주년 창립 기념 겸 정기 총회를 하는데 단장 이영선, 부단장 김태원, 원용석[1], 총무 이창훈, 고문 지청천 등이 피선되고 폐회하다.

4월 17일

12시부터 단조(檀祖) 어천(御天)기념식(記念式)과 선의식(宣儀式)을 거행하며 나는 도식례원(導式禮院)으로 피선(被選)하고 2시부터 고 성재 이시영 선생 1주기 추도식을 거행함

식사 위원장 신익희

약력 보고 위원 박태진

[1] 원용석(元容奭, 1906~1989) 충남 당진 출생, 조선식량영단 부참사, 외자청 차장, 기획처장, 농림부 장관, 무임소 장관 역임.

추도사　김창숙, 윤보선, 지청천, 신흥대학, 대종교 총본사, 신흥대 동창회, 조전(弔電)낭독

유가족 대표 답사

7월 7일

오전 10시 대종교 총본사에서 신흥학우단 총회를 열고 다음과 같이 결정하다.

강화 발전을 토의

임원 선출

단장 이영선, 부단장 박명진, 총무 서병희, 사업부장 이병탁, 문화부장 김무림, 연락부장 신대식, 조사부장 하종악, 고문 허영백 이상으로 결정

8월 14일

신흥학우단 부단장 박명진 씨가 내방하여 작업 중에 신흥대학 일을 협의하고 돌아가다.

8월 15일

오후 대종교 총본사에 나가서 도형 윤단애의 강의 진리훈을 청취하고, 허영백 씨 자택에서 나, 박명진, 김무림, 허영백 제씨가 합석하여 신흥학우단 발전책과 신흥대학 운영 방침을 토의하다.

8월 25일

이선근 문교장관을 면회하여 신흥대학의 일을 부탁하고 허영백

씨를 심방하여 김무림과 합석으로 신흥대학 운영과 신흥학우단 일을 의논하다.

9월 2일

12시까지 지청천 장군을 심방하여 모범적 이상 농촌 건설과 신흥대학 학장일에 의논하고 문교장관을 심방하였으나, 회의로 만나지 못하고 신흥대학 일을 비서실장 배정도 씨에 부탁하고 성인교육과장 지승만 씨를 심방하여 농촌 성인교육에 대하여 문의하다.

9월 14일

지청천 장군을 심방하여 신흥대학 일을 상의하다.

9월 16일

신흥학우단 부단장 박명진 씨를 심방하여 신흥대학 학장을 지청천으로 추천하는 일, 부국농축계 발전책을 협의하고 바로 함께 허영백 씨를 심방하여 협의하다.

9월 19일

대종교 총본사에서 경배를 보고 허영백 씨 자택에서 신흥학우단장 이영선, 고문 허영백, 간부 대표 이병탁 외 수인이 합석하여 신흥대학장은 지청천 장군을 추천하기로 공결하고 현 학교 부학장 조영식에게 교섭은 허영백, 박명진, 김무림 3씨로 결정하다.

9월 26일

허영백 씨 자택에서 김중화, 박명진, 김무림, 박암 등이 모여 신흥대학 일을 협의한 후 부국농축계일을 협의하다,

9월 28일

12시까지 삼안공사에서 신흥대학 동창회 대표 유길보, 김종화 양군을 찾아보고 신흥대학 강화 발전책을 협의하다.

10월 3일

허영백 씨와 이규현 씨를 각각 심방하여 신흥대학 일을 협의하다.

10월 6일

허영백 씨 자택에서 박명진 씨와 3인의 결의로 단장 이영선, 고문 허영백 양인이 신흥대학 소위(所謂) 학장 조영식이가 비법(非法) 취임에 가서 참석하기로 하고 즉시 출발하여 하오 3시 반까지 취임하는 광경을 전부 시찰하고 돌아오다.

12월 14일

오전 농림부 축정국과 농지개량과를 경유하여 경기도 농지개량과장 이석구를 심방하여 명년도에 교문리 수리사업을 부탁하고 또 독촉하고, 석구의 안내로 도지사 이익흥, 산림과장 이학주, 농무과장 신사성 등을 각각 면회하여 양주 구리면 교문리에 이상적 모범 마을 창설과 산림 녹화책을 협의하고 장사동 생질 박용선 가에

서 유숙하다.

12월 26일

하오 6시부터 마을 주민과 산주 전체가 박봉남 가에 모여 부국산림계 발기 총회를 하는데 임원을 아래와 같이 선거하여 계를 운영하며 사업하기로 결정하고 밤 12시에 산회하다.

계장 이영선, 부계장 박봉근, 간사 박진복, 박기복, 이종근, 김은동, 박복남, 계원 현석주, 조창세 등 24명.

4288년(1955)

1월 15일

하오 2시에 을지로 4가 국민회관에서 3·1정신 선양 창립총회에 출석하여 나는 역원 선거에 전형위원으로 피선되고 또 지도위원으로 피임되어 신임 인사를 한 후 만세3창으로 폐회한 후 동구릉 사업을 논의하다.

1월 16일

오전 후암동 김일환 중장을 심방하여 동구릉에 이상적 모범농촌 건설로부터 국사를 협의한 후 고창익 씨를 심방하여 동구릉 사업을 협의하다.

오후에는 남용안 씨와 동반으로 창경원장 박문혁 씨를 심방하여 동구릉 사업에 협조하여 달라고 부탁하고 부국농민단 부단장 김태원 씨를 심방하여 교문리 이문 부락 사업과 동구릉의 사업 추진을 협의하다.

1월 21일

오전에 창훈과 안국동 남용안 씨를 찾아 동구릉에 사업을 협의하고 오후에 안소장 춘생[2] 부자와 미곡 증산 생산책을 협의하다. 경기도 농지개량과장 이석구 씨를 심방 교문리의 수리사업을 부탁하고 농림부 비서관 권호연 씨를 심방 동구릉 사업 협의하다.

2월 7일

마을 주민과 산주 전체가 박봉남 가에 모여 부국산림계를 창립하였는데 나는 계장으로 피선되다. 산림계 임시 서기 사무를 정식 서기인 박봉남에게 인계하고, 오후 농림부에서 동구릉 산림사용 허가 신청서를 구황실재산관리총국으로 이송하였다는 통지서를 접수하다.

6월 1일

오전에는 국산장려회 중앙본부에서 시무하고 오후에는 사단법인 순국선열기념사업회 임시 총회에 출석하여 협의하고 섭회부 담임을 요청받아 승낙하다.

---

2 안춘생(安椿生, 1911~2011), 황해도 벽성 출신 안중근의 당질, 중국군 소령에서 한국광복군 편입 활동, 해방 후 민족청년당 훈련부장, 육군사관학교 제8기로 졸업, 육사교장·국방부차관 등 역임.

6월 2일

오전 국산장려회에서 시무중 부국농민단 부단장 김태원 씨가 내방하여 국산박람회 준비에 같이 시무하기로 약속하고, 오후에는 3·1정신선양회와 한중협회에 들리다.

8월 12일

우리나라에 이상적 모범농촌을 창설하기가 과연 힘이 들도다. 이곳 와서 배, 자두밭을 위시(爲始)하여 작업에 계속적으로 매일 평균 전 가족이 15, 6시간 이상을 하나 일의 성적이 크게 나지 아니하고, 노처(老妻)는 조석 시중하기에 과로하여 종종 쓰러지고, 차남(次男)은 허약하여 음식을 잘하지 못하여 사무 보기가 정히 곤란하다.

장질(長姪)은 일을 감당하지 못하여 용인으로 약을 먹으로 가겠다 하고, 처남 조창세는 노동을 감당 못하겠다고 자유롭게 돌아다니겠으니 일한 품삯을 내놓으라 하고, 사업을 함께 하자고 약속한 동지는 열성이 박약하다.

나는 정신은 강하나 노쇠하여 신체가 허락지 아니하므로 근래에 와서는 작업장에 나가며 울고, 작업을 하며 울고, 혹은 작업장에서 떠나오며 울고, 과연 사업 성공이 어려워서 남 모르게 피눈물을 금하기 어렵도다. 그래도 굳은 마음으로 참고 견디어 새벽부터 나가서 일을 하다가 저물게 돌아와서 석반 후 밤 열시부터 차남 중훈에게 쑥뜸을 1시간 열성으로 떠서 준다.

9월 10일

오전 4시 반에 기상하여 일과(日課)를(가훈 애국가 신흥무관학교 교가 부국농민단 농가) 마치고 조반 후 창경원 내 산업박람회 사무처장 이하 각 간부와 담화하고 집에 돌아와서 작업을 하다.

9월 21일

오전에 기상하여 6시 출발하여 문교장관 이선근, 상공장관 김일환 양 씨를 심방하여 신흥대학 일을 부탁하다.

9월 30일

금일은 추석 명절일이다.

산업박람회에서 시무 중에 상공부 차관 김의창 씨가 방문하여 10도관(道館) 전체를 시찰하는데 안내하고 오후에는 상공부 장관 김일환 씨가 와서 박람회에 대하여 담화하고 각관 시설을 감시하며 속히 추진을 독려하고 돌아가다.

10월 1일

해방 10주년 기념 산업박람회 개회식
사회 박 사무처 차장
주악 해군 군악대
개회선언 윤성순 부회장
식사 이기붕 회장
연혁 및 경과보고 김일환 상공부장관
생화 증정 이 대통령 각하 부처, 함 부통령 각하
국산품장려가 동덕여고 합창단
치사(致詞) 이 대통령 각하

내빈 축사 중국대사, 미국대사, 우드 씨
만세3창 조경규 부회장

만찬 후에는 간부실에서 각 간부회를 열고 앞으로 할 일을 의정(議定)하다.

10월 15일

김중화 씨와 동양식당에서 재합(하얼빈)동지회 친목회 건을 토의하고, 자유시장을 경유하여 선열 안창호 선생 제막식에 참례차로 흥사단을 찾아가니, 하오 1시 정각 출발인데 10분 늦게 가서 참석을 포기하다.

10월 17일

애국동지원회 부회장 허영백 씨를 심방하여 산업박람회와 신흥대학 일을 담화하고, 부국축산기술학원 창립 발기에 대하여 협의하고 사무처로 돌아와 시무하다.

10월 18일

국산장려회를 대표하여 산업박람회 일동과 차를 타고가서 여의도 비행장에서 재포와(布哇, 하와이) 교포 원로단을 환영하다.

10월 26일

오전 3시에 기상하여 일과를 한 후 창원(昌苑)[3] 결의문을 작성하다.

국산장려회에서 간부와 직원 일동에게 조회하며 하늘의 뜻은 어

---

3 산업박람회가 열린 창경원(昌慶苑)으로 보임.

길 수 없고 스스로 지은 죄가 있으면 살 수 없으니, 거짓말과 죄를 짓지 말고 살기 위해 정의의 깃발을 잡고 인도(仁道)의 길로 나가자고 주의를 주고 간부실에서 아래와 같이 결의 형제를 하다.

창원(昌苑) 결의

우리가 한날 한시에 나지는 못하였지만 조국에 광영이요. 전 인류의 행복되는 일이라면 한날 한시에 죽음을 사양치말고 일하자.

하나, 우리가 국산품을 장려하기 위하여 국산장려회의 주최로 본 박람회를 운영하되 대통령, 국회의장, 상공장관의 입장이 괴롭지 않은 한도 안에서 일을 하자.

둘, 박람회 사업이 끝난 뒤에 곧 천조 단군전을 봉건하고 도, 군, 면에 이상적 모범농촌을 건설하자.

셋, 이상을 궁행 실천하되 남의 원조와 덕을 바라지 말고 천조 단군의 혈손인 우리 국민의 정성과 힘으로 하자.

이상을 궁행 실천하기 위하여 창원결의를 하오니 일월은 증명하고 인신은 감동하옵소사.

단기 4288년 10월 26일

부국농민단 단장 나는 소(農牛) 이영선

박람회 사무처에서 자유시장에 가서, 장남 장훈의 부축으로 반도호텔에 갔다가 성북동 숙소에 도착하여, 30분 쉬고 나가려니 장남 내외가 병이 날 염려가 된다며 외출을 못하게 하다.

나는 단장(短杖)으로 때리며 호령을 하니 장남이 양쪽 소매를 붙잡고 통곡하며 "우리 아버지 돌아가시면 어찌 하나요"라고 해서 주위 창피해서 아니 나간다 하며 안심시키고 창원결의문을 낭독하여 들리고, 가사는 장남에게, 국사는 차남에게, 군사는 3남에게 부탁하다.

오후에 대종교 총본사에 가서 춘파[4] 도형에게 경과를 보고하다.

재종질 관훈과 외종질 박용선과 함께 반도호텔에 가서 하와이 원로단을 방문 담화하고, 오후 5시 50분에 성북동에 돌아오다.

10월 27일

오전 하와이 원로단을 환송하고 상공부 차관을 면회하고 차남 중훈과 동지 홍용섭의 보호를 받으며 양주군 교문리 이문 사업장에 돌아오다,

야간에 노처 조병혜와 장질 창훈과 차남 중훈에게 애국자 시험을 보고 천조 단군께 원도하다.

10월 28일~29일[5]

아침 식탁에서 애국자 시험을 보기로 하고 천조 단군께 원도를 하고 노처와 차남 중훈에게 대종교를 신봉할 것을 승낙을 받다.

---

4 춘파(春坡) 정인회(1893~1985) 서울 출생, 교명(敎名)은 관(寬)이다. 대종교 최고 지도자로 1955년 9월 제2대 총전교에 취임.

5 이영선은 교문리 부국농축원의 과수원 작업과 10월 1일 개막된 산업박람회 지도위원으로 활동하며 과로가 겹쳐 건강상 심각한 문제가 생겼다. 29일의 일기 집필도 여러 사람의 필체가 보여서 아들이나 주위에서 대신 집필해준 것으로 보인다. 이영선은 결국 11월 6일 타계하였다.

백농 이영선 연보

1889년	3월 9일 용인시 기흥구 영덕동 덕곡에서 출생
1908년(?)	용인과 수원의 명륜학교 졸업 스승인 맹보순의 명으로 만주 일대 시찰하고 귀국
1910년	국권 피탈 후 맹보순 김학조와 함께 만주 망명 안동에 성신태 설립 참여 지점인 성신복을 경영하며 독립운동 및 이주 동포 지원 활동 전개
1913년	대한독립단(?) 가입
1915년	대한독립단(?)의 남만지단장에 임명
1919년	신흥무관학교에 입학
1920년	신흥무관학교 수료 후 상해임시정부 재무부 복무
1921년	임시정부에서 발행한 국채 판매 및 국내 지방조직의 임무를 띠고 국내 밀파 활동하다 일제 경찰에 체포되어 서대문형무소에 수감
1923년	미국 정치 시찰단의 내한으로 함흥 감옥으로 이감 이감 도중 독립만세 고창
1925년	출옥 후 장춘, 길림, 하얼빈 등지에서 이주 동포 지원 농장 경영 및 교육 활동 전개
1933년	만주국 건국기념식에서 남자현과 함께 일본 전권대사 무등(武藤) 암살 기획 중 사전 발각되어 하얼빈 남강서에 5개월 구금
1945년	난민구제위원장과 동광국민학교 교장 및 대한임시정부 동북판사처장 역임, 대동민주당 결성
1946년	만주 귀환동포 문제 협의차 귀국
1947년	3·1혁명동지회 부회장, 대종교 총본사 경의원 비서
1949년	중국 귀환동포 보조동맹 부이사, 신흥무관학교 학우단장
1951년	부국농민단 결성 단장에 취임, 경남 김해 주촌면에 부국농원, 부국축산계 경영
1953년	김해 양동수리조합장

1954년　경기 양주 구리면 교문리 이주
교문리에서 부국농축산계, 부국산림계 경영

1955년　광복 10주년 기념 산업박람회(창경원) 지도위원
11월 6일 양주 교문리에서 67세로 별세

1977년　건국포장 추서

1990년　건국훈장 애국장 추서